KB125754

조선셰프 서유구의

식초 이야기

임원경제지
전통음식 복원 및 현대화 시리즈

조 선 셰 프   서 유 구 의
식초 이야기

자연경실

다양한 얼굴을 가진 구원자, 식초

술 익는 소리는 아름답다. 졸졸 흐르는 작은 시냇물 소리, 파아앙~ 꽃 망울이 부풀어 터지는 소리, 보글보글 찌개 끓는 소리, 새근새근 아가의 숨소리… 술 익는 소리를 듣다 보면 세상사를 다 잊고 자연이 빚어낸 가장 아름다운 노래에 빠져든다. 어느 순간 노래를 멈춘 술들은 묵언 수행에 들어간 수도승처럼 긴 침묵에 들어간다. 침묵을 깨고 다시 세상에 나온 술에서는 번뇌와의 싸움에서 이긴 수도승의 기운이 느껴진다. 술은 이제 흥에 겨워 춤추고 노래하지 않는다. 긴 침묵과 어둠 속에서 자신을 치열하게 담금질한 술은 세상의 더러움을 씻어내고 서로의 다름을 이어주는 균형과 조화를 이루는 물이 되기로 하였다. 이 구원의 물이 바로 '식초'다.

식초의 맛은 참으로 오묘하다. 신맛 속에 숨은 단맛·쓴맛·짠맛은 잡을 수 없는 구름과 같다. 신맛은 짠맛처럼 꼭 있어야 하는 맛도 아니고 단맛처럼 우리를 쾌락의 세계로 안내하지도 않지만, 식초 한 방울은 다른 맛을 압도하고 서로 다른 맛을 조율하는 묘한 힘을 가지고 있다. 이것이 식초의 매력이다. 식초를 빚는 재료와 방법이 우리의 삶처럼 다채로워서 식초를 빚을 때마다 미지의 세계를 두드리는 것처럼 가슴이 뛴다.

식초는 인류 역사상 가장 오래되고 가장 다양한 지역에서 사용되고 있는 발효식품이다. 대표적 발효식품으로 간장, 된장, 고추장, 술, 김치, 젓갈, 치즈, 요거트, 피클 등을 꼽는데 식초는 발효식품 특유의 부드러운 풍미가 부족하고 식초가 가진 살균과 방부 기능은 식초를 발효식품으로 인식하는 데 방해물이 된다.

'초두루미'가 올라간 부뚜막에서 만든 식초를 먹었거나 본 적이 있다면 식초가 꽤 까다로운 발효식품이라는 것 정도는 알고 있을 것이다. 그러나 그 이후의 세대들은 식초와 발효라는 관계를 연관조차 짓지 못한다. 가느다란 목으로 눈길을 끄는 초두루미는 우아한 간장 항아리일 뿐이다. 초두루미를 부뚜막에 올려 두고 식초를 빚는 항아리라는 것을 알았다면 전통식초에 대해서 일찍 알게 되었을 것이다. 석유에서 추출한 빙초산을 희석한 합성 식초도 '식초가 발효식품이구나.'라는 생각에서 멀어지게 하였다. 그 후 등장한 양조식초는 합성 식초보다 비싸기 때문에 좀 나은 식초라고 생각하는 정도였다. 누구도 식초에 대해 평가를 하지 않았기에 식초는 비난도 찬사도 받지 않았다.

전통주를 평할 때는 '꽃향기가 난다', '과일 향이 난다'라며 발효가 만들어낸 오묘한 맛의 세계를 표현하려 애를 쓰지만, 식초는 그저 '아이~시어' 정도가 맛 표현의 전부다. 단순 명쾌하게 그저 음식에 신맛을 주면 되는 것이 식초다. 식초가 건강에 좋다고 해서 식초 음식을 자주 만들고 음료로 마시기도 하며 식초의 사용을 의식적으로 늘렸지만, 식초에 대해서 깊이 생각한 적은 없었다. 식초에 관해 관심을 두게 된 것은 이탈리아 식당에서 발사믹식초와 올리브유를 섞은 드레싱에 빵을 찍어 먹으며 짓는 미소와 감탄사가 주는 낯섦에서 비롯되었다. '우리 식초 중에 빵과 잘 어울리는 식초는 없을까? 없다면 빵과 어울리는 식초를 전통방식으로 만들면 되지 않을까?' 전통방식을 보전하려는 노력과 함께 전통을 기반으로 새로운 전통을 창조하는 것이 우리의 몫이기에 이탈리아 식당에 갈 때마다 '빵에 잘 어울리는 식초' 즉, 발사믹식초의 대안을 생각하곤 했지만, 세상살이에 치어서 식초에 대한 나의 단상은 일정 지점에서 항상 멈추곤 하였다.

식초에 대한 끊어진 단상을 이어주는 사람은 의외로 다른 나라의 셰프들이었다. 중동, 프랑스, 태국, 터키, 중국, 일본의 셰프들은 기본 소스뿐 아니라 고기나 생선요리, 식초를 넣은 칵테일까지 식초를 여러 요리에 폭넓게 사용하고 있었다. 식초의 종류도 장미 식초, 제비꽃 식초, 석류 식초, 포도주 식초, 타라곤 식초, 고추 식초, 사과 식초 등 헤아릴 수 없이 많았고, 식초와 음식과의 조화를 철저하게 계산하여 음식에 맞는 식초를 사용한다는 점이 놀라웠다. 식초로 음식과 음식의 맛을 이어내고 조율하는 과정에서 음식의 풍미는 올라간다. 우리도 초무침, 식초 장아찌 등 식초 음식을 즐기지만, 노골적으로 신맛이 드러나 식초가 가진 매력을 세련되게 음식에 담아내지는 못하고 있다. 식초가 조미료로서의 가치를 한껏 발휘하는 다른 나라의 식탁을 보면서 숙취 해소나 건강음료로 활용범위를 넓히는 것도 의미가 있지만, 식초가 조미료라는 본질적인 가치에 대해서 깊이 생각하게 되었다.

우리 음식문화에 관한 관심이 높아지면서 전통식초를 살리고자 하는 노력이 여러 식초 장인들에 의해 시도되지만, 과거 우리 식초의 모습이 어떠하였는지에 대한 구체적인 모습은 알 수가 없다. 물론, 전통방식의 식초 제조법들을 고조리서 등을 통해 알 수 있지만 세상에서 가장 창조적인 음식인 식초를 서너 개의 제조법으로 규정하기엔 너무도 옹색하다. 식초도 술처럼 특정 가문이나 그 지역을 대표하는 다양하고 개성이 넘치는 식초가 있었을 것이라고 추정을 할 뿐이다.

〈정조지〉 권6 미료지류(味料之類)에는 소금, 장, 메주, 식초, 기름과 타락, 누룩과 엿기름, 양념 순으로 구성되어 있어 식초가 음식을 만드는 일, 곧 일상을 꾸리는 데 꼭 필요한 조미료였음을 알 수 있다.

〈정조지〉 음식의 가장 큰 특징 중의 하나는 식초가 많이 쓰였다는 것이다. 3년 전 〈정조지〉 권5 할팽지류(割烹之類) 포석(脯腊) 편을 복원하여 《조선셰프 서유구의 포 이야기》를 쓰면서 육포를 만드는 조리 과정에 식초가 많이 사용된다는 점에 신선한 충격을 받았다. 식초에 절인 고기는 깨끗하게 목욕을 한 사람처럼 정갈하고 식초에 삶은 고기는 담백하고 맑았다. 이렇게 만들어진 육포는 저장성이 뛰어나고 맛도 깔끔하였다. 재작년, 〈정조지〉 권4 교여지류(咬茹之類) 중 꽃음식을 복원하면서 꽃 맛을 살리는 최고의 비법이 '식초'라는 것을 알게 되었다. 음식에 식초 한 방울을 넣는 것이 나의 비법이 되었고 식초 한 방울의 힘을 사람들과 공유하였다. 이렇게 〈정조지〉의 포석 편으로 맺은 식초에 대한 나의 인연은 《조선셰프 서유구의 식초 이야기》로 이어지게 되었다.

식초 전문가는 아니지만, 그동안 선생의 제자로 포석 편과 술, 꽃음식을 복원한 경험을 살려서 최대한 원래의 모습에 가깝게 식초를 복원하려고 노력하였다. 〈정조지〉의 식초가 당시에는 식초를 만드는 최선의 방식이었지만 지금은 최선의 방식이 아니기에 그 결과물인 식초에 대한 평가를 객관적으로 하여 〈정조지〉 식초의 복원으로 우리가 얻을 수 있는 것에 집중하였다. 《조선셰프 서유구의 식초 이야기》는 〈정조지〉의 식초를 만드는 방법을 아주 쉽게 정리하여 남녀노소가 우리 농산물로 전통식초를 만들어 우리의 전통 음식문화를 경험하는 데 도움이 되도록 하였다. 특히, 〈정조지〉 속의 몇몇 식초는 초등학교 고학년 정도면 빚을 수 있어 체험학습을 통해서도 우리 전통식초를 익히고 이해할 수 있을 것이다.

〈정조지〉 속의 식초 복원 결과가 《조선셰프 서유구의 식초 이야기》라는 기록으로 제공되어 전통식초를 연구하는 식초 장인에게 미력이나마 도움이 되어 우리 전통식초의 계승에 힘을 보태고자 하였다. 또한, 과학적인 방법으로 표준화된 맛을 내는 식초를 생산하는 기업에는 우리 전통식초의 원형을 보여줌으로써 한국 대중 식초의 품질이 올라가는 계기가 되었으면 하는 바람이 《조선셰프 서유구의 식초 이야기》에 담겨 있다.

우리의 음식문화는 겉으로는 화려하고 풍부해졌지만, 신맛의 실종으로 실질적으로는 많이 축소되었기에 〈정조지〉 권6 미료지류에서 만난 식초가 더욱 의미 있게 다가온다. 선인들은 오미(五味)를 갖춘 음식의 섭취를 몸과 마음을 건강하게 하는 최고의 방법으로 여겼다. 〈정조지〉 속의 음식과 현대의 음식을 비교해 보면 〈정조지〉 음식은 단맛과 매운맛의 음식이 적고 식초와 귤피, 산사 등을 사용한 신맛 음식이 많아 오미가 조화와 균형을 이루었음을 알 수 있다. 선인들은 오미가 조화를 이룬 음식이 곧 몸과 마음의 균형을 이루어 주는 에너지라고 생각하였다.

지금 현대인이 즐겨 먹는 단맛과 매운맛 중심의 오미가 균형을 이루지 못한 식습관은 몸과 마음을 해치는 큰 요인 중의 하나다. 달거나 맵고 짠 자극적인 음식 위주의 식단은 자극적이고 편중된 사고를 하도록 우리를 이끌어 간다. 상식적으로 이해하기 어려운 사회문제의 저변에는 오미가 균형을 이루지 못한 식단도 하나의 원인이 되므로 〈정조지〉의 식초 복원이 사회적으로 오미를 갖춘 음식에 관한 관심으로 이어졌으면 하는 바람이다.

〈정조지〉의 복숭아 식초, 대추 식초, 감식초에는 현대인이 즐겨 먹는 각종 과일 식초의 원형이 담겨 있어 과일 식초의 정통성에 대한 의문을 불식시켰다. 나아가 선인들보다 좋은 식초를 보다 창의적인 방법으로 빚어야 한다는 사명감도 가지게 되었다.

《조선셰프 서유구의 식초 이야기》는 총 3장으로 구성되어 있다. 1장은 식초를 담그기 전에 알아야 할 기초 내용을 정리하였고, 2장은 〈정조지〉 권6 미료지류 식초 편에 소개된 40종의 식초를 만드는 방법과 보관하는 방법 등을 포함하여 실었다. 식초의 복원 순서는 〈정조지〉의 순서를 따르지 않고 식초를 담그는 재료별로 분류하여 각각 다른 공정에 따른 차이점을 쉽게 비교할 수 있도록 하였다. 3장은 〈정조지〉 속에서 배운 식초 담그는 법을 응용한 식초와 음식에 활용하기 좋은 식초를 소개하였다. 각 재료별 식초 복원 결과 말미에는 〈정조지〉 권6 미료지류 식초 편의 원문을 실었다.

〈정조지〉 권6 미료지류 식초 편에 담긴 40종의 식초 하나하나는 깊은 세월을 이기고 우리 앞에 섰다. 망망대해를 항해하는 배들을 안내하는 등대처럼 〈정조지〉 속의 식초가 우리 식초 문화의 새로운 길로 이끌어 가리라 생각한다. 우리가 한식의 세계화를 외치지만 비빔밥, 불고기, 갈비에서 벗어나지 못하는 이유는 한식에 오미(五味)를 갖춘 음식이 적은 것도 한 가지 요인이다. 태국 음식이 전 세계인의 일상식으로 자리잡은 가장 큰 이유는 오미를 섭취하여 육신의 균형을 잡으려는 인간의 본능을 만족시켜 주기 때문이다. 이제는 신맛에 집중해야 할 때다. 다양한 신맛 음식이 우리의 식문화를 풍성하게 하는 동시에 한식이 경쟁력을 갖추게 되는 길이다. 신맛에 한식의 운명이 달려 있다고 해도 과언이 아니다. 《조선셰프 서유구의 식초 이야기》에 담긴 지혜와 지식이 우리의 식초 문화를 한 단계 도약시키는 원동력이 되기 위해서는 식초가 건강이나 날씬한 몸매를 위해서 마시는 '약'이 아니라 우리 삶의 '일상'이 되기를 바란다.

목차

〈정조지〉와 우리 식초의 미래

잃어버린 신맛을 찾아서

식초에 대한 나의 기억은 산뜻하지만은 않다. 사시사철 밥상에 자주 오르던 새콤달콤한 미역 초무침과 식초가 살짝 들어간 젓갈무침은 산뜻한 식초지만 곡예사들이 뼈를 유연하게 하려면 마신다는 식초는 그다지 산뜻하지 않은 식초다.

"곡마단 사람들이 몸이 잘 휘어지는 이유는 어릴 때부터 식초를 엄청나게 마셔서 뼈가 연해졌기 때문이래." 떠버리 친구가 서커스단의 숨겨진 비밀을 낮은 목소리로 속삭인다.

나는 공부도 못하고 책도 읽지 않고 온 교실 안을 누비며 떠들고 다니는 친구의 말이라 크게 신뢰하지 않지만 다른 친구들은 그런 말을 들은 적이 있다며 맞장구를 친다.

"그럼 나도 식초를 마시면 뼈가 부드러워져서 체육을 더 잘하겠네."

수업 시간에는 심드렁하지만, 체육 시간이나 장기자랑 시간에는 펄펄나는 친구가 눈을 반짝이며 말한다.

"그렇게 문어처럼 되려면 하루에 식초를 몇 병씩 마셔야 할 걸. 너 먹을 수 있어?"

제법 달리기도 잘하고 철봉에서 다람쥐처럼 재주도 잘 부리는 다른 친구가 묻는다.

식초를 마시겠다던 친구가 슬그머니 자리를 뜨며 말한다.

"못 마실 것 같아. 식초는 너무 시고 독하고 맛도 없잖아."

식초를 마시라고 호통치는 곡마단 단장과 엄청난 양의 식초를 마셔야 하는 가혹한 운명을 지닌 곡마단 소녀의 겁에 질린 눈동자가 떠오르자 살짝 소름이 돋는다. 친구의 말이 사실이라면 식초가 소녀를 둥근 공이 되게도 하고 새가 되게도 하는 것이다. 이런 강한 힘을 지닌 식초를 다스려서 맛있는 미역식초무침을 만들어 주는 엄마가 있다는 사실에 안도하고 감사하였다.

집에 돌아왔다.

엄마가 부지런히 붕어를 손질하고 계시는 것이 붕어찜을 하시려는 모양이다. 붕어 비늘이 햇빛을 받아 운동회 날 파는 보석 반지처럼 반짝거린다. 붕어의 부레가 갈라진 배 속에서 가쁘게 숨을 쉬고 민물생선 특유의 비린내가 코를 찌른다. 칼질을 멈춘 엄마는 붕어를 손질한 자리와 칼, 도마를 솔로 깨끗이 닦은 뒤 빨랫비누와 나란히 있는 식초병을 손에 든다. 흐뭇한 얼굴로 식초를 적당량 큰 대야에 따라 붓고 물을 탄 다음 칼과 도마를 담가 둔다.

"도마나 칼에 있는 디스토마균을 식초가 죽이는 거야."

디스토마균은 민물고기에 있는데 조리 과정에서 감염되면 피를 토하고 죽는다고 말귀를 알아들을 무렵부터 귀에 못이 박이도록 들었기에 나병균 다음으로 내가 아는 한 최악의 나쁜 존재였다.

무서운 디스토마균을 죽이는 식초….

나는 식초의 또 다른 얼굴을 보게 된다.

엄마는 칼과 도마를 식초 물에서 건져 장독대에 널어놓은 다음 채반에 밭쳐 물기를 빼 둔 붕어에 식초를 뿌리며 말한다.

"다른 사람들은 그냥 붕어를 조리는데 나는 꼭 붕어에 식초를 넣고 김을 들인 다음 조린다."

"식초를? 엄마의 붕어조림에서는 분명히 식초 냄새가 나지 않았는데…."

나는 호기심이 잔뜩 어린 얼굴로 엄마를 바라보며 다음 대답을 기다린다.

"식초가 붕어의 비린내도 없애고 붕어의 억센 뼈를 부드럽게 해 주어 붕어의 살에 양념이 잘 배게 해 주니까 꼭 넣어 주어야 해. 끓이면 식초 냄새는 날아가고 담백하면서도 깊은 맛의 붕어조림이 된단다.”

아! 떠버리 친구 말이 맞구나. 식초가 뼈를 연하게 해 준다더니…. 곡마단 사람들이 마시는 것이 맞구나. 나는 떠버리 친구에게 미안해졌다. 엄마와 친구덕에 식초는 음식을 상큼하게 하는 양념인 동시에 단단한 것을 연하게 하고 살균을 하는 다재다능한 물이라는 것을 인식하게 되었다.

중학생이 되어 가정 시간에 다양한 섬유에 대해서 배우게 되었다.

면직물, 화학섬유, 비단 등의 손질법을 배우면서 비단에 윤기를 주는 것이 식초이며 모발이 비단처럼 단백질로 구성되었다는 것을 알게 되었다. 그래서인지 소녀를 위한 잡지에는 식초로 머리를 헹구면 푸석푸석한 지푸라기 같은 머리털도 자르르 윤기가 나는 머리털로 바뀐다는 미용 팁이 실려 있었다. 약간 곱슬기가 있는 머리털에 불만을 품고 있던 나는 당장 식초를 타서 머리를 헹구었다. 식초가 과했는지 머리에서 풀풀 나는 식초 냄새 때문에 다시 맹물로 머리를 감아 버려야만 했다. 머리에서 식초 냄새가 나는 것은 물론이요 다른 사람들에게도 피해를 준다는 생각에 다시는 식초로 머리를 감지 않아 식초와 머리털의 윤기와의 관계에 대한 실험은 중단되었다.

그렇게 식초의 어두운 면과 밝은 면에 대한 기억을 간직한 채 세월은 흘렀고 식초가 사춘기 소녀들의 화두에 오르게 된다. 식초를 먹으면 몸이 유연해져서 춤을 잘 춘다는 것이다. 누리끼리한 얼굴로 책을 들여다보다가 도수 높은 안경 너머로 가끔 떠드는 친구들을 한심하다는 듯 바라보는 공붓벌레를 한심하게 바라본다. 파란 잔디가 깔린 운동장에서, 교장 선생님만 올라가는 강당의 무대에서 ‘무용 시간’에 배운 포크댄스가 아닌 멋진 춤을 추고 싶다는 숨겨진 욕망을 품었기에 소녀들은 친구 몰래 식초를 먹었을 것이다.

잊을 만하면 얼굴에 한두 개씩 솟는 여드름이 나의 신경 줄을 갉아 먹었다. 뾰루지나 여드름을 가라앉히는 약이나 테이프가 없던 시절이라 쉬는 시간이면 분홍색 작은 거울을 꺼내 놓고 뾰루지의 상태를 살피고는 하였다. 단발머리를 자르러 간 미용실에서 여드름균이 여드름의 원인이므로 외출 후에는 비누 세수를 뽀드득 소리가 나도록 하는 것이 여드름을 잡는 비법이라는 것을 잡지에서 읽었다. 순간 디스토마균을 잡던 식초가 떠오르며 근본적인 여드름균 퇴치에는 식초가 유효할 것 같다고 생각하였다. 사람을 죽이는 디스토마균도 죽이는데 얼굴의 여드름균쯤이야… 집에 오자마자 탈지면에 식초를 묻혀 여드름이 난 부위를 닦아주기 시작하였다. 얼굴이 따갑고 아프지만, 여드름균이 "아악"하고 죽어가며 지르는 비명이라 생각하고 계속 닦다가 잠복해 있을 여드름균을 사멸시키기 위해 얼굴 전체를 식초로 소독하였다. 과유불급이라고 했던가! 잠시 뒤 얼굴 전체가 찰과상을 입은 듯 화끈거리고 뻘게져 나는 매우 놀랐다. 한창 나이라 얼굴은 바로 회복이 되었지만 적절한 양을 넘어서 사용한 식초는 독이 될 수도 있다는 경험을 하게 되었다.

대학생이 되었다. 식초 예찬론자인 고모와 잠깐 함께 지낸 적이 있었다. 고모는 모든 음식은 만드는 즉시 상하기 시작하면서 독이 발생한다고 주장하였다. 되도록 조리한 음식은 즉시 먹는 것을 원칙으로 삼았지만 바로 먹을 수 없는 도시락 반찬은 꼭 식초를 뿌려서 조리하곤 하였다. 잘 상하는 김밥도 식초를 사용하여 고모만의 독특한 방법으로 김밥을 쌌다.

"식초를 많이 먹어야 건강하다." 샐러드에 식초를 뿌리면서 고모는 나에게 말하곤 하였다. 식초를 많이 먹은 덕인지 고모는 지금 76살이라는 나이가 믿어지지 않을 만큼 탄탄하고 맑은 피부와 날씬한 몸매, 숱이 많은 머리를 유지하고 있다. 식초가 사람의 젊음을 유지하는 데 큰 도움을 주는 것은 사실인 듯싶다.

그 뒤로 식초는 장수식품, 피로 해소제, 디톡스 식품, 다이어트 식품으로 꼭 먹어야 하는 의무로 다가왔다. 80이 넘은 나이에도 흰머리가 없고 젊은이 못지않은 체력을 과시한다는 간장으로 유명한 중견 기업 회장님의 건강비법이 식초라는 사실이 언론을 통해 널리 알려지면서 사람들의 식초에 관한 관심이 크게 높아졌다. 나도 흰머리 없이 탱탱한 피부를 갖고 싶다는 욕심에 비싼 흑초와 과일 식초를 구입하고 마시기 위해 노력을 하였지만, 결코 기쁜 마음은 아니었다.

먹기 싫은 음식을 억지로 먹는 것보다는 즐거운 마음으로 먹는 것이 건강에 더 좋을 것 같아 슬그머니 식초 먹는 일을 그만두었다. 백화점의 식품 매대를 차지하던 식초의 숫자가 점점 줄어들며 맨 아래 매대로 내려 갔다. 사람들의 열렬했던 식초 사랑이 나처럼 식은 것 같아 괜스레 위로 가 된다. 식초를 마시는 대신 음식으로 식초를 먹기로 하였지만 미역초무 침을 만들려고 물에 불렸던 미역을 건져 놓고 잠시 망설였다가 미역국을 끓이게 된다. 피로할 때마다 집에 가서 꼭 식초 한 잔을 마시려고 결심하 지만 결국은 커피나 주스를 마시게 된다. 식초를 먹어야 한다는 마음과는 달리 식초와 점점 멀어진다.

몇 해 전부터 우리의 몸에 독이 가득하다고 한다. 잘못된 식습관과 피 로, 스트레스로 우리 몸에서 독이 생산되고 배출되지 못한 독들이 건강 을 위협하고 큰 병을 만든다고 한다. 독소 제거라는 단어에서 해독의 기 쁨과 상쾌함까지 느껴지는 것은 나만이 아닐 것이다. 독소 제거에 식초가 좋다고 하자 파인애플, 딸기 식초를 비롯한 다양한 식초들이 주목을 받 기 시작하였다. 한때 식초에 관심과 애정을 가졌던 한 사람으로 식초의 화려한 복귀를 지켜보면서 식초 열풍에 동참할 것인지 말 것인지를 고민 하고 있었다. 디톡스 음료를 파는 전문 카페가 등장하고 힘들게 사야 했 던 디톡스용 식초를 편의점에서도 구하게 될 무렵 영원할 것 같은 디톡스 가 비칠거리는 것이 아닌가? 여러 요인이 있겠지만 디톡스를 해야 할 만 큼 우리 몸에 독이 쌓여 있지 않다는 주장도 식초와 디톡스와의 관계를 멀어지게 하였다.

해독만이 우리의 살길이라고 하던 사람들은 다 어디로 갔는지…. 이들 의 목소리가 줄어들자 식초에 관한 관심도 사그라들 무렵 "식초가 다이어 트에 좋다."라는 내용이 아침 방송에 등장하고 다시 식초의 인기가 반짝 되살아났다 사그라들었다를 반복하며 널뛰기를 하고 있다.

이처럼 건강식품으로서 식초의 인기는 등락을 거듭하고 있지만, 식초 가 과일과 채소의 세척제와 살균제로 주목을 받게 되면서 식초는 주방과 욕실의 필수품이 되었다. 양념통에 있던 식초를 세탁이나 청소를 위해 화 장실로 옮기는 일도 종종 생기면서 안전한 소독용품인 식초를 음식에 사 용하는 빈도가 점점 줄어들기 시작한다. 아이러니하게도 식초병은 늘고

건강식품으로서 식초의 인기는 등락을 거듭하고 있지만,
식초가 과일과 채소의 세척제와 살균제로 주목을 받게 되면서
식초는 주방과 욕실의 필수품이 되었다.

있지만, 식초를 먹는 양은 줄고 있다. '식초? 과일을 씻고 개수대와 세면대의 냄새를 제거하는 락스나 세제를 먹는다고?' 식초를 마음껏 뿌려서 개수대를 청소하다가 갑자기 양념통에 담긴 식초를 바라보면 생경하고 낯설다. 가끔은 고모를 떠올리며 노화 방지 차원에서라도 식초를 먹으려고 마음먹지만, 식초를 강압적으로 먹었던 즐겁지 않은 신맛에 대한 기억이 나의 결심을 이기고 만다.

몸에 좋다고 산 흑초와 과일 식초, 포도주 식초 등이 조리대 구석에서 먼지를 뒤집어쓰고 "언제 드실 건가요?"라고 원망하듯 나를 바라본다. 일찍이 식초의 효과에 대해서 설파하고 다니던 내가 식초를 외면하고 있다. 회덮밥용 초고추장, 냉면 육수, 동치미 국수에 식초를 몽땅 넣어 사람들의 원망을 사고 밥에 식초를 뿌려서 먹는 극성을 부렸는데 지금은 식초와 두꺼운 벽이 생긴 것이다.

균형 잡히고 조화로운 식생활은 국경과 인종을 초월한 바른 식생활의 지침이다. 매운맛, 짠맛, 단맛, 쓴맛, 신맛의 오미(五味)를 갖춘 음식을 골고루 먹되 탄수화물, 지방, 단백질, 무기질, 비타민의 5대 영양소를 권장 비율에 가깝게 먹는 것이다. 우리는 오미 중 단맛과 짠맛 매운맛은 과하게 먹고 있지만, 신맛과 쓴맛은 좋아하지 않는다. 사람들이 좋아하지 않기 때문인지 식초 음식은 식탁에서 점점 자취를 감추고 있다. 식초가 들어가는 절임류가 있기는 하지만 단맛과 짠맛이 강하기 때문에 신맛이 죽어 있어 맛의 균형이 조화롭지 못하다.

"아이 시어~"

눈을 찡그리고 온몸을 움츠리며 몸서리를 친다.

"아이고 시어서 못 먹겠네. 신맛을 좋아하시나 봐요?"

"원래 신맛이 이 정도는 되어야 하는 것 아닌가요?"

"나는 신맛이 너무 싫어요."

이 싸늘한 말에 신맛에 미련이 남아 있는 나는 주눅이 들곤 한다.

신 음식을 먹고 기분 좋아하거나 신 음식을 먹고 행복해하는 사람을 별로 보지 못했다. 식초가 들어간 음식은 결국 설탕이나 물을 더 넣어 신맛을 제거하거나 숨긴 음식이 되곤 한다.

음식에서 신맛을 제거하거나 신맛을 내는 음식이 올라가지 않은 식탁을 상상해본다. 단맛만 나는 샐러드와 토마토 파스타, 짠맛만 나는 물김치와 장아찌…. 상상만으로도 충분히 끔찍하다. 신맛은 상상만 해도 입안에 침이 고이는 특별함이 있다. 신맛은 무기력한 혀와 위장에 생기를 불어넣는다. 한 수저의 식초 냉국이 주는 청량감이 힘이 되어 밥 한 그릇을 다 비웠던 기억이 기성세대만의 추억이 되어서는 안 된다.

　현대인에게 앞으로 면역의 중요성이 점점 커질 것이다. 면역력이 강한 사람은 자신의 인생의 주인이 되어 행복한 삶을 살아갈 수 있지만, 면역력이 약한 사람은 사회에서 도태될 것이다. 면역력을 기르는 가장 좋은 방법은 다양한 음식을 골고루 먹는 것이다. 신맛이 빠진 식탁에 신맛 음식을 올리는 것이 면역력을 높이는 가장 효율적인 방법이다. 식초는 건강을 잃었을 때 먹는 만병통치약이 아니라 건강할 때 먹어야 하는 조미료다. 이제 화장실이나 수전에 놓인 소독제 식초가 우리 식탁의 새로운 주인이 되기를 바란다.

　〈정조지〉 권6 미료지류(味料之類) 중 식초 편을 복원하는 일은 우리의 잃어버린 신맛을 찾아서 떠난 여행이었다. 현대인들이 신맛을 싫어하게 된 원인 중의 하나가 신맛 음식을 경험하는 기회가 줄었기 때문이다. 가정에서 음식을 만드는 일이 줄고 1인 가정이 늘어나면서 신맛 음식을 먹는 기회가 줄어들었다. 현대인이 즐겨 먹는 간편식이나 상업적 음식이 단맛과 매운맛, 짠맛 등에 치중하는 것도 원인이다.

　단맛에 치중된 음식문화는 신맛을 잃어버리게 하는 하나의 원인이 되었다. 단맛의 과일에 혀가 길든 것도 몸이 신맛을 거부하는 큰 요인이다. 언제부터인지 과일의 당도가 과일의 맛과 가격을 결정하는 가장 중요한 요소가 되었다. 신맛은 줄이고 조금이라도 더 달게, 모두 단맛을 내기 위해 질주를 하고 있다. 새콤한 맛이 강했던 과일은 '옛날의 과일 맛은 이러지 않는데…'라는 안타까움과 함께 혀의 기억에서 사라져 버렸다.

　식초를 활용한 음식조차도 간장, 소금, 설탕 등 다른 조미료의 맛에 많이 의지하기 때문에 '새콤달콤'에서 식초의 '새콤함'보다는 설탕의 '달콤함'이 강조되고 식초의 신맛보다는 간장의 짠맛에 더 비중을 두고 절임을 하게 되므로 신맛은 간장의 짠맛과 향미 뒤에 숨어 있고 우리의 혀는 점점 신맛을 받아들이지 않게 되었다. 결국, 우리는 오미 중의 하나인 신맛을 잃어버리게 된 것이다.

우리가 느끼는 5가지의 맛을 오미(五味)라고 한다. 오미에는 짠맛, 단맛, 신맛, 쓴맛, 매운맛이 있는데 오미가 골고루 들어가 균형과 조화를 이룬 식탁을 건강한 식탁이라고 한다. 오미 중 신맛은 단맛, 짠맛, 매운맛을 살리거나 중화시켜서 맛의 균형을 이루는 조미료지만 대부분 신맛의 중요성을 간과한다. 음식을 만드는 사람이나 먹는 사람이나 어릴 때부터 신맛 음식을 자주 먹지 않아서 우리 몸이 신맛을 기억하지 못하기 때문이다.

《조선셰프 서유구의 식초 이야기》를 쓰면서 젊은 세대들의 신맛에 대한 선호를 알아보기 위해 식초를 넣은 음료로 실험하였다. 30명은 색이 고운 장미, 한라봉, 오미자 식초에 탄산수를 넣고 시럽과 꿀을 넣은 신맛이 나는 에이드를, 30명은 장미, 아로니아, 오미자 수제 발효액을 탄산수와 섞어 단맛이 적당하게 나는 보통의 에이드를 제공하였다. 특히, 식초

우리가 느끼는 5가지의 맛을 오미(五味)라고 한다.
오미에는 짠맛, 단맛, 신맛, 쓴맛, 매운맛이 있는데
오미가 골고루 들어가 균형과 조화를 이룬 식탁이 건강한 식탁이다.

에이드를 마시는 사람에게는 식초가 건강과 피부미용에 좋다고 설명하였고 신맛에 대한 선호도 실험이라고 말하지 않았다. 30명 중 28명이 식초 음료를 남겼고 맛있다고 말하는 사람은 한 사람도 없었지만, 일반 에이드는 27명이 에이드를 다 마셨을 뿐만 아니라 맛이 있다고 하였다. 이 실험을 통해 현대인의 혀가 신맛을 거부한다는 것을 알게 되었고 실종된 신맛을 꼭 되살리는 것이 바로 한식의 맛과 품격을 높이는 일이라고 생각하게 되었다. 젊은 세대는 건강한 신맛에 거부반응을 보였으며 건강에 좋다는 이유로 설득하기에는 한계가 있다는 것도 알게 되었다. 일상에서 거부감 없이 신맛을 받아들이기 위해서는 부드러운 식초와 다양한 식초 음식을 개발하는 것도 잃어버린 우리의 신맛을 찾는 데 큰 도움이 되리라 생각한다.

우리가 식초를 다이어트나 디톡스 등을 위한 건강식품이라고 인식하는 것은 조미료라는 식초의 본질을 왜곡하는 위험한 일이다. 된장이나 간장, 고추장을 비롯한 발효식품과 건강한 자연 식재료에도 디톡스와 다이어트 효과가 있다. 현대과학이 식초에 우리 몸의 독소를 배출하는 효과와 살을 빼는 다이어트 효과가 없거나 미미하다고 그 근거를 밝힌다면 식초가 우리 삶에서 차지하는 의미는 크게 줄어들 것이다.

식초는 설탕이나 소금처럼 음식의 맛을 올려주고 음식이 상하는 것을 방지하는 미덕을 지닌 조미료다. 의학이 발달하기 전에는 민간에서 '식초'가 소독약이나 배앓이 등의 치료약으로 유용하게 쓰였고 지금도 여전히 유용하지만, 식초는 양념으로서 가치를 인정받는 것이 무엇보다 우선되어야 한다.

〈정조지〉 술과 〈정조지〉 식초의 차이

"술과 식초의 제조법이 똑같아서 당황했어요.", "술 누룩과 식초 누룩이 따로 있는 줄 알았어요.", "식초는 술에서 비롯되는데 따로 식초를 만드는 방법이 있을 필요가 있나요? 그냥 술이 된 다음에 식초를 초산 발효시키면 되는데…."

〈정조지〉에서 식초를 만드는 방법과 술 만드는 방법의 과정은 어떻게 다를까? 전통식초에 관심이 있는 사람이면 누구나 갖게 되는 의문이다.

술을 더 익히면 식초가 되기 때문에 식초를 따로 다루지 말고 〈정조지〉 권7 온배지류(醞醅之類)에 "도수가 낮은 술은 절로 식초가 되므로 그냥 두면 되고, 도수가 높은 술은 물을 더해서 두면 식초가 되는데… 시원치 않으면 구운 누룩이나 고두밥을 중간에 넣어 주고, 그래도 시원치 않으면 좋은 술이나 식초를 좀 넣어 주어라."라고 해도 될 일이었다.

하지만 〈정조지〉 속에는 식초를 빚는 방법과 술을 빚는 방법이 권6 미료지류와 권7 온배지류로 따로 분류되어 중요하게 다뤄지고 있다. 위의 의문처럼 식초는 술이 있어야만 존재할 수 있으므로 식초 편은 따로 두지 않아도 될 것 같은데 따로 둔 이유는 무엇일까? 〈정조지〉 권7 온배지류의 술을 살펴보았다. 곡물을 쪄서 누룩과 물로 섞는 방식은 똑같다. 그럼 식초와의 차이는 무엇일까? 물론 복숭아, 감, 대추 등으로 만드는 과일 식초는 술의 과정을 거치지 않고 이미 만들어진 술을 부어 식초를 만들기에, 이래저래 '술'이 주도하고 있다. 〈정조지〉 속의 술 양조와 식초 양조의 가장 큰 차이는 바로 항아리 입구의 밀봉 방법에 따라 구분되었다. 술은 항아리 입구를 봉하는 방법에 대해서 특별한 경우를 빼고는 언급하지 않았지만, 식초는 대부분 항아리 뚜껑을 밀봉하는 방법을 정해주고 있다. 베 보자기, 면 보자기, 거친 비단, 삿자리, 종이, 쑥 등이 항아리 뚜껑의 덮개로 이용되고 있는데 모두 공기가 유입되는 소재들이다.

공기가 통하는 소재로 항아리를 덮는 것은 초기의 당화에 관여하는 곰팡이와 효소 그리고 초산 발효를 하는 초산균의 역할을 중요하게 생각하였음을 알 수 있다. 또한, 식초를 만드는 과정에서 생기는 셀룰로스는 공기가 잘 소통되지 않을 때 발생하므로, 면 천으로 덮으면 셀룰로스를 예방하는 효과도 있다. 또 다른 점은 〈정조지〉 속의 술은 도화주를 제외하면 배양액을 젓지 않지만, 식초는 발효기간 동안 일정 기간을 두고 저어 주거나 흔들어서 산소와 함께 유입된 초산균이 배양액으로 잘 들어갈 수 있도록 한다는 것이다.

〈정조지〉 속의 술과 식초를 빚는 차이점을 통해서 식초가 술에서 비롯되지만, 처음부터 온전하게 식초를 위한 조리법으로 빚어졌다는 것을 알게 되었다. '술을 만든 다음에 면 보자기로 덮어 두고 저어 주면 식초가 된다.'라고 하면 되리라 생각했던 짧은 소견이 부끄럽다. 선인들에게 식초는 생명의 물이었기에 술이 잘못되어 식초가 되거나 마시고 남은 술을 식초로 만들어 쓰지 않았던 것이다. 이런 정성과 마음은 술의 알코올 성분을 태워서 식초라는 사람에게 유익한 물을 만드는 작은 세균 즉, 자연에 대한 경외의 마음에서 비롯된 것이라고 생각된다.

우리 식초의 미래

우리나라 대기업에서 생산된 고운 빛깔과 산뜻한 맛을 자랑하는 음료로 특화된 과일 식초가 식초로 유명한 일본과 중국 시장에서 인기가 있어 그 수출량이 늘어나고 있다고 한다. 반면, 건강에 좋다는 일본의 곡물 식초 인기가 우리나라에서는 오래가지 못했다. 세계인의 신맛에 대한 선호가 풍미가 복잡한 무거운 맛을 주는 곡물 식초보다는 상큼한 과일을 주재료로 단맛과 부드러운 신맛을 가진 식초로 가고 있다는 것을 알 수 있다.

현재의 식초 시장은 극명하게 저가와 고가의 시장으로 구분되어 있다. 공장에서 생산된 양조식초가 저가의 시장을, 이탈리아의 발사믹식초나 일본의 흑초처럼 오랜 숙성기간 덕에 깊은 풍미와 향미를 갖는 외국의 전통식초가 고가 시장을 주도하고 있다. 그 틈새를 전통식초와 과일 청을 이용한 식초 등이 시장을 형성하는데, 과일 청을 이용한 식초는 젊은 세대가, 전통식초는 기성세대가 선호한다.

고가의 발사믹식초는 고급 식문화의 상징이 되어 발사믹식초에 대한 선호와 선망을 전통식초가 따라잡지는 못하고 있다. 한 나라의 음식은 그 나라가 가진 고유의 환경에서 탄생하기 때문에 그 지역을 떠나 다른 환경에서 만들어지면 이미 다른 음식이다. 특정 지역의 음식에는 그 지역의 바람, 공기, 냄새, 온도, 토양, 물, 나무, 돌, 비, 햇볕은 물론이요, 밀짚으로 만든 바구니, 돌절구, 나뭇잎의 살랑거림, 만든 사람의 손길, 웃음소리, 암탉의 울음소리, 고양이의 발소리, 벌레의 꿈틀거림, 썩은 낙엽의 향기, 식초를 만드는 사람의 체취, 헛간의 건초 냄새까지 담아내기에 그 지역을 떠나서 만든 음식은 이미 그 지역 음식이 아니다.

우리는 이탈리아의 발사믹식초를 선망하고 발사믹식초를 능가하는 식초를 만드는 것이 목표라고 하지만 우리 땅에서는 불가능하다. 이탈리아는 당도가 높은 포도가 생산될 수 있는 뜨거운 태양과 건조한 날씨 덕분에 멋진 발사믹식초가, 미국은 서부개척 시대부터 사과를 재배하여 지금은 대규모 농장에서 생산된 다양한 품종의 맛있는 사과가 있어 애플사이다 식초가 있다. 우리도 우리 산야에서 자란 과일로 만든 식초가 세계인의 입맛을 사로잡을 수 있다.

서유구 선생이 〈정조지〉에 한 가지 식재료를 활용하여 다양한 식초 빚는 법을 '다른 방법'으로 소개한 이유는 각자 자신의 처지에 맞는 식초 만드는 법을 찾으라는 뜻이다. 대추는 관혼상제(冠婚喪祭)에 없어서는 안 되는 과일이기에 온전한 대추만이 귀한 대접을 받았고 벌레 먹은 못난 대추는 백성의 것이었다. 선생은 슬픈 현실에서 벌레 먹은 대추가 더 맛이 좋다는 장점을 포착하여 벌레 먹은 대추로 담그는 식초를 제안한다. 불행을 역이용하여 만든 식초가 〈정조지〉의 대추 식초다. 떨어진 감으로 만든 감식초도 같은 예다. 처음 〈정조지〉 속 40개의 식초를 대하면서 '선인들은 수명도 짧은데 언제 이 식초를 담가 보나!'라는 아둔한 생각을 하기도 하였다.

〈정조지〉 권6 미료지류 식초 편의 복숭아 식초는 과일이 가진 특성과 식초의 본질 그리고 식초와 과일의 상호관계를 꿰뚫지 않으면 나올 수 없는 식초다. 발사믹식초를 만드는 여러 가지 방법 중에서 효모 등 인위적인 개입이 없이 포도와 자연의 아름다운 조화로 이루어진 식초를 최상으로 치는 것을 생각하면 〈정조지〉 속의 복숭아 식초가 만들어낼 미래 식초의 모습이 절로 그려진다. 또한 우리나라의 대추는 약효나 맛이 세계 어느 지역에서 생산되는 대추보다 뛰어나므로 〈정조지〉 속에 소개된 대추 식초 3가지도 우리가 앞으로 대추 식초를 세계화하는 데 밑받침이 되어 줄 것으로 생각한다.

우리나라의 전통식초의 옛 모습을 엿보는 것을 넘어서
세계의 식초로 도약할 수 있는 근거를 〈정조지〉 속에서 찾은 것이
〈정조지〉 복원에서 얻은 성과라고 생각한다.

식초는 간장, 된장, 고추장 등 우리나라나 아시아권의 발효식품과는 다르게 서양에서도 사용된 발효식품으로 그 역사나 발전사가 복잡하다.

의학이 발달하지 못하고 위생 관념이 없던 시절의 유럽에서는 더러운 물을 마시거나 상한 음식을 먹고 목숨을 잃는 일이 흔하였다. 특히 중세유럽에서 여러 차례 발생한 흑사병은 나라의 존립을 위협할 정도로 많은 사람의 생명을 앗아갔는데, 식초를 잘 활용한 사람들은 건재할 수 있었다. 이처럼 식초는 생명을 살리는 물이었기에 균일한 산도의 식초를 대량 생산하는 일은 국왕이나 영주의 중요한 관심사였다. 이들의 식초를 얻고자 하는 간절함은 식초 연구에 박차를 가하는 동기가 되었고 식초의 원리가 밝혀지면서 균일한 품질의 식초를 생산하는 기구들이 개발되고 식초가 대량으로 빚어지게 되었다.

〈정조지〉 권6 미료지류 식초 편의 식초를 이해하기 위해서는 우선적으로 '식초'의 원리나 역사, 식초가 발전해 온 과정을 아는 것이 필요하다. 〈정조지〉 권6 미료지류 식초 편에는 '현대과학이 정리한 식초의 비밀'이 선인들의 다양한 몸짓에 담겨서 표현되어 있다. 보통 옛 선인들의 방식이 현대에도 지지를 받을 수 있을 땐 '지혜'라고 한다. 〈정조지〉 권6 미료지류 식초 편의 식초를 빚는 공정은 '지혜'라고 하기엔 너무도 과학적이다. 현대의 미생물학과 생화학에 대한 지식이 있어야만 〈정조지〉 식초의 가치를 알게 된다.

식초를 알기 위한 짧은 이야기들

제 1 장

1. 식초에 대한 기초적인 이해

1) 식초의 정의

FAO(유엔식량농업기구)와 WHO(세계보건기구)에서는 식초를 '오직 전분 또는 당분을 함유한 원료를 알코올 발효와 초산 발효를 통해서 제조된 사람이 섭취하기에 적당한 액체'로 정의하고 있다. 식초로 인정받기 위해서는 산도와 잔여 알코올 농도가 일정 기준에 도달하여야 하는데 FDA(미국식품의약국)에서는 식초의 산도를 4% w/v 이상, 유럽에서는 5% w/v 이상 잔여 알코올 농도는 0.5% w/v 이하로 규정하고 있다.

중국은 식초를 양조식초와 합성 식초로 구분하고 있으며, 산도를 3.5~4.5% w/v, 4.5~6% w/v, 6% w/v 이상 등 3단계로 나눈다. 대체로 아시아 지역의 식초는 풍미가 뛰어나고 산도는 낮은데, 이는 식초를 음료로 음용하거나 음식에 신맛보다는 향미를 더하는 용도로 사용하기에 산도가 낮은 반면 유럽에서는 식초를 향신료나 보존제로 인식하기 때문에 높은 산도의 식초가 요구된다.

우리나라에서 식초의 일반적인 정의는 '곡류, 과실류, 주류 등을 주원료로 하여 미생물이 발효하여 만들거나 곡물 당화액, 과일 착즙액 등을 혼합 또는 숙성하여 만든 발효식초와 빙초산 또는 초산을 먹는 물로 희석하여 만든 희석초산을 말한다.'라고 규정하였다. 식초는 일반적으로 산도 4~5%의 저산도 식초, 6~7%의 일반 산도 식초, 12~14%의 2배 식초, 18~19%의 3배 식초로 나눈다. 식초에 관한 규정과 기준은 나라마다 다른데 이는 식초가 각 나라의 고유한 음식문화와 환경의 영향을 반영하고 있기 때문이다.

2) 식초의 성분

식초를 먹을 때 '시다'라고 느끼는 것은 혀에 있는 신맛을 느끼는 미각수용체가 작동하기 때문이다. 식초의 신맛은 알코올이 산화하면서 생산된 아세트산(초산, CH_3COOH)이 주성분으로 신맛을 내므로 초산[醋酸, Acetic Acid]이라고 부른다. 신맛은 용액 중에 해리되어 있는 수소이온과 해리되지 않은 산분자에서 기인한다. 신맛이 있는 물질이나 산을 첨가한 음식은 보존이 잘되는데 이는 수소이온농도(pH)가 낮으면 미생물의 번식이 힘들기 때문이다. 초산은 비타민 C의 파괴를 막기 때문에 사과, 감자, 바나나, 아보카도의 갈변을 막고, 단백질의 응고를 돕기 때문에 생선이나 육류의 조리 시 산을 첨가하면 탱탱하고 탄력이 있는 육질을 얻을 수 있다. 식초의 성분은 식초의 원재료나 식초의 발효공정에 따라서 달라지지만, 일반적으로 초산 이외에 구연산, 호박산, 주석산 등의 산을 포함한다. 식초에는 비타민과 무기질은 거의 없지만 이들이 풍부한 식품과 함께 먹으면 흡수를 돕는다. 곡물과 과일 식초에는 지방이 없고 단백질은 미량, 나트륨은 곡물 식초에 상당량 함유되어 있다. 식초의 성분은 원재료와 발효법에 따라서 성분과 함유량이 다 다르다.

수소이온농도(pH)

수소이온농도는 용액 1L 속에 존재하는 해리된 수소이온의 몰수로 [H+]로 쓰며 용액의 산성, 알칼리성의 정도를 나타내는 수치를 말한다. 수소이온농도는 0에서 14까지 범위로 나타낸다. 일반적으로 pH가 낮은 경우 산성이 강한 것을 의미하며, pH가 높은 경우 염기성 또는 알칼리성이 강한 것을 의미한다. 수소이온농도는 온도 25℃, pH 7을 기준으로 산성(Acid)인 경우 pH는 7 이하, 중성(Neutral)인 경우 pH는 7, 염기성(Basic)의 경우 pH는 7 이상으로 구분된다. 물속의 수소이온농도가 10배 커지면 pH가 1만큼 줄어들게 된다.

식초는 시큼한 맛이 나는 산이고 양잿물은 미끈거리는 성질을 가지고 있는 염기성 물질이다. 이는 식초는 아세트산(CH_3COOH)이 주성분이고, 양잿물에는 염기의 대표적 물질인 수산화나트륨($NaOH$)이 들어 있기 때문이다.

산성이나 염기성 물질이 물에 녹으면 물속의 수소이온 농도가 변하게 된다. 수소이온(H+)은 하나의 양성자로 된 아주 작은 알갱이지만 물속에서 일어나는 화학 반응에 대단히 큰 영향을 미친다. 수소이온이 많은 산성 용액은 아연 같은 금속을 녹이고 단백질의 가수분해를 촉진하거나 탄수화물을 삭힌다. 위 속에서 단백질이 분해되는 것도 위액 속의 염산 때문이다. 반대로 염기성 물질을 넣으면 수소이온의 농도가 낮아진다. 염기성 물질을 '알칼리성' 물질이라고도 하는데 '알칼리'라는 말은 아랍어로 '식물성 재'를 뜻한다고 한다. 알칼리성 물질도 유기물질을 녹이는 성질이 있어 세탁용 세제로 사용한다. 순수한 물의 pH는 7이고, 혈액의 pH는 7.4이다.

초산(Acetic Acid)

식초는 탄화수소의 유도체인 카복실산 중의 하나인 아세트산(CH_3CO OH)이 주성분이다. 아세트산은 신맛을 내므로 초산(醋酸)이라고 하며 우리가 먹는 식초에 3~6% 정도 들어 있다. 순수한 초산은 녹는 점이 16.7도로 이 온도 이상에서는 액체로 존재하나 그보다 낮은 온도에서는 고체로 존재하므로 이 특징을 잡아서 빙초산(氷醋酸)이라고 한다. 순수 초산은 물, 에탄올과 에테르에 잘 녹고 황과 인 등의 유기화합물을 녹이기 때문에 용매로 사용된다. 식초에는 초산 이외에도 구연산, 호박산, 주석산, 옥살산 등의 유기산이 함유되어 있는데 산에 수소이온(H+)이 많으면 강산, 수소이온이 적으면 약산이라고 한다. 수소이온의 양이 다른 이유는 용매(식초액)에 녹아 있는 산 분자들이 양이온과 음이온으로 해리(Dissociation)되지 않고 부분적으로 해리되기 때문이다. 즉, 화학적으로 신맛이 나는 원리는 산(Acid)이란 화합물이 물속에서 녹아서 각각의 분자나 원자 또는 이온 등으로 나누어지는데 이 과정에서 수소이온이 만들어지고 이 수소이온이 신맛을 내게 된다. 아세트산분자는 일부의 분자만이 수소이온과 아세트산이온으로 해리되며, 나머지는 해리되지 않은 형태로 존재하므로 신맛의 강도가 다르다.

구연산(Citric Acid)

구연산은 다른 말로 시트르산, 레몬산이라고도 한다. 구연(枸櫞)은 레몬 비슷한 과일인 시트론(Citron)의 한자명이다. 시트르산은 귤속(橘屬)에 속하는 과일 중 레몬과 라임에 많이 들어 있으며 pH는 시트르산 농도에 의해 결정된다. 신맛을 내는 식품에 많이 첨가하는 구연산은 생화학에서 유명한 TCA회로를 시작하는 중요한 물질이다. 상온에서 물과 에탄올에 녹고 물분자를 포함하는 함수구연산과 물분자가 없는 무수구연산으로 나누는데 함수구연산을 가열하면 무수구연산으로 바뀐다. 과거에는 레몬주스에서 추출하였으나 가격이 비싸 포도당 원료에 검은 곰팡이를 넣어 발효시켜 생성된 구연산을 정제한다. 구연산은 맛과 향을 내거나 식품을 보존하는 용도나 살균 효과가 있어 친환경 살균제로 널리 쓰인다.

산미염(Sour Salt)

산미염은 레몬이나 라임과 같이 신맛이 있는 과일에서 얻은 소금을 말하는 것으로 구연산 소금(Citric Salt)이라고도 한다. 산미염은 구연산 결정체로 짠맛을 내지 않는다. 소금이라고 이름 붙은 것은 소금처럼 흰 결정체로 이루어져 소금과 유사하기 때문이다. 산미염은 주로 호밀빵 등의 발효빵과 수프에 신맛을 주거나 과일 통조림을 만들 때 과일의 색이 변색되는 것을 방지하기 위해서 사용한다. 치즈를 녹일 때 산미염을 사용하면 엉김이 없이 잘 녹는다.

호박산(Amber Acid)

여러 가지 카복시산 중의 하나로 처음에 호박의 건류에서 얻어졌기 때문에 붙은 이름이다. 조개, 사과, 청주 등에 들어 있고 신맛을 내는 데 첨가되기보다는 시원한 감칠맛을 가진 유기산, 글루탐산나트륨에 혼합되어 조미료로 사용된다. 호박산은 피로물질인 젖산이 몸속에 쌓이는 것을 막아 피로 해소를 돕고 알코올이 분해될 때 발생하는 숙취의 원인인 아세트알데히드를 제거한다.

주석산(Tartaric Acid)

사과산(Malic Acid)과 함께 포도에 자연적으로 들어 있는 중요한 산이다. 따뜻한 곳에서 재배되는 포도에 더 많이 함유되어 있다. 제빵, 청량음료, 주스, 시럽에 사용되고 산업용으로는 염색, 사진, 금속의 착색 등에 사용된다.

글루콘산(Gluconic Acid)

포도당[Glucose]을 산화할 때 최초로 생기는 물질로 부드러운 신맛이 나며, 물에는 잘 녹으나 에탄올에는 잘 녹지 않는다. 의약품, 양념감, 금속의 세척 따위에 쓰인다. 화학식은 $C_6H_{12}O_7$이다. 포도당에서 글루콘산을 만들기 위해 공업적으로 이용되는 글루콘산균은 검은 곰팡이다.

식초 연구의 역사

....

식초는 신맛을 내는 조미료로 아주 오래전부터 사용되었다. 식초가 초산균에 의한 초산 발효로 만들어진다는 것을 모르던 시절 사람들은 식초의 신맛은 식초 속에 아주 미세한 바늘이 있어 혀를 찌르는 것이라고 생각하였다. 식초의 신맛을 일종의 통증이라고 생각 하였던 것이다. 식초에 관한 연구는 17세기부터 본격적으로 시작되어 18세기에 이르러서 는 식초의 베일이 벗겨지게 되었다.

네덜란드의 의사이자 화학자인 헤르만 부르하브(Hermann Boerhaave, 1668~1738)는 식초 제조 시 공기의 필요성을 이해하고 오늘날의 현대적인 식초를 만드는 기구를 고안했는데 이것이 자동 초산 기계의 시작이라고 할 수 있다. 부르하브는 초산 발효 시 나무칩을 넣 어서 표면적을 확대시키는 방법을 채택하여 초산 발효의 속성법을 도입하였다.

퍼슨(Christian Hendrik Person, 1761~1836)은 남아프리카 태생 균류학자로 린네의 버섯 분 류에 참여하였다. 퍼슨은 식초는 공기에 노출된 와인 표면의 초막에서 비롯된다고 주장 하였고 이를 곰팡이로 추정하고 1882년 종초(Mother of Vinegar)라는 의미의 '마이코더마 (Mycoderma)'라고 이름 붙였다. 프랑스의 화학자 라부아지에(Lavoisier)는 1787년 포도즙 속에 있는 포도당이 알코올과 이산화탄소로 분해되는 과정을 발효라고 기록하였고 식 초에는 잔여 알코올과 당, 물, 효모, 탄산가스가 섞여 있다는 사실을 밝혔다. 영국의 화학 자 험프리 데이비(Humphrey Davy)는 초산 발효에 의해 알코올이 초산으로 변화된다는 사 실을 화학식으로 나타냈다. 독일의 화학자인 되베라이너(Döbereiner)는 1823년 학술지에 산소, 수소, 탄소를 언급하고 식초 발효의 화학식을 작성하였다.

프랑스의 화학자이며 미생물학자인 파스퇴르(Louis Pasteur, 1822~1895)는 되베라이너가 작성한 식초의 화학식과 퍼슨이 명명한 마이코더마를 인정하였다. 1864년 식초 제조의 작용원리를 규정하고 과학적인 식초 제조에 필요한 5가지의 필수요건을 세상에 공표하 였다. 파스퇴르는 식초 제조의 5가지 요소로 알코올, 공기(산소), 발효제, 영양물(당, 단백 질), 온도(25~35℃)를 언급하였는데, 오늘날에도 그대로 적용된다.

네덜란드의 베이제린크(Martinus willem Beijerinck, 1851~1931)는 현대 미생물학의 창시자 로 1898년 초산균을 아세토박터 아세티(Acetobacter aceti)로 명명하고 4종류의 초산 균에 대해서 언급하면서 미래에는 10배 이상의 많은 초산균이 밝혀질 것이라고 예상 하였다. 일본의 미생물학자 아사이(Toshinobu, Asai, 1902~1975)는 초산균의 알코올 산화 력이 좋고 해당[解糖, Glycolysis] 능력이 좋은 새로운 종인 글루코노박터(Gluconobacter) 를 처음으로 소개하였는데 많은 초산균이 여기에 속한다. 현재 초산균은 18속 88종으 로 분류되고 있다. 분류학상 프로테아박테리아(Proteobacteria)문, 알파프로테오박테 리아(Alphaproteobacteria)강, 로도스피릴랄레스(Rhodospirillales)목, 아세토박테라시에 (Acetobacteraceae)과에 속한다.

우리나라의 식초 기록

....

우리나라의 식초 역사도 술의 역사와 함께 삼국시대 이전에 시작된 것으로 미루어 짐작한다. 고려 시대의 한의서 《향약구급방(鄕藥救急方)》에는 식초가 부스럼이나 중풍을 치료하는 데 쓰여 식초가 의약품이었음을 기록하고 있다.

1765년 한치윤(韓致奫)이 쓴 《해동역사(海東繹史)》에는 고려 시대에 식초가 음식의 조리에 이용되었다는 기록이 있다. 대대로 전해 내려온 가양주(家釀酒) 문화는 남은 술을 부뚜막에 올려놓은 초두루미에 부어서 식초를 만들어 음식을 만드는 조미료나 배앓이 등의 가정상비약으로 사용하였다.

《동의보감(東醫寶鑑)》에는 "초는 성질은 따뜻하고 맛은 시고 독이 없으며 종기와 종양을 없애고 어지럼증을 치료하며 몸 안의 단단한 덩어리를 제거하고 산후의 어지럼증을 치료하며 심장병과 울화증을 다스리며 몸이 아픈 것을 없앤다. 또한, 생선과 고기 속에 있는 독을 제거하고 산나물을 해독한다."라고 하였다. 《규합총서(閨閤叢書)》에는 "초는 장(醬)의 다음이니 집에 없어서는 안 될 것이다."라고 하며 찹쌀 식초, 창포 식초와 대추 식초, 감과 배를 섞은 식초를 소개하였는데 〈정조지〉 속의 식초와는 방법이 달라 조선 초기부터 본격적으로 발달한 식초가 조선 후기에 이르러서는 꽃, 과일, 곡류, 알뿌리 등을 활용한 다양한 식초로 발전되었음을 알 수 있다. 특히 식초에 사용된 재료는 현대에도 건강에 좋다고 검증이 된 도라지, 창포, 매실, 오매 등이 사용되어 식초가 조미료와 함께 약으로 쓰였다는 것을 보여준다. 고조리서는 식초를 담그는 날짜를 단오, 칠석, 병일, 정일 등으로 지정하여 동양의 음양 철학 사상을 담았다. 특히 식초를 담글 때 금기사항, 식초 항아리를 덮는 천의 종류와 색깔, 식초 제조 도구, 식초를 오래 보관하는 방법, 맛이 잘못된 식초를 고치는 방법 등을 소개하고 있어 조선 시대가 식초의 전성기였음을 알 수 있다.

2. 식초의 분류

1) 제조법에 따른 분류

식초는 신맛을 내는 조미료다. 식초의 신맛은 다양한 방법으로 얻어진다. 이 신맛을 얻는 방법에 따라 합성 식초, 양조식초, 발효식초로 구분하지만, 양조식초도 에틸알코올을 원료로 하여 발효 아세트산을 사용하기 때문에 발효식초라고 할 수도 있어 모호한 부분이 있다. 누룩발효를 보조하기 위해서 이스트를 넣은 식초를 천연발효 식초라고 해야 하는지 그냥 천연식초라고 해야 하는지에 대한 것도 명확하지 않다. 자연에서 유래한 효모를 인위적인 재료라고 할지 천연재료라고 해야 하는지에 대한 기준이 없어 이는 각자의 판단에 따라야 하므로 식초의 분류방식에는 딱히 정답은 없다.

합성 식초(희석 초산)

합성 식초는 석유에서 추출한 빙초산(아세트산)을 희석하여 만든 식초로 99% 아세트산으로 이루어져 있다. 빙초산 또는 초산을 먹는 물로 희석하여 만든 액을 말한다. 빙초산은 석유로부터 에틸렌을 만들어 화학처리한 것으로 발효 과정을 거치지 않으므로 미생물이 관여하지 않고 무색투명하며 영양성분은 전혀 없다. 빙초산이 피부에 닿으면 염증이 생기고 마시면 사망에 이른다. 우리나라에서는 일반 식초와 같은 용도로 사용하는데 독일과 일본에서는 공업용으로만 사용된다. 일반 가정에서는 거의 사용하지 않지만, 원재료가 저렴하고 희석 초산의 효율로 인해 대량 조리에 사용되고 있다. 가급적 먹지 않는 것이 건강을 위해서 좋다.

양조식초(주정 식초)

우리가 흔히 먹는 식초로 주정에 초산균을 넣은 다음 초산 발효에 최적화된 환경에서 속성으로 만드는 식초다. 유기산과 미네랄 등의 물질은 없지만, 최근에는 과즙을 희석하여 넣어 숙성을 시킨 양조식초에는 약간의 영양분이 있다. 양조식초는 깊은 풍미는 없지만 균일한 맛이 나고 산도가 강하기 때문에 소량으로도 음식의 맛을 깔끔하게 해주어 조리에 사용할 때 만족도가 높다. 양조식초도 속성이기는 하지만 발효 과정을 거치기 때문에 발효식초라고 할 수 있다.

발효식초

발효식초는 천연 발효식초와 발효식초로 나눌 수 있다. 천연 발효식초는 인위적인 물질의 개입 없이 전통적인 방법으로 빚은 식초를 말한다. 순수한 곡물이나 과일을 미생물의 힘으로 알코올 발효시켜 술을 만든 다음 그 술덧을 다시 초산균의 힘으로 발효시킨 것이 식초다. 천연 발효식초는 곡물을 누룩으로 발효시킨 곡물 식초와 복숭아와 대추, 감 등을 자연 발효시킨 과일 식초가 대표적이다. 천연 발효식초는 영양학적으로는 우수하지만, 그 제조에 오랜 시간이 걸리기 때문에 주로 소규모로 생산된다. 발효식초는 식초를 만들 때 추가로 효모 등이 개입되어 장시간 발효 과정을 거치는 식초다. 과일, 술덧, 과실주, 과실 착즙액, 곡물주, 곡물 당화액 또는 주정, 당류 등을 원료로 하여 초산 발효한 액과 과실 착즙액 또는 곡물 당화액을 혼합하여 숙성한 것을 발효시켜 만든다.

최근 많이 만들고 있는 과일이나 열매를 설탕에 절여서 얻은 과일액에 효모를 넣어 발효시켜 식초를 만들거나, 과일에 막걸리를 넣어 만드는 식초, 기존의 식초에 과일즙을 희석하여 만드는 식초, 맥주나 와인 등을 이용하여 만드는 식초가 발효식초에 속한다. 양조식초에 과일즙 등을 넣은 식초는 장시간의 발효를 거치지는 않았지만, 과일즙이 식초와 혼합되는 과정에서 약간의 발효와 숙성이 일어나기 때문에 속성 양조 발효식초라고도 볼 수 있다.

2) 용도에 따른 분류

이처럼 식초는 제조 과정과 방법에 따라서도 분류되지만, 식초가 식품제조용 이외에도 방부제나 소독제의 용도로 사용되므로 용도에 따른 분류도 의미가 있다. 특히 식품에 사용되는 식초는 양념용과 음료용 그리고 절임용으로 나누어서 정확하게 식초를 사용하는 것이 식초에 대한 이해를 높일 뿐 아니라 우리 음식문화의 품격을 높이는 일이라 생각한다.

소독제로 사용하는 식초는 가격이 저렴한 합성 식초를 사용해도 되지만 항아리 등을 소독할 때 용기에 흡수된 유해성분이 식품을 통해서 우리 몸에 들어가기 때문에 양조식초를 사용한다. 식품을 절이는 용도로도 전통 발효식초보다 깔끔한 맛을 내고 경제적인 양조식초를 사용하는 것이 좋다. 오랜 숙성기간을 거친 전통 발효식초는 조리된 고기의 맛을 더해주는 소스나 마리네이드(Marinade)로 사용하면 고기의 향미를 올려주는 데 아주 효과적이다.

숙성기간이 짧은 전통식초, 과일 식초와 양조 발효식초는 유산균과 각종 효소가 살아 있기 때문에 음료로 활용하거나 냉국이나 초무침 등의 음식에 넣어서 먹는 것이 좋다. 식초를 이용해서 고기 등을 마리네이드한 뒤는 반드시 냉장 보관한다. 산에 의해 인체에 유해한 내용물이 녹아 나올 수 있으므로 유리, 세라믹 소재의 그릇을 사용하고 알루미늄 용기는 절대로 사용해서는 안 된다. 식초 음료를 마실 때도 가급적 유리잔을 사용하는 것이 좋다.

요즘 가정에서 많이 담그는 침출식 식초에는 특정 과일과 허브의 맛과 향기는 물론 인체에 유효한 영양성분이 살아 있어 음료 베이스로 사용하는 것이 효과적이다. 과일을 발효시켜서 만든 식초는 과일 고유의 색과 향이 보존되지 못하므로 완성된 식초에 과일액이나 과일을 추가하여 풍미를 올리면 좋다.

식초에 대한 논쟁

식초가 알칼리성인지 산성인지에 대한 논란이 있다. 식품을 산성 식품과 알칼리성 식품으로 분류하기 시작한 것은 19세기 말 스위스 바젤대학의 Gustav B. von Bunger라는 독일의 학자가 주창한 학설로 우리 몸에 연소가 불에 태우는 것과 유사하다는 가정 아래 식품을 태우고 남은 재의 성분으로 구분하였다. 산성 물질을 구성하는 염산(HCl), 황산(H_2SO_4), 질산(HNO_3), 탄산(H_2CO_3) 등을 살펴보면 수소이온을 만드는 원소인 수소(H)를 제외하고 질소(N), 산소(O), 탄소(C), 황(S) 등의 원소가 모두 비금속원소이다. 알칼리성 물질인 수산화나트륨(NaOH), 수산화칼륨(KOH), 수산화칼슘($Ca(OH)_2$), 수산화마그네슘($Mg(OH)_2$) 등은 수산화 이온을 만드는 원소인 수소와 산소를 제외하면 나트륨(Na), 칼륨(K), 칼슘(Ca), 마그네슘(Mg) 등 금속원소로 구성되어 있다. 식품에 함유된 원소가 비금속이 많으면 산성 식품으로 금속 성분이 많으면 알칼리성 식품으로 나눈다.

식초가 산성이라는 주장은 식초 안에 들어 있는 유기산과 비타민, 미네랄이 우리 몸의 대사에 관여하여 pH의 균형을 유지하는 데 중요한 역할을 하는 것은 맞으나 식초로 섭취하는 양은 지극히 미미하여 식초의 주성분인 초산에 집중해야 한다는 것이다. 식초가 알칼리성 식품이라는 주장은 식초는 산성 식품이지만 식초의 산이 몸속에서 여러 대사 과정을 거치다가 발생한 최종 물질이 알칼리성이라는 Gustav의 이론에 근거한다. 식초가 산성 식품이라고 해도 채소 등 알칼리성 식품과 함께 먹어 균형을 이루면 되기 때문에 별 문제는 아니다.

3. 식초 제조의 원리와 과정(기초편)

식초는 동서고금을 막론하고 다양한 원료와 방법으로 빚지만, 식초 원재료를 가지고 살펴보면 곡물 식초와 과일 식초 두 가지로 나눈다. 곡물 식초는 당화, 알코올 발효, 초산 발효라는 3단계를 거치고 과일 식초는 당화 과정이 빠진 알코올과 초산 발효라는 2단계를 거쳐서 식초가 만들어진다.

즉, 식초는 당화, 알코올 발효, 초산 발효라는 연속적인 변화를 일으키는 효소, 곰팡이, 효모, 초산균이라는 이름으로 불리는 작은 생명체인 미생물에 의해서 만들어진다. 이 미생물의 가짓수와 활동력을 결정짓는 발효 환경은 자연이라는 통제할 수 없는 조건 속에서 사람에 의해서 제공된다.

〈정조지〉에서 식초 배양액을 자주 젓고, 배양액을 항아리에 가득 채우거나 덜 채우는 방식들은 각 발효 단계에 해당하는 미생물의 활동조건을 충족시키기 위해서이다. 이는 식초의 발효 원리에 대해서 알고 있었기에 가능하다. 이런 과거에서 배운 지혜를 바탕으로 과학이 식초를 만드는 미생물의 작동 원리를 밝혔다. 미생물이 어떠한 원리에 의해서 움직이고 힘을 발휘하거나 힘을 잃어버리는지를 아는 것이 좋은 식초 빚기의 전부다. 창의적이고 혁신적인 식초도 미생물을 아는 것에서 출발한다. 더불어 식초의 원리와 과정의 이해를 통해서 식초에 대한 지평이 넓어지면서 창의적이고 혁신적인 식초가 나올 수 있다.

단발효(Single-step Fermentation)
단발효는 과실이나 사탕수수, 꿀 등 당을 포함하고 있는 원료에 바로 효모를 넣어 알코올 발효를 거쳐 술을 만들어낸다. 이처럼 한 번의 발효 공정으로만 이루어지는 양조방식을 단발효라고 한다. 와인이 단발효로 만들어지는 대표적인 술이다. 요즘 채소나 과일 등을 설탕을 넣어 만든 액에 효모를 넣어 알코올 발효를 진행하면 쉽게 술을 만들 수 있다.

복발효(Two-step Fermentation)

술을 만드는 원료가 포도당과 같이 단당류가 아닌 다당류인 경우는 당화라는 과정을 거쳐서 알코올 발효로 진행되는 발효를 복발효라고 한다. 복발효는 단행 복발효와 병행 복발효로 나누어진다.

단행 복발효는 선(先) 당화, 후(後) 발효라는 공정이 분명히 구별되는 발효법이다. 맥주가 이에 해당하는데 보리를 발아시킨 맥아에는 전분과 함께 효소가 존재하므로 물과 온도가 충족되면 당화액이 만들어진다. 여기에 맥주 효모를 투입하면 알코올이 만들어진다. 병행 복발효는 당화와 발효가 분명하게 구분되지 못하고 두 가지 작용이 한 공간에서 병행해서 동시에 이루어지는 경우로 누룩을 사용하는 막걸리와 청주가 이에 해당한다. 식초를 만들 때는 관여하는 균의 특성에 따라서 병행 복발효의 정도가 달라진다. 당화 과정 중 초기에 만들어진 당을 효모가 알코올 발효를 수행하면 당화와 알코올 발효가 동시에 이루어지게 된다. 이때 알코올에 약한 효소들은 당화 과정 중 사멸하기도 하므로 병행 복발효는 단행 복발효에 비해서 결과물이 안정적이지 못하다.

1) 당화(糖化, Saccharification)

식초는 술이 변화한 것이므로 식초를 만들기 위해서는 반드시 술이 선행되어야 한다. 술은 당이 변한 것이므로 술을 빚기 위해서는 당이 있어야 한다.

곡물로 술을 빚을 때에는 곡물을 전처리하는 당화라는 과정을 거쳐야 한다. 당화란 곡물 속의 전분이 효소의 작용으로 가수분해되어 감미가 있는 포도당으로 변화되는 것이다.

당화가 잘 돼야 맛이 좋고 산도가 높은 식초가 나오므로 당화는 식초를 만드는 데 중요한 과정 중의 하나다. 과일의 당은 이미 저분자인 포도당이므로 과일로 식초를 빚을 때는 따로 당화 과정을 거치지 않아도 된다. 우리가 쉽게 접하는 당화는 밥을 먹었을 때 처음에는 단맛을 느끼지 못하다가 밥을 천천히 씹으면 단맛을 느끼는데 이는 침 속에 있는 아밀라아제(Amylase)라는 당화 효소(糖化酵素)가 밥 속에 있는 전분을 포도당으로 전환시켰기 때문이다. 전분은 물에 녹지도 않고 맛도 없지만 분해되어 포도당으로 변해야만 단맛을 내게 된다. 아밀라아제는 고등동물의 침뿐 아니라 식물, 곰팡이, 세균 등 자연계에 널리 분포한다.

전통적인 당화는 누룩곰팡이의 당화 효소인 아밀라아제를 이용하여 전분을 포도당으로 당화시키는 것이다. 전통주를 담글 때, 곡물을 오래 물에 담그거나 가루 내고 익히는 것은 전분을 당화가 잘되는 조건으로 만들기 위해서이다.

과일 식초는 당화가 생략되지만, 전통 발사믹식초의 경우는 알코올 발효 전에 과즙을 끓여 당도를 30~60Brix로 조정하는 과정이 있다.

2) 알코올 발효(酒精醱酵, Alcohol fermentation)

알코올 발효는 에탄올 발효(Ethanol fermentation), 주정 발효(酒精醱酵)라고 도 한다. 효모나 세균 등의 혐기성 미생물이 당류를 에탄올과 이산화탄소 로 분해하는 과정이다.

누룩곰팡이의 효소에 의해서 전분이 포도당으로 당화되면, 본격적인 알 코올 발효가 시작된다. 누룩곰팡이의 여러 효모 중 사카로마이세스 세레비 지에(Saccharomyces cerevisiae)*가 알코올 발효를 주도할 때 가장 좋은 결과물이 나온다. 알코올 발효는 일반적으로 혐기성 환경에서 일어나지만 사카로마이 세스 세레비지에는 산소가 있는 상태에서 알코올 발효 반응을 일으키기도 한다. 소량 발효에는 자연발효로 진행되어도 되지만 대량 양조할 때는 반드 시 사카로마이세스 세레비지에를 이용하여야 한다. 일부 누룩곰팡이는 내 산성이 뛰어나 초산 발효 시에도 살아 있어 초산 발효를 방해하거나 식초의 이미이취(異味異臭)의 원인이 되기도 하므로, 알코올 발효 후 발효액을 여과 시켜 맑게 한 다음 초산 발효를 하는 것이 좋다.

곡물(녹말)을 원료로 식초를 만들 때 당화 발효와 알코올 발효 과정은 동 시에 진행된다. 이를 병행 복발효라고 하는데, 두 가지 발효 조건을 동시에 만족시키는 환경이 제공되는 것이 이상적이지만 그렇지 못하다면 알코올 발 효가 잘 일어날 수 있도록 환경을 만들어 주어야 한다. 알코올 발효는 양조 용 효모인 사카로마이세스 세레비지에가 좋아하는 환경을 제공하도록 한 다. 알코올 발효는 당도가 20% 정도일 때 가장 잘 일어난다. 증류 과정을 거치지 않은 자연발효주는 알코올 도수 20%가 한계이며 이를 넘으면 효모 균 등이 완전히 사멸한다.

---

* **사카로마이세스 세레비지에(Saccharomyces cerevisiae)**
사카로마이세스는 당 곰팡이를, 세레비지에는 맥주를 뜻하므로 사카로마이세스 세레비지에는 단 맛이 강한 환경에서도 알코올 발효를 잘하는 특징을 가진 양조용 효모로 포도에서 추출한다. 과일 향과 바닐라 향을 낸다.

호기성과 혐기성

호기성 생물이 산소를 좋아하고 산소가 있는 조건에서 생육하는 성질을 말한다. 산소를 필요로 하는 생물체를 산소의 필요에 따라 산소가 절대적으로 필요한 절대 호기성과 산소가 없어도 생존하지만 있으면 더 빨리 생장을 보이는 기회적 호기성, 산소가 조금 필요한 미호기성으로 나눈다. 초산 발효는 절대 호기성 조건에서 일어난다. 절대 호기성인 초산균이 액체의 표면에 자리잡는 이유는 산소를 조금이라도 더 공급받기 위해서이다.

혐기성 생물이 공기 중의 산소를 필요로 하지 않는 무산소 조건에서 생육하는 성질을 말한다. 산소를 얻는 방식에 따라 산소와 접촉하면 죽는 절대 혐기성과 산소가 없어도 생장하지만 있으면 더 잘 생장하는 기회적 혐기성이 있고 산소를 전혀 사용하지 않으나 산소에 노출되어도 죽지 않는 산소저항성이 있다. 효모와 같은 기회적 혐기성 미생물은 산소를 사용하여 에너지(APT)를 생성, 대사하는 전달계를 가지고 있으나 절대 혐기성과 산소저항성 미생물은 오로지 발효를 통해서만 에너지를 얻는다. 절대 혐기성은 산소가 생화학반응을 통해서 생성하는 '활성산소(Reactive Oxygen Species, ROS)'의 독성을 제거하는 효소균을 가지고 있지 못하고 산소저항성 미생물은 활성산소를 제거하는 효소들을 가지고 있어 독성으로부터 자신을 보호할 수 있다.

3) 초산 발효

초산 발효는 호기성 조건에서 초산균이 알코올을 초산으로 변화시키는 것을 말한다. 효모와 곰팡이는 균류이고 초산균은 이 세상에서 가장 작은 생물체인 박테리아(세균)이다.

식초의 자연 발효법에서는 공기 중에 살고 있는 초산균이 항아리 안으로 유입되어 초산 발효를 일으킨다. 초산 발효에 관여하는 초산균은 매우 다양하며, 자연 발효 시에는 초산균이 혼합되어 작용하면서 식초의 맛을 좌우한다.

표면 발효법에서는 초산 발효가 매우 느리다. 초산 발효를 할 때 술덧 속의 미생물은 매우 다양하여 초산 발효에 영향을 끼쳐서 식초의 향미를 좌우한다. 초산 발효를 주도하는 초산균은 아세토박터속 균과 글루콘아세토박터속 균으로 초산 발효의 모든 과정에서 나타나지만 아세토박터속 균은 초산 발효의 초기와 중기에, 글루콘아세토박터속 균은 초산 환경이 열악한 심부 발효법과 발효 말기에 관찰된다. 아세토박터 파스퇴리아누스는 초산 발효 시 급속히 증식하여 산도를 높여 다른 세균의 증식을 막는 역할을 한다.

언제 항아리의 뚜껑을 닫고 여는 것이 좋은가?

....

전통식초를 만들기 전에 선행되는 것이 좋은 술이다. 처음 전통주를 담그면서 항아리 뚜껑을 여닫는 정확한 시기의 기준이 서 있지 않은 것이 고민이었다. 분명 여닫는 시기가 발효에 많은 영향을 미칠 것 같아 선험자들에게 물어보면 "항아리 뚜껑은 적당히 알아서 하라."는 모호한 답변을 듣곤 한다. 다시 재차 당사자에게 어떻게 하시냐고 물어보면 그냥 면 보자기로 덮고 한 2~3일 항아리 뚜껑으로 덮어주었다가 가끔 뚜껑을 벗겨 주기도 한다."라고 하니 더욱 머리만 혼란스럽곤 하였다. 그럭저럭 면 보자기 위에 적당히 뚜껑을 덮었다 내렸다 하면서 술을 만들며 발효는 자연이므로 '답은 없다'라고 위로하였다.

〈정조지〉 속의 술과 식초를 복원하면서 당화, 알코올, 초산 발효에 대하여 이해하게 되었다. 식초 제조 공정은 당화, 알코올과 초산 발효 과정을 거치면서 성질이 다른 효소, 효모, 초산균이 서로 혼재되거나, 하나의 발효균이 중심이 되어 발효를 수행하여 더욱더 복잡하지만 원리를 알면 뚜껑을 닫고 여는 것을 체득하게 된다. 당화는 호기성, 알코올 발효는 혐기성, 그리고 초산 발효는 호기성 환경에서 발생한다. 그에 맞춰 항아리 뚜껑을 여닫아주면 된다. 녹말이 포도당으로 바뀌는 당화 현상은 호기성에서 활발하므로 곡물을 이용해 식초나 술을 만드는 초기에는 밀봉을 하면 안 된다. 알코올 발효 시에는 산소는 필요 없으나 발생하는 이산화탄소를 배출시킬 정도로 적당히 막아 주면 된다. 알코올 발효를 하는 효모는 호기성 조건에서는 출아 번식(Budding)을 하여 개체 수를 늘리다가, 혐기성 조건이 되면 당을 먹이로 하여 알코올 발효를 시작한다. 그러나 이 원칙이 항상 적용되는 것은 아니다. 곰팡이와 효소, 효모의 성격에 따라서는 혐기성 환경에서도 당화를 수행한다. 또 어떤 초산균은 혐기성 환경에서도 초산 발효를 한다.

곡물 식초는 당화와 알코올 발효가 동시에 진행되는 병행 복발효법으로 언제 항아리 뚜껑을 여닫아야 하는지 모호하였다. 경험으로 보면 알코올 발효를 중심으로 두고, 즉 항아리 뚜껑을 닫아 외부의 공기를 막아 주었다가, 호기성 환경을 잠깐 만들어 주는, 가끔 항아리 뚜껑을 열어서 발효의 진행 상태를 점검하는 등과 같은 섬세한 관리가 필요하였다. 이런 이유로 선험자들이 모호한 답변을 할 수밖에 없었던 것이고, 이제 나 역시 재료가 무엇인지, 날씨와 기온이 어떠한지 등에 따라 항아리 뚜껑을 여닫는 간격을 조절할 수밖에 없다는 모호한 결론을 내릴 수밖에 없다. 다만 당화, 알코올, 초산 발효의 과정과 원리를 기억하고 이해한 바탕에서, 직접 눈과 코로 확인한 식초의 진행 과정을 통해 그때 그때 판단할 일이다. 초보자라면 당도계, 산도계, 알코올 도수 측정기 등의 도움을 받는 것도 좋다.

누룩

....

누룩은 알코올 발효의 중요한 원료다. 쌀, 밀, 녹두, 율무 등 전분이 있는 곡물에 곰팡이를 자연 번식시켜서 만든다. 누룩은 곡물의 종류나 형태에 따라서 식초의 품질에 큰 영향을 미친다. 누룩의 크기가 작으면 수분이 빨리 증발되면서 곰팡이가 살 수 없는 환경이 된다. 두께가 너무 얇아도 곰팡이가 제대로 번식되지 않아 향미가 좋지 않다. 반대로 너무 두꺼우면 잡균이 번식하여 이미이취의 원인이 된다. 누룩이 단단하지 않으면 술의 도수가 낮고 신맛이 강해서 식초가 되지 못하고 산패한다. 술이나 식초를 빚을 때 얼마의 누룩을 써야 하는지는 누룩이 녹말을 포도당으로 변화시키는 당화력에 따라서 다르다. 당화력은 'Saccharogenic Power'라고 하는데 보통은 줄여서 SP라고 한다. 쌀 10kg을 당화시키려면 대략 270,000SP가 필요하다. 시중에서 판매되는 밀누룩의 당화력은 약 300SP 정도이므로 쌀 10kg을 술로 담그려면 약 900g의 누룩이 필요하다. 누룩이 잡균에 오염되거나 보관상태가 좋지 않은 경우는 안정적인 발효를 위해서 누룩의 양을 20% 또는 30% 정도로 늘려 주어야 하는 경우도 있다. 누룩을 많이 넣으면 발효력은 좋아지지만 완성된 식초의 향미가 떨어질 수 있으므로 가급적 역가가 높은 누룩을 쓴다. 누룩 역가는 전문 장비가 있어야만 측정이 가능하므로 누룩을 구입할 때 알아보는 것이 좋다.

4. 식초를 만드는 3총사*

균류(菌類, Fungi)인 곰팡이나 효모가 당을 먹이로 하여 알코올을 만들어 내면 박테리아[細菌, Bacteria]인 초산균이 알코올을 먹이로 하여 초산을 만든다. 이것이 기본적인 식초의 원리다. 식초를 만드는 삼총사는 균류인 곰팡이와 효모 그리고 박테리아인 초산균이다.

곰팡이는 공기 중 어디에나 살고 있다가 마음에 드는 곳에서 번식하는데, 이것이 누룩에서 피어나는 곰팡이다.

효모는 과일과 나무의 껍질, 누룩에 존재하고 있으며 상품화되어 있어 쉽게 구매할 수 있다. 초산균은 공기 중에 존재하다가 알코올을 만나 식초를 만드는 핵심균이다.

이렇게 곰팡이, 효모, 초산균이 식초를 만드는 미생물 3총사라고 할 수 있다.

알코올 발효와 초산 발효 중에 생긴 아로마와 유기산 성분들이 식초의 맛과 풍미를 결정하기 때문에 이들 3총사의 물리 화학적 변화를 이해하는 것이 좋은 식초를 제조하는 데 아주 중요하다. 물론 소규모로 식초를 만들 때는 이들 3총사를 마음대로 부릴 수 없지만, 기업에서 대량으로 식초를 만들 때는 특정 효모나 초산균, 곰팡이를 배양하여 제조하기 때문에 일정한 맛과 풍미를 유지하는 식초를 대량으로 만들어 낼 수 있다.

1) 곰팡이

균사체를 발육기관으로 하는 균류를 총칭하여 곰팡이라고 부른다. 곰팡이는 자낭균류와 접합균류, 담자균류로 나눈다. 자낭균류인 누룩곰팡이는 곡물을 이용한 술 제조의 발효제로 주로 동양권에서 사용하였다. 누룩곰팡이는 녹말을 분해해 당화를 진행하기 때문에 술의 향과 맛에 크게 영향을 주어 식초의 맛에도 영향을 주게 된다. 곰팡이는 효모처럼 종에 따라서 당화 과정과 알코올 발효를 수행하므로 전통식초 제법에서는 아주 중요하다.

---

* 이 장은 정철의 《식초 양조학》을 참고하여 작성하였다.

곰팡이는 균사에 의해서 실처럼 보인다고 해서 사상균(絲狀菌, Mold fungi)이라고도 한다. 곰팡이 포자는 자연계에 널리 분포하다가 좋아하는 환경을 만나면 뿌리를 내리고 증식한다. 곰팡이는 호기성이므로 주로 누룩이나 입국의 표면에 증식한다. 건조 환경이므로 다른 세균보다 증식이 느리지만, 온도가 적당하면 건조식품에서도 빠르게 성장하기도 한다. 곰팡이의 생육 온도는 30~35도이며 산성 조건에서 잘 증식한다.

곰팡이는 식초 제조에는 직접적인 연관이 없으나 곡류를 원료로 하는 양조에는 발효제로 반드시 필요하다.

우리나라의 녹말 당화는 주로 누룩곰팡이로 불리는 아스퍼질러스속 균이 담당하게 된다. 아스퍼질러스속 균은 무성생식으로 번식하며 쌀, 밀, 조, 쌀기울 등의 곡물에 붙으면 우선적으로 영양분을 흡수하기 위해 발아관(Germinating tube) 형태의 균사를 형성하며 수분 속에서 발아를 시작한다. 곡류 내부의 수분이 충분하지 않으면 균사는 잠을 자게 되기 때문에 수분은 균의 성장에 필수적이다. 곰팡이는 두 종류의 효소를 생성하는데 하나는 균사 내 대사에 필요한 효소(Endoenzyme)이고 다른 하나는 영양물질을 획득하기 위한 효소로 세포 외부로 배출되는 효소(Exoenzyme)이다.

곡류를 이용한 식초 제조 시에는 곡류의 녹말이 곰팡이가 분비한 효소에 의해 당으로 분해된 후 효모에 의한 알코올 발효를 진행하게 된다. 곰팡이균이 좋아하는 환경은 온도가 27~37도이며 약산성에서 가장 증식을 원활하게 한다. 곡류의 종류와 구성 비율도 효소 역가를 결정짓는데 일반적으로 밀기울이 곰팡이균 성장에 가장 이상적이다. 밀기울 누룩에 생성하는 아스퍼질러스속 균은 내산성이 강한 β-아밀라아제 효소와 내산성이 약한 α-아밀라아제 효소를 생성하지만, 쌀누룩에서는 구연산이 생성되면서 내산성이 약한 α-아밀라아제 효소는 생성되지 않는다. 동물 조직에는 β-아밀라아제가 없다. 누룩을 제조할 때 수분의 양이 많으면 산소의 유입량이 적어지므로 초기 수분은 25% 정도를 발효실의 습도는 65%를 넘지 않아야 한다. 누룩을 만들 때 곡물의 입자 크기에 따라서도 곰팡이의 생장이 달라진다. 곡물 입자가 고우면 당화가 너무 빠르게 진행되면서 효모가 충분히 증식되지 않아 술맛이 떨어진다.

* 곰팡이의 종류 및 특성

· **누룩곰팡이**(Aspergillus) 술을 만들 때 사용하는 복합 미생물 덩어리를
누룩[麴]이라고 하는데 누룩에서 다수를 차지하는 진균을 국균 또는
누룩곰팡이라고 한다. 누룩곰팡이는 매우 다양한데 백색, 황색, 흑색
등 다 자란 곰팡이의 색으로 분류한다. 국균에 관한 내용은 B.C. 300
년경 주(周)나라 때 지어진 《주례(周禮)》에서 처음 서술되었다. 국균의
명칭과 유래는 장류의 발효보다는 곡주의 발효와 더 밀접하게 관련되
어 있다.

· **황국균**(Aspergillus oryzae) 누룩곰팡이의 대표 균으로 발효에 있어서 국
균은 대부분 황국균을 의미한다. 배양 초기에는 백색을, 시간이 지나면
서 황색을 보이다가 최종 갈색으로 변한다. 다당체 분해효소인 아밀라
아제를 대량 분비하여 한국, 중국, 일본의 주요 발효식품에 중요한 역할
을 한다. 간장을 제조할 때는 콩의 단백질을 아미노산으로 분해하는 카
복시펩티데이스(Carboxypeptidase)도 분비하여 간장의 감칠맛을 내게 한
다. 소화제 제조에 사용하기도 하였다. 생육에 적합한 온도는 37도이며
42도 이상에서는 사멸한다. 황국균은 2005년 일본의 산업기술종합연
구소(National Institute of Advanced Industrial Science and Technology, AIST)에 의
하여 황국균의 8개 염색체는 총 37mb이며 12,074종의 유전자를 함유
하였다는 것과 2차 대사산물을 생성하는 데 관여하는 유전자가 추가로
존재하는 것이 밝혀졌다. 따라서 황국균이 발효에 최적인 균이다.

· **흑국균**(A. awamori) 종명에서 알 수 있듯이 일본 오키나와의 전통 소주인
아와모리[泡盛]를 제조하는 데 사용되는 국균이다. 황국균과 달리 높은
온도에서도 생장할 수 있어 기온이 높은 환경에서 황국균의 역할을 한
다. 포자의 색이 처음에는 갈색이나 점점 검은색으로 변한다. 자연계에
널리 분포하며 알코올 발효 시 구연산 발효를 동시에 진행하여 잡균의 번
식을 억제함으로써 술의 향미를 유지시킨다. 전분 당화력이 강하고 산
생성력이 강하여 주류 제조에 사용 시 실패를 줄일 수 있다. 구연산 발효
능력이 뛰어난 흑국균은 구연산의 제조에 사용되고 있다.

· **백국균**(A. luchuensis) 흰색인 흑국균의 변이종으로 흑국균을 보존하던 중 발견되었다. 백국균은 흑국균의 단점인 흑화 현상이 없는 장점 때문에 일본에서 흑국균을 대체하게 되었다. 일본의 사케[酒]는 백국균으로 양조되고 있으며 공장에서 생산되는 막걸리도 대부분 백국균을 사용한다. 전분 당화력이 흑국균보다 높고 증식 온도는 30~35도가 최적이며 구연산과 글루콘산 등의 산 생산성이 좋아 술에 신맛을 부여한다. 술덧이 오염되는 것을 방지하고 술맛이 깨끗하며 균총이 흰색이라 탁주와 약주의 제조에 사용된다.

· **젖산균** 알코올 발효 시 pH를 낮추기 위해 사용되거나 와인 제조 시 사과산을 젖산으로 전환하여 와인 맛을 부드럽게 하는 역할을 한다. 식초 제조에서는 특별한 역할은 없지만, 효모와 곰팡이 증식에 영향을 주어 식초의 풍미를 조절한다.

· **라이조푸스속** 접합균류인 거미줄곰팡이속(Rhizopus)은 다양한 효소를 분비하는데 특히 글루코아밀라아제를 다량 분비하여 익히지 않은 생쌀도 당화시킬 정도로 당화력이 강하다. 발효에서는 꼭 필요한 곰팡이로 주로 수분이 많은 과일에 많이 나타난다.

· **간장국균**(A. sojae) 진한 녹색이나 진한 황색을 띠는 국균으로 높은 염도에서 생장이 가능하여 간장이나 된장을 빚을 때 유용하다. 간장국균은 유전적 특징으로 글루타민(Glutamine), 아미노산을 생합성하는 유전자의 개수가 10개인 점이 특이하며 간장의 감칠맛을 내는 데 중요한 역할을 한다.

검은 곰팡이(A. niger)와 흑국균은 구분되어야 한다. 검은 곰팡이는 옥수수시럽 제조, 포도주 정화에 이용된다. 사람이 검은 곰팡이 포자를 대량 흡입하면 심각한 폐질환인 아스퍼질러스증(Aspergillosis)과 고막의 감염을 유발한다. 검은 곰팡이는 산업적으로 유용하여 다양한 종류가 식품과 의약 첨가제인 구연산과 글로코닉산 발효에 사용된다.

플라버스국균(A. flavus)은 죽은 생명체의 유기물을 부패시켜 생장한다. 장기간의 해상운송 시 높은 습도와 온도의 환경에서 아플라톡신(Aflatoxin)을 생산하여 성장발달과 지능 저하, 간 손상 및 간암을 유발한다. 발효에 유용한 국균은 아플라 독소를 생산하지 않는다.

2) 효모(Yeast)

효모(Yeast)의 어원은 '끓는다'는 뜻의 그리스어에서 온 것으로 효모에 의해 발효하면서 이산화탄소가 발생하는 모습이 물이 끓는 것과 같기 때문에 유래하였다. 효모의 종류는 1,500여 종이 알려져 있으며 양조나 제빵에 사용되는 사카로마이세스(Saccharomyces)가 대표적이다.

효모의 최초 발견자는 1680년 현미경을 제작한 네덜란드의 과학자 안톤 판 레벤후크(Anton van Leeuwenhoek)인데, 효모를 살아 있는 생물체로 간주하지 않았다. 1859년 루이 파스퇴르(Louis Pasteur)가 포도주를 발효하는 데 큰 역할을 하는 미생물이 있다는 논문을 발표하면서 지적한 것이 바로 '효모'다. 이때부터 효모가 에탄올을 생산하는 능력이 있음을 밝히면서 효모의 생물학적 의의가 알려지게 되고 효모의 연구와 분류가 시작되었다.

효모는 탄소원으로 포도당이나 과당과 같은 단당류나 말토오스 같은 이당류를 사용하기 때문에 과일, 꽃 또는 나무껍질 등 당이 존재하는 환경에서 잘 자란다. 특히 포도 껍질에는 효모가 많이 붙어 있어 잘 익은 포도는 으깨어 놓기만 해도 술이 만들어진다. 건포도에도 효모가 많이 존재하여 건포도를 이용하여 천연 발효빵을 만들기도 한다.

효모는 대부분의 다른 균류와 같이 산소 공급 시 산소호흡에 의해 증식하다가, 산소 부재 시 증식을 멈추고 발효를 통해 에너지를 얻어 에탄올과 이산화탄소를 생산한다. 효모는 산소와 당이 모두 공급되는 조건에서는 산소가 없는 조건일 때보다 20배 정도 성장이 빠르다. 산소가 존재하는 호기성 조건에서도 사카로마이세스는 포도당의 농도가 높은 경우 일부 알코올을 생성하기도 한다. 사카로마에스 효모가 만들어낸 알코올 덕분에 일반적인 균들은 생존하지 못하고, 이 때문에 원재료가 쉽게 상하지 않게 된다.

효모가 알코올 발효를 시작하면서 분비된 에탄올은 효모 증식과 대사에 저해 요소로 작용하기도 하는데, 알코올 발효가 많이 진행되어 알코올의 농도가 높아지면 효모 자신도 자신이 만들어낸 알코올에서 죽게 된다.

일반적으로 효모는 당도 20% 이내에서는 발효할 수 있지만, 당 농도가 너무 높으면 발효 속도가 느려지거나 중지된다. 과일에 설탕물을 부어서 절인 것을 발효시켰다고 하는데, 당도가 높은 환경에서는 어떤 미생물에 의해서도 발효는 일어나지 않는다. 때문에 지나치게 많은 설탕으로 절인 경우는 발효액이 아니라 그저 과일이 담긴 설탕물일 뿐이다.

효모는 곰팡이나 버섯과 같은 균류로 우리말로 '뜸팡이'라고 한다. 효모는 영양 불균형 개선, 영양 공급원, 건강 증진 등 건강기능 식품으로 사용되기도 한다. 효모는 보기와는 달리 영양이 풍부해 일본에서는 군인들의 영양제로 보급하였고 민간에서는 에비오스 같은 효모를 이용한 영양제를 공급하였다. 장년층들이 기억하는 영양제 에비오제나 원기소가 바로 효모로 만든 영양제다. 지금도 효모는 여전히 영양제로 사용되고 있는데 탈모와 피부 건강에 좋다는 맥주 효모가 대표적이다.

효모에는 특히 비타민 B가 많으며 15g당 단백질이 8g으로 완전 단백질이다. 서양에서는 이런 효모를 영양 효모라고 부르며 맛이 치즈와 비슷하기 때문에 채식주의자들이 치즈 대용으로 먹는다. 식용 효모에는 맥주 효모, 빵 효모, 우유 효모가 있다. 효모는 국가적인 품종으로 관리를 받으며 품종마다 다른 술맛을 내기 때문에 배양시킨 다음에 비싼 값에 판매한다.

흔히, 효모를 효소와 혼동하여 사용하는 경우도 많은데 효소는 단백질로 이루어진 촉매의 총칭으로 효모 안에 효소가 존재하므로 효소 건강법이라고 해서 과일을 설탕에 절인 액을 마시는 것은 건강에 도움이 되지 않는다.

효모는 배양되어 용도에 맞게 이용할 수 있도록 다양한 종류가 나오기 때문에 효모의 종류를 용도에 맞게 적절하게 활용하면 술의 품질을 크게 높일 수 있고 결국 식초의 품질도 올라가게 된다.

＊효모의 종류 및 특성

· **액체 효모**(Liquid Yeast) 과일에 설탕과 따뜻한 물을 넣고 기다리면 되는 가장 기본적인 이스트로 사용 기간이 짧다.

· **압착 효모/생 이스트**(Compress/Wet/Fresh/Cake Yeast) 70% 가량의 수분을 지닌 이스트로 압착되어 고형 상태로 판매된다. 상온이 아닌 냉장 보관이 필수이며 냉동 보관하면 오래 사용할 수 있다.

· **활성 건조 효모**(Active dry yeast) 30~40도의 온도에서 공기로 건조하여 효모를 죽이지 않고 수분을 6~8%로 줄인 이스트다. 상온에서 성능이 오래 유지된다. 식초를 만들기 위한 알코올 발효에 가장 일반적으로 사용되는 이스트이다.

· **인스턴트 건조 효모**(Instant dry yeast) 활성화 과정 없이 바로 사용하는 이스트이다.

· **냉동 건조 효모**(Dry frozen yeast with intermediate) 수분 함량을 4~6%까지 줄인 이스트로 보존성이 우수하다.

효모인 이스트의 종류는 약 1,500종이 넘으며 빵을 만드는 이스트, 술을 만드는 이스트가 다 다르지만 제일 흔하게 쓰이는 종류는 사카로마이세스 세레비지에(Saccharomyces cerevisiae)다. 미생물의 발달로 용도에 맞게 이스트를 사용하는 것이 가능하지만 그 이전까지는 양조 과정의 부산물로 나온 효모를 쓰거나 그냥 밀가루 반죽을 저어 주면서 방치한 다음 얻었다. 인구가 급격히 늘면서 이스트가 대량으로 필요하게 되자 이스트 생산을 목적으로 맥주 양조장을 만들기도 하였다.

요즘은 이스트를 사용하지 않고 사워도우로 만드는 천연 발효빵이 특별한 빵으로 대접을 받고 있다. 천연 발효는 발효 과정에서 야생 효모가 관여하게 되고 다른 잡균도 번식하기 때문에 천연 발효법으로 빵을 만들면 빵의 풍미가 복합적이다. 반면 인공적으로 배양한 이스트를 이용한 빵을 싸구려 빵으로 깎아내리는데 천연 발효빵보다 더 나쁘다는 아무런 근거가 없다.

3) 초산균(醋酸菌)

식초는 초산균이 부리는 마법으로 만들어지는 조미료다. 식초를 만드는 사람은 기분 좋은 초산균이 부린 호의에 기뻐하고 초산균이 부린 심술에 낙담하기도 한다. 초산 발효에 관여하는 초산균은 매우 다양하다. 식초를 자연발효할 때는 초산균을 포함한 혼합균이 식초의 운명을 좌우한다. 초산균의 존재가 과학적으로 밝혀지기 전에도 사람들은 공기 중에 부유하는 어떤 생명체가 식초를 만든다는 것을 알고 있었다. 현미경을 통해 초산균의 얼굴을 보게 된 것은 편지를 주고받던 친구를 직접 만나 얼굴을 본 것과 다름이 없다. 현재도 실험실 안의 과학자 이외에는 대부분 초산균을 본 적이 없으므로 예나 지금이나 초산균은 믿음을 가지고 확신해야 하는 존재라는 면에서는 같다.

식초는 초산균에 의해서 만들어지기 때문에 식초에 대한 이해는 초산균에 대해서 아는 것에서 시작되어야 한다. 식초의 품질은 공기 중에 부유하다가 알코올에 이끌려 온 초산균의 숫자와 종류, 그리고 초산균의 활동력에 의해서 결정된다. 공기 중의 초산균이 나비나 벌이라면 항아리 안의 알코올은 꽃이 되는 셈이다. 초산균은 성격의 기복이 심하고 의심이 많으며 변덕스럽고 까다롭다. 이런 초산균을 잘 다스리기 위해서는 초산균이 좋아하는 조건들을 제공해야 한다. 보통 초산균들은 환기가 잘 되는 따뜻하고 조용한 집에서 약간의 단맛이 있는 술을 마시며 지내는 것을 제일 좋아한다. 초산균 중에는 인내심이 강한 초산균도 있고, 단 음식을 좋아하는 초산균, 다른 초산균보다 술을 좀 더 즐기는 초산균, 술보다는 과일이 더 좋다는 초산균 등 참으로 다양하기도 하다.

미생물학의 발달로 원재료의 성격에 맞는 초산균을 배양해서 주정에 직접 투여하여 원하는 식초를 얻기도 하지만, 전통적인 식초 양조는 소규모로 이루어지기 때문에 자연의 일원인 초산균에 의지해야 한다. 초산균마다 당도와 술의 도수 그리고 산도와 온도에 따라서 생존 여부, 활동의 폭이 달라지기 때문에 얻고자 하는 식초에 따라 알코올의 도수와 온도, 당도, 발효법 등을 조절하는 것이 좋다. 마음 같아서는 원하는 초산균이 식초 항아리에 들어와서 왕성하게 활동하기를 갈구하지만, 초산균을 통제한다는 것은 근본적으로는 불가능하다.

초산균의 생리적 특성에 대해서 알게 되면 될수록 〈정조지〉 속의 식초가 참으로 과학적이라는 것에 놀라게 된다. 선생이 초산균이라는 용어는 쓰지 않았지만, 경험과 지혜로 초산균의 특성을 정확하게 알고 있었다. 〈정조지〉 속의 식초 제법이 초산균의 실체와 특징을 모른다면 나올 수 없기 때문이다. 선인들이 식초를 만들기 위해서 타임머신을 타고 미래에 와서 공부하고 가신 듯한 착각이 들 정도다.

초산균은 분류체계 상 알파프로테오박테리아(Alphaproteobacteria)강 아세토박테라시에(Acetobacteraceae)과에 속한다. 과거에는 대표적인 초산균으로 알코올을 에너지원으로 활용하여 초산을 만드는 아세토박터(Acetobacter)와 포도당을 산화하여 글루콘산이나 케토산을 만드는 글루코노박터(Gluconobacter)로 나누었다. 현재 초산균은 18속 88종으로 나뉘는데 앞으로 발견되는 초산균은 더 늘어날 수 있다. 우리나라에서 식품원료로 사용하고 있는 초산균 아세토박터는 증식을 위해서 산소가 필요한 호기성(好氣性, Aerobic) 세균으로 배양 환경에 따라 모양을 달리한다. 초산균은 세포벽과 세포질로 구성되어 있으며 포자는 형성하지 않고 대부분 액의 표면에 번식하여 균막을 만든다. 저알코올에는 어느 정도의 초산균이 살고 있어 오래 두면 식초로 변하는 경우가 종종 생긴다. 초산균은 균마다 각각의 개성이 있어 결과물에 영향을 주므로 각각의 초산균에 대해서 간단하게 알아보기로 한다.

*초산균의 종류 및 특성

· **아세토박터속** 1898년에 명명된 초산균으로 A. aceti, A. liquefaciens, A. pasteurianus, A. hansenii 등 4종으로 분류되며 이 중 아세토박터 아세티와 아세토박터 파스퇴리아누스 2종 만이 식초 제조에 공식 허가되었다.

아세토박터균은 내산성이 강하고 산을 탄산가스와 물로 바꾸는 과산화 반응을 한다. 장기 배양, 고온 배양, 알코올 첨가 배양 등에 따라 실 모양, 그래프 모양, 약간 부푼 것 등 특이한 모양을 보이는 때도 있다. 포자는 형성하지 않지만, 대부분은 액의 표면에 번식하여 균막을 만든다. 생존 최적 온도는 27~35도이지만 37도에서도 생존할 수 있다. 알코올 도수는 12도를 넘지 않아야 생존한다.

· **글루코노박터속** 1935년 아사이에 의해 과일에서 분류되었다. 글루코노박터속은 글루코노박터 옥시단스(G. oxydans) 1종 만이 있다. 알코올을 에너지로 하여 산화하는 아세토박터속과는 다르게 당을 에너지로 사용하는 것을 좋아한다. 아세토박터속 균도 글루콘산을 생성하지만 글루코노

박터속 균은 당 농도가 높은 환경에서 더 활기차게 글루콘산을 생성한다. 최적 생육온도는 25~30도이나 일부 균은 37도에서도 생존하여 증식한다. pH 3.5에서 증식을 시작하며 최적은 pH 5.0이다. 글루코박터속은 구연산회로를 돌지 못하므로 아세토박터처럼 과산화가 되지 않는다.

· **글루콘아세토박터속** 1998년 아세토박터속 중에서 유비퀴논-10을 유전적으로 보유하고 있는 균을 별도로 분리한 것이다. 이 균은 심부 발효법을 이용하면 고농도의 산(10% 이상)을 만들기 때문에 쌀 식초를 빚을 때 중요한 초산균이다. 농업 분야에서 글루콘아세토박터는 인산, 철, 망간, 마그네슘 등 작물이 뿌리로 흡수하지 못하는 영양소 등을 분해하여 작물에 공급하도록 돕는 역할을 하며 동시에 토양개량제로 사용된다.

· **코마가타에이박터속** 일본의 미생물학자 코마가타(Komagata)의 이름을 따서 명명하였다. 2013년에는 글루콘아세토박터속 중에 11종의 유전자를 분석하여 코마가타에이박터속으로 새로 편입시켰다. 이 균은 포도당, 갈락토오스, 라비노오스, 자일로오스로부터 산을 생성한다. 초산 발효의 발효 과정에서 표면 발효를 할 때 식초 표면을 덮는 형태로 나타나며, 정치 배양(진탕 배양) 시에는 둥근 공의 형태로 나타난다. 셀룰로스는 초산균이 표면에 부유하도록 하여 산소와 접촉을 하면서 내산성을 갖도록 하는 역할을 한다.

초산 농도에 따라 초산균의 활동이 달라지는데 초산 농도가 6% w/v 이하일 때 주로 아세토박터속 초산균이, 그 이상의 경우에는 코마가타에이박터속에 속하는 초산균이 발효를 주도한다. 산도가 5% w/v 이하이고 당도가 높을 때는 글루콘아세토박터속이 발효를 주도한다. 보통 식초는 산도가 7~8% w/v에 이르면 초산 발효가 느려지다가 중지되는데, 이때 아세트알데히드와 에틸아세테이트가 식초에 아로마(향기)를 부여한다. 다만, 코마가타에이박터 오이로페우스는 내산성과 알코올 내성이 강하여 심부 발효법에서 10% w/v에서도 식초 제조가 가능하다.

*초산 발효법

·초산균에 의해 산화 반응을 하여 에틸알코올에서 초산이 생기는 발효 현상을 말한다. 초산 발효는 공기 중의 산소를 공급받아 발생하는 발효이기 때문에 산소의 공급은 초산 발효에서 아주 중요하다. 초산 발효법은 산소를 공급하는 방법에 따라 표면 발효(평면 발효)와 심부 발효로 나눈다. 전통식초에서 주로 사용되는 표면 발효는 다시 정치 발효와 교반 발효로 나뉘고 심부 발효는 주로 식초를 대량으로 만드는 공장에서 주로 사용된다.

· **정치 발효법** 표면 발효법 중의 하나다. 가장 기본이 되는 발효법으로 발효 통을 흔들거나 막대 등으로 휘젓지 않고 배양액의 표면에 형성된 초막을 서서히 증식시키는 발효법이다. 배양액 표면에서 형성된 초막이 오랜 시간에 걸쳐 초산 발효를 하기 때문에 식초가 완성되는 데 오랜 시간이 걸리지만, 향미가 진하다는 장점이 있다. 주로 전통식초의 제조에서 사용된다. 투입 재료량 대비 표면적이 넓은 발효조를 사용하는 것이 좋다.

· **교반 발효법** 초산 발효 중인 용기를 가끔 흔들거나 막대 등으로 저어 산소를 공급하고 영양소가 빨리 회전하여 초산 발효가 촉진된다. 일주일 간격으로 저어 주면 식초의 산도가 정치 발효를 할 때보다 높다.

· **심부 발효법** 하면 발효법이라고도 하는데 원료 액과 초산균의 혼합물에 공기를 통해 격하게 교반하면서 급속히 액내 전체로 산소를 통과시키는 것이다. 이 방법은 제2차 세계대전 후, 항생물질 등의 생산이 전면 발효법에 의해 보다 능률적으로 행하여진 것을 오스트리아의 Hormatka가 식초 제조에 응용하고 프링스(Frins)가 공업화하여 프링스의 아세테이터(Acetator)라고 부른다. 심부 발효법으로 10~15% 식초가 2일이라는 빠른 기간 안에 얻어진다.

· **통기 발효** 전면 발효법이라고도 한다. 미생물(초산균)을 배양액 속에 공기를 불어 넣으며 발효시키는 것으로 심부 배양법의 한 방법으로 호

기적 발효법 중 가장 보편적인 방법이다. 통기를 통해서 공기 중의 초산균을 적극적으로 배양액에 넣기 때문에 발효시간이 크게 단축되어 원재료가 가지고 있는 향을 살릴 수 있다는 장점이 있어 과일 식초의 제조법에 많이 쓰인다. 통기 발효를 위한 전용 통을 이용하기도 하지만 가정에서는 발효 통을 흔들어 주거나 자주 저어서 초산막을 깨뜨려 공기를 인위적으로 넣어 준다.

· **속양법** 나무나 내산성이 강한 재료로 만든 통에 종초를 흡수시킨 너도밤나무 조각이나 자작나무의 가는 가지, 수분을 흡수하는 부석 등을 넣고 원액이 이들을 타고 흘러내려 통의 하부로부터 올라오는 공기 속의 초산균과 접촉하면서 식초가 된다. 1회의 흐름으로 완전히 초산화되지 못하므로 밑부분의 미초산화한 액을 다시 상부로 올려보내는 순환 과정을 통해 초산 발효를 계속한다. 정치 발효법보다 식초를 만드는 시간이 크게 단축된다.

5. 용어를 통해 알아보는 식초

1) 당화 (糖化, Saccharification)

당화는 포도당들이 서로 단단하게 잡고 있는 손을 놓게 하는 과정 즉, 효소라는 작은 생명체가 단단한 녹말로 만든 성벽을 허물어뜨려 당으로 분해하는 현상이다. 당화는 포유류의 침 속과 일부 식물, 미생물에 존재하는 아밀라아제(Amylase)라는 효소에 의해서 이루어진다.

효소(Enzyme)

효소란 생물체 내 화학 반응의 촉매가 되는 여러 가지 미생물로부터 생기는 유기화합물이다. 각종 화학 반응에서 자신은 변화하지 않으나 반응속도를 빠르게 하는 단백질을 말한다. 무색투명한 효소는 동물, 식물 등 모든 생물의 세포 속에 존재하며 인체에서 일어나는 모든 화학적인 반응에 관여하여 생명을 유지한다. 효소는 인간 생명의 탄생, 성장, 발육, 유지, 소멸에 이르는 모든 작용에 관여하는 영양물질로 우리는 효소 없이 살아갈 수 없다. 우리 몸에는 소화 효소와 대사 효소가 있다. 세포 밖으로 분비되는 것은 소화 효소이고 나머지는 세포 안에서만 분비된다. 현대는 식물의 속성재배와 농약으로 인해서 효소가 부족한 식품들이 많다. 조리 과정에서도 효소가 파괴되어 효소가 부족한 식품을 먹게 된다. 효소는 신진대사와 건강의 기능과 유지에 관여하기 때문에 효소가 들어 있는 식품을 적절하게 섭취해야 한다. 모든 동물과 식물 속의 효소는 무색투명하고 혈액 속에 흐르거나 장기의 세포 속에서 자신의 임무만을 수행한다.

실전에서는 당화 과정에서 곰팡이가 분비하는 효소는 전분을 분해하는 효소와 단백질을 분해하는 효소로 나누어져 있는데 이를 효소의 기질 특이성이라고 한다. 사람의 침 속에 들어 있는 아밀라아제는 전분 분해효소다. 효소는 30~40도에서 활성화하고 40도 이상에서는 활동이 둔화되다가 80도에 이르면 사멸한다. 누룩곰팡이 속의 당화 효소인 아밀라아제를 이용하여 전분을 포도당으로 당화시킨다. 아밀라아제라는 효소의 당화 능력으로부터 식초를 비롯한 술, 식혜 등 많은 발효식품이 시작된다.

2) 전분 (澱粉, Starch)

녹말(綠末)이라고도 하는 전분은 포도당(Glucose)이 글루코시드 결합으로 일렬로 단단하게 연결된 고분자(Polymeric) 탄수화물(Carbohydrate)로 아밀로오스와 아밀로펙틴의 혼합물이다. 전분은 녹색식물의 에너지 저장기관에서 밤에 주로 만들어지며 감자, 쌀, 옥수수에 많이 함유되어 있다. 순수한 전분은 무미, 무취의 흰색 가루로 차가운 물과 알코올에는 용해되지 않는다. 전분을 물과 섞어 가열하면 전분 입자가 수분을 흡수하고 반투명의 끈기 있는 상태가 되는데, 이를 호화(糊化)라고 한다. 호화 녹말은 부드럽고 소화가 잘된다. 호화 녹말이 식으면 다시 원래의 녹말 구조로 돌아가는데 이를 노화(老化)라고 한다. 일단 노화된 전분은 다시 용액상태로 분해시킬 수 없어 효소의 작용을 잘 받아들이지 않는다. 노화를 방지하는 방법은 설탕, 수분의 첨가 등이 있다.

아밀로오스는 포도당이 직선 형태로 연결된 구조를, 아밀로펙틴은 사슴 뿔 모양의 결합 형태를 하고 있다. 아밀로펙틴의 포도당 구성이 가지 형태로 복잡하기 때문에 조직이 느슨하여 수분 흡수가 빠르고 당화가 빠르게 진행된다. 반면, 가지가 갈라지는 부분은 포도당 사슬이 잘 풀리지 않기 때문에 술덧에 비발효성 당(非醱酵性糖, Non-Fermentable sugar)으로 남아 술에 감미(甘味)를 제공한다. 찹쌀로 만든 술에서 단맛이 나는 이유다.

곰팡이가 분비하는 효소 중에서 녹말을 분해하는 효소는 α-아밀라아제, β-아밀라아제, 글루코아밀라아제가 대표적이다. 이 효소들은 공 모양의 구상형으로 최적 범위가 정해져 있어 범위를 벗어나면 기능이 저하되거나 상실된다. α-아밀라아제는 녹말의 결합을 무작위적으로 분해하여 녹말 액을 맑게 만들어 '액화 효소'라고도 하며 사람의 침 속에 많고 췌장에서도 분비된다. β-아밀라아제는 녹말을 맥아당으로 분해하기 때문에 '당화 효소'라고도 하며 술을 만드는 효모의 먹이를 생산하는 중요한 역할을 한다. 술의 원료인 곡물에 β-아밀라아제가 포함되어 있다가 녹말을 맥아당으로 바꾼다. 아밀라아제는 생 전분을 분해하지 못하지만 아스퍼질러스속균, 라이조푸스속균(Rhizopus.sp)들이 분비하는 글루코아밀라아제는 생 전분을 분해한다. 곰팡이의 모든 효소는 액체환경보다는 고체환경 배지에서 더 많이 생성되며 당이 존재하면 효소 분비가 증가하고 당이 없으면 효소 분비가 감소하는 현상을 보인다.

전분의 역사
인간은 오래전부터 다양한 식물에서 추출한 전분을 다양하게 활용하였다. 약 3만 년 전의 것으로 추정되는 유럽의 맷돌에서는 부들[Typha]의 뿌리줄기에서 얻은 가루 녹말이 발견되었으며 모잠비크 Ngalue 동굴의 맷돌에서는 수수에서 얻은 전분이 발견되어 전분이 10만 년 전부터 인류의 중요한 식량이었음을 알 수 있다. 고대 이집트에서는 순수한 녹말이 파피루스를 부착시키는 데 사용되었을 가능성이 있다. 녹말을 추출한 기록은 AD 77~79년경 묘사되었으며 로마인들은 녹말가루를 화장품과 크림, 소스를 걸쭉하게 하는 데 사용하였고 인도와 페르시아인들은 빵을 만드는 데 사용하였으며 중국 사람들은 AD 700년 이래로 종이 생산에 사용하였다.

3) 비발효성 당 (非醱酵性糖, Unfermentable sugar)

효모가 알코올 발효를 종료한 후에도 남아 있는 당이다. 효모를 첨가하여 배양하더라도 이산화탄소를 생성하지 않고 지시약에 의한 변색이 일어나지 않는다. 천연에는 펜토오스(Pentose)류, 헥소오스(Hexose)의 이도오스(Idose)가 있고 이당류에는 셀로비오스(Cellobiose), 겐티오비오스(Gentiobiose), 이소말토오스(Isomaltose) 등이 있다.

> **재미있는 박테리아 이야기**
> 식초를 만드는 초산균은 박테리아다. 박테리아는 쉴 새 없이 온도, 먹이, 산소를 측정하며 살 만한 곳을 찾아 다닌다. 박테리아는 온몸에서 분해효소를 내서 먹잇감을 녹이는데 스펀지가 물을 빨아 먹는 것과 같은 원리다. 찻숟가락 하나 분량의 물에는 약 5천 종, 1억 마리 정도의 세균이 살고 있으며 세균은 크기가 아주 작으므로 개체수를 늘리는 것이 생존전략이다. 가장 빠르게 증식하는 박테리아는 온도, 습도만 맞으면 18분 내 2배로 증식한다.

4) 술밥

식초를 만드는 중간에 싱싱한 새 술을 넣어 주면 알코올 부족으로 힘을 잃고 늙어 가던 초산균들이 힘을 되찾고 힘차게 초산 발효를 하게 된다. 식초를 만들기 시작한 뒤 7주일이 지난 후 술밥을 넣어 주면 좋다. 부뚜막 식초를 만들 때 마시다 남은 막걸리를 초두루미에 부어 주는 것이 식초에 술밥을 먹이는 것이다.

5) 술덧

항아리나 용기 안에서 발효되고 있는 술을 이르는 말이다. 일반적으로 술덧은 고두밥을 물에 섞어서 담근 것으로 누룩의 당화와 발효 작용으로 술이 되는 과정의 상태를 말한다. 주세법에서는 '주류의 원료가 되는 재료를 발효시킬 수 있는 수단을 재료에 사용한 때부터 주류를 제성하거나 증류하기 직전까지의 상태에 있는 재료를 말한다.'고 정의하였다.

6) 초막

초산균, 셀룰로오스, 단백질 및 지방 성분으로 구성된 초산균의 집이다. 공기 중의 깨끗한 먼지에 붙어 살던 초산균은 술을 만나면 술을 먹으면서 부지런히 초를 만들고 자신을 보호해 줄 '초막'이라는 집을 짓는다. 초막은 처음에는 기름이 떠 있는 것처럼 보이다가 그물, 미로, 거미줄 모양으로 다양한 모양을 형성하다가 초산 발효가 왕성해지면서 식초에 깊은 맛이 들면 갑자기 짙어진다. 초막이 형성된 초기에 초막을 깨트리면 식초가 물이 되기도 한다. 짙은 초막은 초산균을 늘리는 역할도 하지만 새로운 초산균의 유입을 방해하여 식초의 발효를 더디게 하는 원인이 되기도 한다. 짙은 초막이 있는 상태에서 그대로 두고 초를 익히기도 하고 초산균이 들어갈 수 있도록 초막을 깨주기도 한다. 술통에 있는 술을 다 먹어버린 초산균은 더 이상 집이 필요치 않기 때문에 초막은 식초가 익으면서 자연스럽게 사라진다.

7) 셀룰로오스 (Cellulose)

초산균에 의해 생기는 셀룰로오스는 무색무취이며 물에 녹지 않는 불용성으로 일명 섬유질이라고도 한다. 초막과 비슷하게 생긴 셀룰로오스는 양조식초에는 생기지 않고 천연식초에만 발생하는 막이다. 셀룰로오스는 체외 다당체의 한 종류로 300~30,000개의 포도당으로 직선형의 구조를 가지고 있다. 천연식초를 만들 때 알코올 발효가 충분히 일어나지 않은 경우에 발생하는 것으로 보아 알코올 발효로 바뀌지 못한 당을 먹은 효모가 만들어 내는 것으로 추정된다. 셀룰로오스는 초산 발효 시 발효 온도가 낮고 공기의 소통이 원활하지 못해 초산균이 왕성하게 활동하지 못한 경우에도 자리를 잡는다. 셀룰로오스는 pH농도 5~6에서 잘 발생한다. 셀룰로오스를 예방하기 위해서는 술 속의 잔당은 줄이고 발효 온도는 올려 초산균의 활동을 돕도록 한다. 종초를 사용할 경우는 산도 5% 이상을 사용한다. 초산균이 셀룰로오스를 만드는 정확한 이유는 아직 규명되어 있지 않지만 자외선으로부터 초산균을 보호하고 다른 균으로부터 방어하기 위한 것으로 추측하고 있다.

8) 종초(種醋)

종초는 모초, 모균으로도 불리는데 서양에서는 'Mother'라고 부른다. 식초의 제조에서는 발효가 종료된 식초의 일부를 남겨 다음 식초를 만드는

데 사용하는 우량 종균을 '종초'라고 한다. 종초는 초산균막을 빠르게 늘리고 발효가 끝날 때까지 막을 보존하여 식초가 빠르고 산도가 높게 만들어지는 역할을 한다. 장사를 빈손으로 하는 것보다는 밑천을 가지고 하는 것이 수월하듯 종초가 일종의 밑천이라고 생각하면 된다. 식초에 종초를 넣을 때 초보자는 30% 정도, 숙련이 된 사람은 10% 정도 넣어 주는 것이 좋다.

9) 보산(補酸)

초산균은 내산성이 있어 산도 10% 이상에서도 잘 적응을 한다. 초산 발효용 술의 산도를 pH 1.5~2.0 정도로 만들면 내산성이 있는 초산균은 살아나고 다른 잡균들의 활동을 억제할 수 있어 좋은 식초를 만들 수 있다. 즉, 알코올 6~9% 도수의 술에 초산 발효 초기에 보산을 하여 산도를 pH 1.5~2.0 정도(도수 6~9% 정도의 술 양에 식초 30~40%)로 맞추면 좋은 식초가 나온다. 안정적인 초산 발효를 위하여 발효 초기의 보산은 아주 중요하다.

10) 보당(補糖)

보당은 말 그대로 술의 도수를 높이기 위해 알코올 발효 중 설탕을 첨가하는 기법으로 양조 용어로는 삽탈화(Chaptalisation)라고 한다. 이 방법을 고안해 낸 프랑스 화학자 장 앙투안 삽탈(Jean-Antoine Chaptal, 1756~1832)의 이름을 딴 용어다. 당분을 효모가 발효시키면 알코올과 이산화탄소로 분해되는데 배양액에 충분한 당분이 있어야 높은 알코올 도수가 나오고 알코올을 먹이로 하는 식초의 산도가 올라가게 된다. 적당한 보당은 술과 식초의 품질을 올려 주기 때문에 원재료에 당분이 부족하다면 반드시 보당하여 주는 것이 좋다. 포도즙 1L에 설탕 17g을 첨가하면 알코올 도수가 1도 높아진다.

11) 가수(加水, Damping)

재료에 수분을 첨가하는 것이다. 식초 제조에서는 당과 알코올 도수를 조절하기 위하여 가수를 한다. 가수는 물로 할 수도 있지만 약재를 달인 물이나 우린 물을 첨가하여 식초나 술에 약성을 부여할 수 있다. 가수를 할 때는 반드시 끓여서 식힌 물을 사용하고 끓이지 않는 경우에는 원수가 오염되지 않은 물을 사용한다.

12) 과산화(過酸化)

표준적인 산소 화합물보다 많은 산소를 가지고 있어 원소가 원자값 이상으로 산소와 결합하게 된다. 초산균 중에는 알코올이 완전히 초산화되면 자기가 애써 만든 초산을 탄산가스와 물로 분해하여 에너지를 얻는 과산화 초산균이 있다. 이 현상을 과산화라고 한다. 식초가 보관 중에 물로 되는 것을 막기 위해서는 식초를 보관 용기에 가득 채워서 산소의 공급을 차단하여 초산균의 활동을 저지시킨다.

13) 배지

배양액이라고도 한다. 미생물이나 동식물의 조직을 배양하기 위하여 배양체가 필요로 하는 영양물질을 주성분으로 한 것에 다시 특수한 목적을 위한 물질을 넣어 혼합한 것이다. 식초에서는 곡물과 과일, 물, 누룩, 효모 등이 섞인 액이나 고체물을 말한다.

식초와 건강

....

식초가 동서양을 막론하고 건강에 좋다는 점은 인정되고 있지만 일부는 과장된 면이 있기도 하다. 식초가 건강에 좋다는 맹신은 도리어 건강을 해치게 하므로 과다하게 먹거나 마셔서는 안 된다. 식초는 원재료에 따라 초산, 구연산, 아미노산, 호박산 등 60여 종의 유기산이 존재할 수 있지만 이들 유기산들은 식초에만 있는 것이 아니고 식초를 만드는 원재료에 있으므로 꼭 식초로만 유기산을 섭취할 수 있다는 것은 다소 무리가 있다. 과학적인 근거가 있는 식초의 효능 몇 개를 추려 보았다.

혈당 조절 식초를 당분이 있는 음식과 함께 먹으면 혈당수치가 천천히 올라간다. 이는 산과 당이 서로 경쟁적으로 흡수되면서 당 흡수가 늦어져 발생하는 현상이다. 시간이 흐르면 최종적으로 먹었던 당은 모두 흡수된다. 이 과정에서 당이 급격하게 올라가는 것을 방지하기 때문에 당분이 높은 음식을 먹을 때 식초 음식을 같이 먹는 것은 바람직하다. 참고로 계피는 인슐린 민감도를 증가시켜 혈당수치를 낮춰주고 식후 혈당수치가 올라가는 것을 억제해 준다. 계피로 식초를 만들어 먹으면 당뇨를 조절하는 효과까지 덤으로 얻을 수 있다.

피로 해소 식초는 산소와 헤모글로빈의 친화력을 높여 뇌에 충분한 산소를 공급함에 따라 머리를 맑게 해주고 젖산의 생성을 막아 준다. 이미 생성된 젖산은 분해하기 때문에 피로를 해소하여 일상에 활력을 준다.

식욕 증진 식초에 함유된 초산과 유기산은 타액과 위액의 분비를 촉진하여 식욕을 증진시키고 소화 흡수를 돕는다. 따라서 나이가 들어갈수록 식초가 들어간 새콤한 음식을 많이 먹는 것이 좋다.

영양소 보전 식초는 채소에 함유되어 있는 비타민 C가 파괴되는 것을 막아 준다. 식재료의 뼈 등에 녹아 있는 칼슘이나 인이 쉽게 용출되도록 돕는다.

독소 제거 식초를 비롯하여 오미자나 모과 등 새콤한 과일은 간이 영양소를 분해하는 과정을 촉진시키기 때문에 독소를 해독하는 데 도움이 된다.

노화 방지 식초는 산소와 헤모글로빈의 친화력을 높여 뇌에 충분한 산소를 공급하여 기억력을 증진시키고 머리를 맑게 해준다. 특히, 회춘 호르몬이라고 불리는 타액 파로틴(Saliva parotin)의 분비를 촉진하여 세포의 노화를 방지하고 칼슘 흡수력을 높여 뼈를 단단하게 해준다.

6. 세계의 식초

1) 이탈리아인과 발사믹식초(Balsamic Vineger)

　이탈리아에서는 가문마다 포도밭과 식초 양조장을 소유하고 가문의 기운을 담은 식초를 만들었다. 이는 가문의 자긍심이라는 영역을 넘어서 이탈리아의 식초가 세계인의 식초가 되는 바탕이 되었다.

　발사믹식초가 색이 검고 진하기 때문에 적포도로 만들 것 같지만 발사믹식초는 청포도로 만든다. 레드와인식초는 와인을 초산 발효시켜 제조하고 발사믹식초는 청포도를 끓여서 즙을 만든 다음 숙성시켜서 만든다.

　끓인 포도즙의 사용 여부에 따라 전통 발사믹식초와 대량 생산된 발사믹식초를 구별한다. 포도즙을 끓인 것을 모스토 코토(Mosto Cotto)라고 하고 수분량이 30%인 것을 사바(Saba)라고 하는데 당분이 높아서 포도꿀이라고도 불린다. 12시간 정도 끓인 포도즙은 마이야르 반응(Maillard Reaction)에 의해 포도의 품종과 관계없이 짙은 초콜릿색으로 변하고 숙성 과정에서 검은색이 된다. 포도액의 당도는 18~20Brix에서 끓이는 과정을 통해 26Brix로 올라가고 포도즙은 원래 양의 20% 정도로 줄어든다. 사바를 나무통에 넣고 작은 통에서 큰 통으로 옮기는 반복작업을 하며 12~25년을 숙성시킨다. 식초는 20도 온도 기준으로 1.24의 농도와 검정색, 4.5%의 산도를 지녀야 한다.

이탈리아의 발사믹식초

이렇게 만들어진 이탈리아의 발사믹식초는 DOP(전통 방식)와 IGP(대량 생산 방식)라는 두 개의 인증마크에 의해 보호를 받는다. IGP 인증마크는 EU 국가의 특산물에 주는 인증마크로 유럽연합의 뛰어난 제품에 차별성을 주기 위해서 시행되었다. 제품의 생산 공정 중 한 가지 정도만 특정 지역에서 이루어지고 원재료는 다른 지역에서 생산되어도 무방하다. 반면 DOP는 제품의 원재료는 물론 생산까지의 과정에 모두 지역성을 담고 있어야 한다.

발사믹식초협회에서는 1개월에 걸친 엄격한 맛 테스트와 감각분석을 거쳐 IGP 인증마크나 DOP 인증마크를 달아 준다. 각각 다른 땅에서 생산된 포도와 장소, 사람에 의해서 만들어졌지만 '전통발사믹식초'가 지켜내야 할 본질로만 평가하기에 DOP 인증마크를 받는 이 조건을 충족한 '검은 금'은 '주지마로'라는 호리병 모양의 병에 100mL씩 병입된다.

2) 중국의 잡곡 식초

중국인의 정체성을 나타내는 여러 가지 중 하나가 바로 식초다. 중국인의 신맛에 대한 사랑은 지극하여 '츠추[吃醋, 초를 먹다]' 민족임을 자랑스럽게 여긴다. 중국인은 수천 년 동안 식물성 식재료로 배를 채워야 했는데 식물성 식재료는 섬유질이 많고 소화가 잘 되지 않기 때문에 식초와 함께 섭취하였다. 식초는 조직을 부드럽게 하고 철분, 인 등의 영양 흡수를 돕는데 식초의 이 같은 효능을 이용하여 식물성 식재료의 단점을 극복하였다. 또 다른 원인은 중국인이 밀가루와 기름을 사용한 음식을 즐기는 것에서 찾을 수 있다. 이 음식들은 느끼하고 소화가 잘 되지 않기 때문에 소화를 돕고 음식의 맛을 산뜻하게 하는 식초가 발달하였다. 중국은 3천 년의 식초 역사를 가지고 있는 나라답게 지역의 특성을 살린 다양한 재료로 각각의 지역색을 갖춘 천연 발효 식초가 유명하다.

산시성[山西省]의 노진초(老陳醋)

중국의 식초는 고대 황하문명이 꽃을 피운 산시성에서 시작되었다. 산시성은 중국 4대 식초의 하나인 노진초가 생산되는 곳으로 3천 년의 역사를 자랑한다. 산시성은 강수량이 적어 옥수수와 밀 같은 밭작물이 많다.

노진초

노진초는 고량(수수)을 맷돌로 거칠게 빻은 뒤 밀, 완두콩과 보리로 만든 큰 누룩으로 당화와 알코올 발효를 거친 후 밀기울, 쌀겨와 물을 섞어서 약 10일간의 고체 초산 발효 후 훈임(熏淋) 과정을 거친다. 훈임은 40도에서 90도까지 단계별로 온도를 올려가며 5일을 쪄내는 훈(熏), 샤워하듯이 따뜻한 물을 배양액에 부어내리는 임(淋)을 말한다. 훈임을 통해서 초산균을 살균하면 중국 식초 특유의 간장색과 향을 갖게 된다. 마지막으로 식초를 옹기에 담아 1년 이상 햇볕에 두면 농축된다. 노진초는 수수를 주로 한 다양한 곡물의 배합과 오랜 숙성 발효 기간을 거치므로 산도가 낮고 신맛은 부드러워 마치 초콜릿과 같은 깊은 단맛과 농밀한 향기를 지니게 된다. 노진초의 과발효를 막기 위하여 넣는 소금도 저산도의 원인이다. 노진초는 파나 생강 등을 넣어 만두 등을 찍어 먹는 데 주로 사용한다.

노친초의 훈임
노진초 제조 기술의 핵심인 훈임은 명나라 홍무 원년(1368년) 식초공방 '미화거(美和居)'에서 시작되었다. 훈임은 초산균을 살균하고 중국 식초 특유의 짙은 간장색과 향을 만들어 낸다. 2014년 10월부터 중국 질량검사총국에서는 산시 노진초에 술과 같이 유통기한을 표시하지 않는다고 발표하였는데 이는 노진초가 술처럼 오래 둘수록 풍미가 깊어지기 때문이다.

푸젠성[福建省]의 영춘노초(永春老醋)

영춘노초는 홍국(紅麴)을 사용하여 식초를 만들기 때문에 색이 약간 붉은빛을 띠는 것이 특징이다. 이 지역에서는 예로부터 홍국을 사용하여 술을 빚었는데 붉은 술지게미를 홍자오[紅糟]라고 한다.

만드는 방법은 찹쌀 고두밥을 지어서 누룩곰팡이(Monascus Purpureus)로 발효시켜 붉은 쌀로 만든다. 이를 볕에 말린 다음 찹쌀 고두밥과 함께 섞어 붉은빛의 술을 빚는다. 영춘노초는 중국의 다른 전통식초와는 다르게 액체 심부 발효법을 사용하기 때문에 밀기울이나 왕겨를 사용하지 않는다. 알코올 발효 말기에 술덧을 고농도의 알코올과 아미노산 농축액과 혼합한 다음 숙성시킨다. 푸젠식초는 3년간 숙성시켜 산미를 만든다. 이 식초는 식초의 숙성 중간에 볶은 참깨를 넣어 향을 더한다. 숙성 마무리 단계에는 볶은 설탕을 첨가하여 단맛을 더하는 것이 특징이다.

장쑤성[江蘇省]의 향초(香醋)

장쑤성의 향초는 중국 장강 이남 지역에서 나는 전통식초로 색은 진하지만 맑고 산미가 부드러우며 달고 감칠맛이 있다. 향초는 쌀과 생선의 고향[魚米之鄕]이라고 불리는 찐장[鎭江] 지역의 기름진 땅에서 생산된 품질 좋은 찹쌀과 밀, 보리, 완두를 사용하고 쌀누룩으로 만드는 것이 특별하다. 알코올 발효는 액체 발효법으로, 초산 발효는 술지게미를 고체 상태로 장시간 발효시킨 다음, 뜨거운 물을 부어 추출하는 방식이다. 향초에 사용하는 중냉천의 샘물은 광물질이 풍부하며 일찍이 '물 중의 제일'이라는 칭송을 들었다. 향초는 향은 진하지만 부드럽고 가열해도 향이 오래 유지되기 때문에 요리에 넓게 이용된다. 중국의 4대 식초 중 가장 맛이 좋은 향초는 술에서 백 가지의 꽃 향기가 난다는 '백화주'의 술지게미에서 비롯되었다.

쓰촨성[四川省]의 보녕초(保寧醋)

짙은 대추색으로 톡 쏘면서도 부드러운 맛이 일품인 보녕초는 중국 쓰촨[四川]의 랑중(閬中) 지역에서 나는 식초다. 쓰촨은 중국 서남부 지역에 위치하고 있어 기후가 온화하고 습하기 때문에 곰팡이의 번식에 유리하다. 보녕초는 기능성 식초 즉, 약초(藥醋)라는 것이 특징이다. 보녕초는 쌀기울, 보리쌀, 오미자, 당귀, 사인, 박하, 육두구, 두충 등을 사용하여 누룩을 만들고 이 누룩을 사용하여 고체 발효법으로 식초를 빚는다. 전통적으로 보녕초는 이 지역의 겨울철 맑은 물을 저장하였다가 여과시킨 뒤에 식초 제조에 사용한다. "보녕초가 없다면 쓰촨요리는 요리가 아니다."라는 말이 있을 정도로 제대로 된 쓰촨요리의 은은한 단맛을 내는 데 없어서는 안되는 조미료다. 보녕초는 중국 4대 식초 중 유일하게 약초로 꼽힌다. 쓰촨의 대표 요리인 '어향육사'나 '쉰라편'에 보녕초가 사용되지 않으면 제대로 된 맛을 내지 못한다.

– 신디킴의 《중국요리 백과사전》 블로그 참고

3) 일본의 식초

일본은 섬나라로 생선이 풍부하다. 생선을 장기간 보존하기 위해서는 염장을 하거나 식초에 절여야 된다. 생선을 보관하는 방법으로 식초를 많이 사용한 것도 일본에서 식초가 발달하게 된 한 원인이기도 하다. 세계의 음식이 된 초밥도 처음에는 날 생선으로 만든 것이 아니라 염장하거나 식초에 절인 생선으로 만들었다. 일본의 식초 제조법은 400년경 중국에서 오사카 지역으로 전해졌으며 본격적인 식초 제조는 645년경에 시작되었다. 당시 궁의 식사와 세간 등을 관장하는 '국내성'에는 식초를 만드는 '조수사'가 있었다. 8세기경에는 식초를 이용하여 식품의 맛과 향을 침출시키거나 식초에 여러 향신료를 타서 식초를 조미료로 이용하였다. 무로마치 시대(1336~1573)에는 고기와 생선을 뺀 채소만으로 만든 '정진요리(精進料理)'가 유행하면서 채소의 맛을 향상시킬 수 있는 다양한 식초가 사용되었다. 15세기 중반, 오닌[應仁]의 난 이후 귀족이나 무사, 승려들의 음식을 서민들도 먹을 수 있게 되면서 식초의 소비량이 급격하게 증가하기 시작하였다. 이때부터 식초는 집에서 생산하던 방식에서 벗어나 산업화되면서 식초 장인이 등장하였다. 에도 시대가 되면서 식초는 전국에서 생산되어 17세기 말 출판된《본초식감(本草食鑑)》에 쌀식초인 센슈의 화천식초, 소슈의 중원식초, 도쿠가와 가문에 진상된 슌슈의 길원선덕사식초와 전중식초가 소개되고 있다. 에도시대 후기에 주먹으로 뭉친 주먹밥이 발명되고 유행하면서 식초가 많이 소비되기 시작하였다. 이때 사용된 식초는 경제적이면서 적당한 신맛, 단맛, 감칠맛과 향을 지닌 술지게미 식초였다.

가고시마현[鹿兒島縣]의 현미 흑초(玄米黑醋)

가고시마현의 식초 제조는 1800년대 초기 후쿠야마[福山]에 거주하는 상인 마추요토가 히오키[日置] 지역을 여행하다가 색상과 풍미가 진하고 변하지 않는 '아망'이라는 식초를 후쿠야마로 가져와서 제조를 시도한 것이 가고시마현 흑초의 시작이었다. 후쿠야마는 삼면이 산으로 둘러싸여 있고, 연중 기온이 온화하여 밤과 낮의 일교차가 작기 때문에 식초 제조에 적합한 지리적 이점을 가진 지역이다. 식초는 '아만즈보'라는 옹기로 제조하였다. 1910년 합성 식초의 등장 이전까지 최전성기를 누리던 후쿠야마 식초는 태평양전쟁 중 쌀의 부족으로 후쿠야마의 식초 공장들이 폐업을 하게 되었다. 어려운 시기에도 사카모토[坂元]사는 1,000개 정도의 옹기를 놓고 전통 옹기 식초의 맥을 이었다. 1965년경부터 빙초산을 함유한 합성 식초와 같은 유해식품이 사회적인 문제로 대두되고, 자연식에 대한 관심이 높아지면

가고시마현 식초 제조

서 후쿠야마 식초가 재조명을 받게 되었다. 옹기 식초의 후계자인 사카모토 아키오[坂元昭夫]는 식초와 건강과의 관계를 연구하였고 이 결과 후쿠야마 식초가 혈압강하 등의 효능이 있는 것으로 밝혀졌다. 사카모토는 후쿠야마 식초가 숙성기간에 따라서 검은색으로 변하는 것에 착안하여 '흑초'라는 이름을 짓고 이 '흑초'가 일본을 대표하는 전통식초가 되었다.

일본의 흑초는 전분의 당화, 알코올 발효, 초산 발효의 3단계로 진행된다. 순현미 흑초는 물 1L 당 제조에 사용되는 현미의 양이 300g 이상인 흑초를 말하며 일반 흑초는 백미가 일부 함유된 식초다. 제조 방법은 각 양조장마다 가문 고유의 방법이 있어 조금씩 다르지만 일반적인 방법은 다음과 같다. 검은 항아리 맨 아래에 쌀누룩을 넣은 다음 찐 현미밥을 넣은 후 물을 붓고 맨 위에 다시 쌀누룩을 뿌린 다음 항아리 뚜껑을 면 보자기로 싸서 덮는다. 이는 〈정조지〉의 대초를 만드는 법과 유사하다. 쌀누룩은 현미로 만드는데 식초 제조장마다 직접 만들어 사용하기 때문에 식초의 맛이 차별화된다. 한 달여의 알코올 발효 후 초산 발효를 하는데 이때는 3~7일에 한 번씩 저어주며 6개월 이상 발효시킨 다음 1년 이상 숙성을 시킨다. 흑초는 전분의 당화, 알코올 발효 및 초산 발효 등이 3단계에 걸쳐 자연상태에서 순차적으로 일어난다. 숙성기간에 생긴 초막은 가볍게 흩트려서 잡균의 오염과 셀룰로오스 형성을 방지한다. 흑초의 산도가 낮아서 아주 순하고 가벼운 향미와 섬세한 단맛을 가지고 있으며 발사믹식초만큼 달고 끈적이지 않는다. 찹쌀현미로 만든 흑초는 풍미가 깊다.

일본의 과일 흑초

식초가 비만을 방지하고 고혈압에 도움을 줄 수 있다는 등 건강 조미료로서의 가치가 알려지면서 일본의 식초 판매는 계속 성장하고 있다. 일본 음료 시장의 특징적인 면이 있다면 식초 음료가 돌풍을 일으키고 있다는 점이다. 특히 식초 음료는 건강을 상징하는 하나의 트렌드로 자리잡았으며 이런 경향은 앞으로도 지속될 것으로 예상된다. 일본에서 식초는 현미를 발효시킨 순수한 흑초가 주력이었지만 과일 농축액을 넣은 과일 흑초가 인기를 끌고 있다.

일본의 술지게미 식초

사케를 만들고 난 술지게미를 활용하여 만든 식초가 일본 식초의 정체성을 잘 나타낸다. 좋은 사케를 만들기 위해서는 쌀의 표피를 많이 깎기 때문에 술지게미는 부드럽고 이루 말할 수 없이 향기롭다.

4) 미국의 애플사이다 식초(Apple cider vinegar)

애플사이다는 탄산이 들어간 사과주로 맥주보다는 상큼하고 와인보다는 맛이 가벼워 청량한 맛이 매력적인 술이다. 원래 애플사이다는 포도 재배가 힘든 잉글랜드나 유럽의 추운 지방에서 와인 대신 빚어 마셨다. 프랑스에서는 시드르(Cidre), 스페인에서는 시드라(Sidra)라고 부른다. 애플사이다는 사과를 압착한 즙을 발효시킨 다음 탄산가스를 더하거나 설탕을 더해서 추가 발효시킨다. 유럽의 전통주인 애플사이다를 미국에서 식초로 만들어 미국의 대표 식초로 자리매김한 것이 흥미롭다. 애플사이다 식초는 파우더, 정 등의 다양한 형태로 만들어진다.

애플사이다 식초

셰리주

5) 스페인의 셰리 식초(Sherry Vinegar)

셰리 식초는 스페인 남부지방에서 백포도주를 만든 뒤 브랜디를 첨가하여 도수를 높인 셰리주로 만드는 식초다. 셰리주는 대부분 청포도로 만들지만 드물게 적포도 품종으로도 만든다. 백포도주는 적포도주에 비해서 숙성시간이 짧아 껍질과 씨에 포함된 타닌(Tannin) 성분이 적어서 맛이 순하고 상큼하다. 따라서 셰리 식초의 맛도 산뜻하고 가벼워서 음식의 맛에 날개를 달아준다. 셰리 식초는 드레싱, 고기 양념, 소스 등 조리에 널리 쓰인다.

셰리 식초는 '플로르(Flor)'라는 이스트를 사용한 셰리주와 '라야(Raya)'라고 불리는 이스트를 사용하지 않은 셰리주가 있다. 라야를 오크통에 부어 햇빛이 잘 드는 곳에 두면 와인이 식초로 변한다. 이 식초를 2~15년까지 솔레라 시스템(Solera System)으로 숙성시킨다. 산사, 오미자, 산자 열매 등으로 술을 빚은 뒤 우리의 전통 소주인 홍주, 이화주 등을 더해 우리 음식과 잘 어울리는 식초를 만들 수 있다.

솔레라 시스템(Solera System)
와인통을 여러 단으로 쌓아 아랫단의 숙성된 셰리 식초를 따라내고, 같은 양 만큼의 새 식초를 윗단에 부어 균일한 품질을 유지하는 식초 숙성 방식이다.

식초의 오래된 이야기

....

고대 바빌로니아 사람들은 과일과 대추야자의 수액으로 식초를 만들었다. 수액을 공기에 노출시키면 자연스럽게 식초가 되었다. 만들어진 식초는 그냥 마시기도 하고 피클을 만드는 데 사용하였다.

중국에는 '남쪽은 달고 북쪽은 시다[南甘北酸]'라는 말이 있다. 중국에서 가장 오래된 역사책 《상서(尙書)》의 기록에는 주(周)나라 때 혜인(醯人)이라는 식초만 관리하는 관직이 있었다. 남송대의 오자목이 쓴 《몽량록(夢粱錄)》에는 '개문칠건사(開門七件事), 시미유염장초차(柴米油鹽醬醋茶)'라고 하여 하루를 살아가는 데 꼭 필요한 일곱 가지를 땔감, 쌀, 기름, 소금, 간장, 식초, 차라고 하였다. 중국에서는 식초가 간장, 소금, 차, 기름과 더불어 없어서는 안 되는 조미료로 중국인이 신맛을 얼마나 소중하게 생각하였는지를 알 수 있다. 중국에는 장작, 쌀, 기름, 소금, 장, 식초, 차를 성씨로 하는 사람들이 있어 일상을 꾸리는 것 즉, 음식을 조리하여 먹고 생명을 유지하는 것이 삶의 전체였음을 알 수 있다.

의학의 아버지 히포크라테스(Hippocrates)는 기원전 400년경 사과 식초와 꿀을 섞어 마시면 기침에 좋다고 하였다. 기침은 사람의 기력을 떨어뜨리므로 기력이 회복되면 기침이 낫게 된다. 꿀을 넣은 사과식초가 사람의 기력을 회복시켜 주는 효능이 있다는 것은 2400년 전이나 지금이나 똑같은 것 같다.

카르타고(Carthago)의 명장 한니발(Hannibal)이 코끼리를 타고 알프스를 넘을 때 큰 바위가 길을 막아서 더 이상 진격할 수가 없었다. 한니발의 병사들은 바위 아래의 땅을 파고 나무를 베어서 쌓아 둔 다음 나무에 불을 붙였다. 바위가 붉어지면서 뜨거워지자 평소 갈증과 피로를 해소하기 위해 휴대하던 와인식초를 뜨거운 바위에 부었다. 뜨거운 바위가 산성물질을 이기지 못하고 부서지고 만다. 이렇게 만든 길로 알프스를 넘어 북이탈리아로 진격하여 로마 세력을 완전히 몰아낸다. 한니발이 명장이 될 수 있었던 것은 식초를 이용하였기 때문이다. 기원전 218년에 티투스 리비우스(Titus Livius)가 쓴 《로마 건국사》 21권에 나오는 내용이다.

로마 병사들은 전쟁 중에 식초를 물에 희석한 음료인 '포스카(POSCA)'를 마셨다. 여행자들도 식초를 휴대하고 다니며 물과 섞어 마셨는데 생수를 마시는 것보다 식초를 탄 물이 배탈이 나지 않도록 하고 피로감을 줄여 주기 때문이다. 예수가 십자가에서 고통을 받을 때 로마 병사가 포스카를 마시게 했다는 기록이 있다. 이때부터 식초는 지치고 힘든 사람들의 '구원의 상징'이 되었다.

식초는 아니지만 전쟁을 승리로 이끈 신맛 이야기가 하나 더 있다. 위(魏)나라의 조조(曹操) 군대가 한더위에 행군을 하고 있는데 마실 물이 떨어지고 근처에는 샘도 없었다. 군사들은 갈증으로 목이 타들어 가고 쓰러지는 병사들이 속출하였다. 이때 조조는 기상천외의 계책을 발휘했다. "저 산 너머에는 매실나무 숲이 있다. 그 매실은 아주 시고도 달아 우리 목을 축이기에 충분하다. 자 조금만 더 힘을 내자." 조조의 말에 병사들은 신맛을 연상했고 입에 침이 고였다. 갈증은 잠시지만 잊고 행군하여 산을 넘고 우물을 발견했다. 고사성어 '망매해갈(望梅解渴)'이 여기서 비롯되었다.

중국에서는 식초가 '질투'를 뜻한다. 식초가 질투를 상징하게 된 이야기는 8세기 문헌 《수당가화(隋唐嘉話)》에 나온다. 당나라 황제 태종(太宗)은 부하 방현령(房玄齡)의 충심에 고마움을 표현하고자 상으로 미인 궁녀를 하사하고자 하였다. 방현령은 익히 부인의 질투심을 알고 있어 이를 사양하였다. 이 사정을 알게 된 황제는 방현령의 부인을 불러 설득하였으나 방현령의 아내는 이를 거부하였다. 화가 난 황제는 방현령의 아내에게 독주를 내렸는데 방현령의 아내는 거침없이 독주를 들이켰는데 이는 독주가 아니라 식초였다. 이에 놀란 황제는 "나도 방현령의 아내가 두려운데 방현령 당사자는 어떻겠느냐!"라고 하며 미녀를 하사하려던 것을 거두어들였다. 이 뒤로 중국에서는 '식초를 먹는다[吃醋]'는 '질투하다'와 같은 뜻으로 쓰인다고 한다.

7. 우리 전통식초의 가야 할 길

우리 전통식초의 끊어진 맥은 여러 장인들의 손에 의해 이어졌지만 중국이나 일본에는 크게 뒤져 있는 것이 현실이다. 중국의 전통식초는 향기가 난다고 하여 향초, 일본은 식초의 빛이 검다고 하여 흑초라는 이름으로 전 세계에 알려져 있다. 이탈리아의 발사믹식초의 맛을 아는 사람이 진정한 미식가로 평가받는 등 고급 식초의 대명사가 되었다. 이탈리아의 발사믹식초와 일본의 흑초를 따라잡으려는 시도들이 이루어지고 있다. 포도와 비슷한 성질을 가진 과일을 나무통에 숙성시켜 우리의 발사믹식초를 만드는 것도 의미가 있고 중요하지만 전통식초의 평가 기준을 만드는 것이 선행되어야 한다.

현재 우리의 전통식초는 소규모로 제조되어 신뢰를 기반으로 거래되고 있다. 세계 시장을 겨냥하지 않고 국내에서의 소비를 목표로 한다면 크게 문제가 될 것은 없다. 많은 식초 장인들이 발사믹식초를 능가하는 우리의 전통식초, 일본의 현미식초보다 더 유기산이 풍부한 전통식초를 목표로 식초를 만든다고 한다. 외국에 나가 보면 중국의 향초와 노진초, 일본의 흑초들과 어깨를 나란히 하고 있는 식초는 한국의 식초기업에서 만드는 표준화된 맛을 내는 양조식초다. 현재는 전통식초의 제조 환경을 규제하고 발효기간, 숙성 기간, 풍미에 따른 완성도를 객관적으로 평가하는 기관이나 단체가 없다. 이런 현실이다 보니 어떤 재료로 어떤 환경에서 만들었는지 알수가 없다. 인터넷으로 보여지는 몇 장의 사진으로는 오염되지 않은 재료와 환경에서 제대로 만들었는지 판단할 수가 없다. 이탈리아의 발사믹식초와 일본의 흑초는 오랜 세월에 걸쳐 사람들의 끊임없는 관심과 열정이 만들어낸 산물임을 잊지 말아야 한다.

1) 부뚜막 식초를 통해 본 좋은 식초 만드는 법

식초는 자연이 만들어 낸 우연의 산물이다. 선인들은 식초가 빚어지는 다양한 모습들을 통해서 식초가 자연의 조화로 만들어지는 우연의 산물이기는 하지만 잘 만들어지거나 잘못 만들어지는 환경 즉, 어느 정도 인간이 조절할 수 있는 조건이 있다는 것을 알게 되었다.

〈정조지〉 속의 다양한 식초를 빚는 방식은 자연과의 조화 속에서 더욱 좋은 식초를 빚으려는 선인들의 지혜와 기지가 담겨 있다. 〈정조지〉 속의 식초를 빚는 하나의 손길이나 도구, 방법 등에 현대인들이 말하는 '과학'이나 '미생물학', '생화학'이 선인들의 방식으로 표현되어 있다는 것을 식초를 복원하는 시간 속에서 깨닫게 된다. 현대과학은 발효의 실체를 그저 눈으로 확인한 것에 불과하다는 생각이 든다. 긴 식초의 역사에서 식초 발효의 원리가 과학적으로 증명된 것이 불과 200여 년임을 생각하면 더욱 그렇다. 흔히들 전통식초는 자연에 기대어 만들었다고 하지만 〈정조지〉 속의 식초는 인간이 터득한 지혜와 자연의 힘을 빌려 과학에 기반하여 만들어진 식초다. 그런 의미에서 집집마다 담가 먹어 가장 대중적이었던 부뚜막 식초는 우리 식초의 정체성을 대표한다. 이 부뚜막 식초를 통해서 전통발효 식초의 원리를 알아보면 좋은 식초를 만들기 위한 기초를 다지는 데 큰 도움이 되리라 생각한다.

부엌 – 초산균의 훌륭한 서식처이며 관리처

초산균은 먼지에 붙어서 공중에 부유하거나 나무, 과일의 껍질 등에 붙어서 살고 있다. 옛날 부엌은 아궁이에서 나무를 때서 음식이나 난방을 하였기 때문에 재 먼지가 많아 초산균이 붙어 살기에 좋았다. 부엌 한켠에는 초산균이 붙어 있는 땔감이 있고 시렁에는 과일을 올려 두어 초산균의 좋은 서식처였다. 좋은 식초를 만들고 유지하기 위해서는 술이나 익힌 곡물을 꾸준히 넣어서 관리를 해 주어야 하는데 부엌에는 막걸리와 밥이 있어 효율적이다. 부엌은 사람의 출입이 잦은 장소이므로 식초가 관심을 많이 받을 수 있는 장소다.

부뚜막 – 초산균이 좋아하는 따뜻한 온도

식초가 가장 왕성하게 익는 시기는 여름으로 28~32도 정도이다. 물론 봄가을이라 할 수 있는 15~24도 정도의 온도에서도 식초가 익기는 하지만 익는 데 오랜 시간이 소요되어 이 과정에서 초산균이 힘이 약해서 산도

부뚜막

가 낮은 식초가 되기도 하고 잡균이 번성하여 식초를 버리기도 한다. 10
도 정도에서는 초산균이 죽지는 않지만 활동을 멈춘다.

식초를 만들 때 20도 이하로 온도가 떨어지면 온도 관리에 신경을 써야
한다. 낮은 온도도 문제지만 높은 온도도 초산균의 활동을 저하시키기
는 마찬가지다. 초산균의 종류에 따라 다소 차이는 있지만 대부분 37도
이상에서는 활동을 중지하고 45도 이상이면 모두 사멸한다. 따라서 적정
한 온도를 유지하는 것이 중요하다.

아침 저녁으로 불을 때서 밥을 짓기 때문에 부뚜막은 초산균이 활동하
는 데 가장 좋은 30도 내외의 온도가 유지된다. 즉, 불을 때는 부엌에는
눈에는 보이지 않지만 초산균이 다른 장소보다 많고 초산균이 가장 왕
성하게 초산 발효를 하는 온도를 사계절 내내 유지하므로 좋은 식초를
얻을 수 있는 최적의 장소다.

습도 – 습도를 효율적으로 조절

식초를 만들 때 습도가 높으면 식초가 산패하게 된다. 습기는 잡균이 번
식하는 요인이 되기도 한다. 부엌은 뜨거운 김이 나기 때문에 습도가 높
을 것 같지만 불을 땔 때의 열과 부뚜막의 열기는 수분을 빨리 날려 버

린다. 부엌은 문을 열어 놓고 부엌일을 하게 되고 습기를 잘 흡수하는 회벽이나 황토벽, 목재가 많이 사용되기 때문에 습도 조절에 좋다.

공기 – 초산균이 살 수 있는 맑은 공기
오염되지 않은 맑은 공기와 먼지는 초산균의 생장에 최적의 조건이었다. 산업화와 자동차의 증가로 공기 오염이 심한 지금은 옛날보다 식초가 잘 만들어지지 않는다.

물 – 오염되지 않은 깨끗한 물
부뚜막 식초를 비롯한 전통식초는 물을 더해 주기 때문에 물이 중요하다. 감식초, 복숭아 식초 등의 전통 과일 식초는 물을 더하지는 않지만 수분 함유량이 높기 때문에 물맛이 좋은 곳에서 자란 과일이 맛이 좋다.

오염되지 않은 깨끗한 물

식초의 재료 – 영양소가 풍부한 식재료
좋은 식초는 좋은 재료에서 비롯된다. 부뚜막 식초를 만들어 먹던 시절의 재료는 화학비료나 농약이 사용되지 않았기 때문에 맛이나 영양 면에서 우수하였다. 또한 식물에는 효모와 효소가 풍부하게 존재하여 좋은 식초를 얻을 수 있었다.

2) 현대의 식초를 만드는 환경

전통식초를 만드는 환경이 부뚜막 식초를 빚던 시절에 비해 열악해졌기에 인위적으로 이를 극복해야 한다. 부뚜막 식초의 사례를 통해서 좋은 식초를 만들기 위한 조건들을 살펴보았다. 이를 토대로 식초 만들기에 좋은 환경을 조성해 본다. 식초의 품질은 환경을 통해서 제어할 수 있다. 일정 규모 이상의 전통식초 생산처는 청정지역에 위치하고 식초 항아리를 바닥에 묻는 등의 방법으로 일정한 온도를 유지시킨다. 식초의 맛을 더할 수 있는 숙성실도 구비하여 좋은 식초 생산을 위한 많은 노력을 하고 있다. 아래의 제안들은 소규모로 전통식초를 만들려고 하는 사람들에게 도움이 되는 방법이다.

공간

식초를 만드는 공간은 외기의 영향을 적게 받고 아늑하면서 환기가 잘 되는 공간이 좋다. 건축 자재의 독성이 남아 있는 신축 건물에서 식초를 빚는 것은 피해야 한다. 자연과 가까운 환경을 조성하기 위하여 유기농으로 재배된 벼의 볏단, 솔잎, 유기농 과일을 두는 것도 좋다. 습도를 조절하기 위하여 습하면 물기를 흡수하였다가 건조하면 다시 물을 내뿜는 숯을 두거나 바닥에 소금을 까는 것도 좋은 방법이다. 습도 조절과 실내 공기 정화를 위하여 식초를 만드는 장소는 하루에 2~3회 정도 환기를 꼭 해주어야 한다.

재료

식초는 인간이 먹을 수 있는 모든 식재료로 만들 수 있지만 곡물과 과일이 식초의 주된 재료이다. 좋은 식초를 만들기 위해서는 좋은 재료를 선택하는 것이 필수적이다. 식초의 재료인 과일과 곡물은 식재 본연의 맛과 향기, 영양을 간직한 유기농을 반드시 사용해야 한다. 농약을 사용한 과일과 곡물은 잔류 농약을 씻어 내는 세척 과정에서 곡물과 과일의 껍질에 살고 있으며 식초를 만드는 데 도움을 주는 효소, 초산균 등 기타 미생물을 소멸시키기 때문이다.

도구

식초를 빚을 때 전통 옹기 항아리가 가장 좋지만 가격이 비싸고 관리가 어렵기 때문에 구하기 쉬운 유리 항아리를 이용하는 것도 괜찮다. 투명 유리 항아리는 식초의 내용물이 빛에 의해서 변질될 수 있기 때문에 박스나 어두운 천 등으로 감싸서 사용하는 것이 좋다.

소독

초보자들이 식초를 만들 때 실패하는 이유 중의 하나가 용기를 제대로 소독하지 않기 때문이다. 항아리를 소독할 때 볏짚이나 한지 등을 태우는데 재 때문에 다시 씻어야 하는 문제점이 발생하므로 술이나 식초로 소독을 하는 것이 좋다. 소독을 마친 뒤에는 삶아서 말린 면 행주를 이용하여 꼼꼼히 닦은 뒤에 토치 등으로 물기를 말리면 완벽하게 소독이 된다. 항아리뿐만 아니라 뚜껑, 젓는 도구, 국자, 면 보자기도 삶는 등의 방법으로 꼼꼼하게 소독해야 한다.

식초 맛이 각각 다른 이유

....

자연발효 식초의 맛이 각각 다른 이유는 초산 발효에 관여하는 초산균의 대사가 각각 다르기 때문이다. 술의 초대에 응한 서로 다른 성격의 초산균의 활동성은 식초가 만들어지는 환경 즉, 자신이 선호하는 환경인지의 여부에 따라 큰 차이를 보인다. 여기에 초산 발효를 방해하는 불청객 잡균과의 밀고 당기는 영역 싸움에서 어느 정도 자신의 위치를 확보했는지에 따라서도 식초 맛은 달라진다. 덧붙여 식초를 만드는 장소의 과거 이력도 초산균의 번식에 영향을 미친다. 역으로 식초 양조장으로 사용하던 장소에서 술을 빚으면 초산균이 활성화되어 술이 식초가 되어 버리기도 한다. 초산균에 대한 연구는 계속되고 있지만 아직 초산균의 모든 것은 밝혀지지 않았다. 초산균 자체가 자연 그 자체이기 때문에 연구에는 한계가 있다. 어제의 바람과 오늘의 바람이 다른 것처럼 초산균도 그렇다. 자신에게 맞지 않는 환경이 제공된 초산균은 잠들어 있다가 결국 죽기도 하고 환경이 맞는 초산균은 살아남아 식초의 운명을 좌우한다. 식초 항아리에 초대된 초산균의 조합에 따라서도 초산 발효가 달라지므로 똑같은 조건에서 빚어진 식초도 자연스럽게 맛을 달리하게 된다.

선생은 "옛사람들은 매실 식초만을 먹었는데 지금은 곡물과 술지게미, 수박과 참외 등의 덩굴식물류와 포도, 다래, 오미자 등의 나무 열매 그리고 마, 고구마 등 뿌리식물류를 이용하여 빚은 식초를 먹는다."라고 하였다. 매실은 자체가 신맛이 강하기 때문에 초산 발효를 하지 않아도 식초의 기능을 하므로 식초를 만들던 방식이 불완전하던 시절에는 매실이 즐겨 사용되다가 식초 제조법이 발달하면서 다양한 식재를 활용한 식초가 만들어졌음을 알 수 있다. 특히 쌀, 조, 보리 등의 곡물 이외에 마, 고구마 등의 탄수화물이 풍부한 뿌리식물의 사용이 주목할 만하다.

서유구 선생은 식초가 '소금기가 있으며 시다[酸]'라고 식초의 맛을 정의하였다. 식초가 신맛이 주를 이루는 액(液)이라고 하여 식초의 신맛만을 말하지만 선생은 식초 속에 숨어 있는 짠맛을 말했다는 것에 주목하게 된다. 식초를 만들 때 초산균의 과발효를 막고 수분 증발을 막기 위해서 소금을 사용하기도 하는데 이 과정에서 투입된 소량의 소금에 의해 짠맛이 나기도 하지만 원래 식초의 원료가 되는 곡물과 과일에는 나트륨 성분이 있기 때문에 신맛 속에 섬세한 짠맛이 느껴지는 것은 당연하다. 선생이 상당히 섬세한 입맛의 소유자였음을 알 수 있다. 식초를 음식 맛의 균형을 잡아 주고 각각의 맛을 살려주는 조미료라고 하는데 식초 자체가 균형이 잡혀 있지 않다면 다른 음식의 풍미를 올려주지 못할 것이다. 식초가 들어간 음식을 섭취하면 짠맛을 덜 먹게 되는데 신맛이 각각 다른 재료의 조화를 이루어 주기도 하지만 식초의 신맛에 숨은 짠맛의 역할이라는 생각이 든다. 일본에서는 식초를 초(酢)라고 한다. 초가 술에서 시작되었다는 의미다.

〈정조지〉 속의 식초

제 2 장

조선셰프 서유구의 식초 이야기

1. 곡물로 빚은 식초

여러 가지 곡물과 그 특성

좁쌀(조)

좁쌀은 조라고도 하는데 볏과의 한해살이풀로 우리나라 산간 지방에서 많이 생산되는 곡물이다. 조의 원형은 세계적인 잡초인 강아지풀이다. 조는 B.C. 2700년경 중국의 신농(神農)의 오곡(五穀)에 포함되어 있는 중요한 곡식으로 오랜 재배의 역사를 가지고 있다. 보리의 이삭이 패기 전에 이랑 사이에 심은 뒤 보리를 베고 나면 본격적으로 햇빛을 받으며 자라기 시작한다. 생육기간이 짧고 건조에도 매우 강하기 때문에 척박한 땅에서도 매우 잘 자란다.

조는 식량 가치가 다른 곡식에 비해서 낮고 경제적 수익이 적어서 재배가 감소하고 있지만 예전에는 전국적으로 보리 다음으로 많이 재배했던 밭작물이다. 조에는 차조와 메조가 있다. 메조는 가금류나 집에서 기르는 새의 먹이로 쓰인다. 조는 곡류 중에서 곡립(穀粒)이 가장 작고 저장성이 좋다. 주성분은 전분으로 단백질은 10% 내외 함유하여 영양가가 높다. 좁쌀을 물에 끓여 먹으면 복통 및 코피를 다스리고, 가루로 물에 타서 먹으면 모든 독을 푼다고 하였다. 조는 쌀이나 보리와 함께 엿, 떡, 소주

조와 기장의 차이 - 좌(左) 조, 우(右) 기장

등으로 이용되고 조의 줄기는 짚떡이라고 하여 다른 곡물과 섞어 떡으로 먹기도 하였다.

쌀

쌀은 아시아 지역에서 오래 경작한 벼의 열매다. 쌀은 밀, 옥수수와 함께 세계 3대 작물 중의 하나다. 한반도에는 5500~3200년 전에 전해진 것으로 알려졌으나 1998년 충북 청주시 옥산면 구석기 유적에서 볍씨가 발견됨에 따라 벼의 재배는 더 오래전부터임을 알 수 있다. 우리는 쌀을 중심으로 한 식생활을 영위하였기 때문에 쌀은 우리에게 가장 중요한 작물이다. 식사(食事)는 '밥을 먹는다.'라고 하여 쌀을 먹는 행위가 식사 전반을 나타낼 만큼 쌀에 한국인의 식문화가 집중되어 있다. 쌀은 주식이기도 하지만 떡, 술, 식혜, 엿, 유과 등 관혼상제에 쓰이는 많은 음식을 만드는 소중한

쌀

곡물이다. 쌀은 세계 인구 반 이상의 주식으로 인류가 섭취하는 에너지의 20%를 충당한다. 아시아권 이외에 유럽에서는 이탈리아가 가장 많이 쌀을 생산하여 리소토(Risotto)용으로 소비하고 그 다음 스페인에서 빠에야용으로 쌀을 생산하여 소비한다. 쌀의 주 영양소는 탄수화물이며 소량의 지방과 단백질을 함유하고 있다.

멥쌀

메벼에서 나온 찰기가 적은 쌀로 찹쌀에 대응하는 말이다. 멥쌀은 논재배인 물벼 멥쌀종과 밭재배 육벼 멥쌀종으로 구분된다. 멥쌀은 보통 밥을 지어먹는 쌀을 말하며 배젖에는 반투명한 부분이 많아 쌀 낱알에 광택이 있다. 찰기가 많고 적음은 배젖 녹말의 특성의 차이에 의한 것이다. 멥쌀에는 찹쌀에 없는 아밀로오스가 20% 들어 있는데 이것이 멥쌀의 특성을 결정짓는다.

산국(흩임누룩)으로 쌀 식초 빚기

〈정조지〉에는 쌀을 찐 뒤 흩트려서 곰팡이를 피운 흩임누룩으로 만든 쌀 식초 두 가지가 소개되어 있다. 생 곡물을 뭉쳐서 만드는 병국(餅麯, 떡누룩)은 완성되기까지 시간이 오래 걸리기는 하지만 향이 진하고 맛이 깊은 장점이 있다. 쌀은 다른 곡물에 비해서 담백하고 순하므로 산국(散麯)은 쌀 식초의 맛을 돋보이게 한다.

산국을 일본식 누룩으로 알고 있는데 이는 잘못 알고 있는 것이다. 원래 산국은 중국에서 사용되던 방법이 일본으로 전해진 것이다. 떡처럼 뭉쳐서 만드는 병국과 구분하여 곡물을 흩어서 만든다고 하여 산국이라고 한다. 산국은 크게 황의(黃衣)와 황증(黃蒸)으로 나눈다.

황의는 여국(女麯)이라고도 한다. 곡물의 낱알을 살려서 물에 담근 후 쪄서 뽕나무, 칡, 도꼬마리 잎 등으로 덮어서 노란 포자(胞子)가 생기면 이를 햇볕에 말려서 얻는다. 황의는 소금물에 넣어서 간장메주로 이용하기도 하여 누룩인 동시에 메주의 역할을 하였다. 황증은 가루산국이라고도 하며 곡물을 곱게 가루 낸 후 물을 더하여 쪄낸 후 식혀서 고루 부순 다음 황의를 만드는 방법으로 포자를 얻는다. 산국의 일종으로 초국(草麯)이 있는데 쌀가루에 여러 약초 찧은 것을 넣은 다음 칡즙으로 반죽하여 이것을 ㅍ 속에 묻어서 포자를 얻는 방법이다. 산국에는 거미줄곰팡이(Rhizopus), 솜털곰팡이(Mucor), 누룩곰팡이(Aspergillus) 차례로 많다.

찹쌀

찹쌀은 멥쌀과 대응되는 말로 나미(糯米) 또는 점미(黏米)라고 한다.《설문해자(說文解字)》에는 벼 가운데서 가장 찰기가 많은 것은 나(糯), 다음은 갱(粳), 찰기가 없는 것은 선(秈)으로 분류하고 있어 일찍이 찰벼가 있었음을 알 수 있다. 일부 학자는 동아시아에 찰벼가 1차 전파되었다고 주장한다. 멥쌀은 배젖이 반투명하고 찹쌀은 희고 불투명하므로 쉽게 구분이 된다. 쌀의 찰기는 녹말의 글루코오스의 구조에 따라 아밀로오스(Amylose)와 아밀로펙틴(Amylopectin) 두 종류로 나누어 지는데 찹쌀은 아밀로펙틴으로만 구성되고 멥쌀은 아밀로펙틴 80%, 아밀로오스 20%로 구성되어 있다. 요오드반응에서 멥쌀이 청색을 띠고 찹쌀은 적색을 띤다. 찹쌀은 아밀로펙틴으로만 구성되어 오래 두어도 잘 굳지 않고 탄력성과 부드러움을 오래 유지한다. 찹쌀은 멥쌀에 비해서 빨리 당화되는 성질이 있기 때문에 식혜나 술의 원료로 좋으며 기름에 튀겨지므로 유과를 만들 때 좋다. 《동의보감》에는 '찹쌀은 성질이 차고 맛이 쓰고 달며 독이 없기 때문에 몸을 보하고 곽란을 그치게 하나 열이 나고 대변을 굳어지게 한다.'라고 하였다. 찹쌀과 멥쌀은 영양학적으로는 큰 차이가 없다.

보리

보리는 쌀 다음으로 중요한 주식량으로 대맥(大麥)이라고 한다. 보리는 쌀이 부족할 때 식량을 대신하여 부족과 가난의 상징이었지만 지금은 식이섬유가 풍부해서 건강식품으로 각광을 받고 있다. 보리는 말초신경 활동을 증진하고 기능을 향상시키는 강장효과가 있다. 파키스탄에서는 옛날부터 보리를 심장보호제로 오랫동안 사용하였다. 보리는 쌀에 비해 소화가 빨라 쌀밥 50g을 소화하는 데 1시간 30분이 걸리는 반면, 보리밥은 같은 시간에 100g을 소화시킨다. 보리의 주요 성분은 탄수화물 75%, 단백질 10%, 지방 0.5%이며 그 외에 섬유질, 비타민, 무기질 등이 포함되어 있다. 보리가 쌀에 부족한 영양소를 함유하고 있기 때문에 쌀과 보리의 비율을 7:3으로 섞어서 먹으면 좋다. 보리밥을 먹을 때 무, 콩 등으로 만든 음식과 함께 먹으면 보리에 부족한 영양소가 보완된다.

밀

밀은 B.C. 10000~15000년경에 재배되기 시작하였고 한국에서는 평안남

쌀

도 대동군 미림리에서 발견된 밀은 B.C. 200~100년경의 것으로 추정된다. 밀은 소맥(小麥)이라고도 하는데 뿌리가 땅속으로 깊이 박히기 때문에 수분과 양분의 흡수력이 강하여 척박한 지방에서도 잘 자란다. 지금은 밀이 다른 곡물에 비해서 저렴하지만 조선시대에는 귀한 곡물이었다. 밀의 점성은 단백질 성분인 글루텐이 있어 다른 곡물에 비해 수분을 균일하게 흡수하고 가공된 면 등이 잘 늘어나게 하여 다양한 가공이 가능한 장점이 있다. 전 세계적으로 밀의 수요는 점점 늘어나고 있다. 밀은 갈증을 멈추고 열을 제거하며 신장의 기능을 좋게 한다고 한다. 밀로 만든 누룩이 효율이 높기 때문에 식초를 만들 때 가장 많이 사용된다.

콩

콩밭은 생명의 밭이었다. 콩에 함유된 단백질의 양은 곡물 중에서 가장 높으며 아미노산의 구성도 육류와 비교해서 질이 떨어지지 않는다. 콩은 아시아와 남미권에서 많이 먹었으나 지금은 동서양을 막론하고 인기가 급상승한 곡물이다. 콩은 동맥경화의 원인인 저밀도 지방단백질과 콜레스테롤, 중성지방은 낮추고 고밀도 지방단백질은 늘려 성인병을 예방하는 효과가 있다. 콩 속의 이소플라본(Isoflavone)은 골밀도를 유지하고 올려주는 효과가 있어 골다공증의 예방과 치료에 효과가 있다. 콩 속의 칼슘은 체내 흡수율이 뛰어나고, 풍부한 식이섬유와 사포닌 성분은 비만체질을 개선하는 데 효과가 있다. 콩 속의 레시틴이 뇌세포의 활동에 관여하는 아세틸콜린(Acetylcholine)이라는 신경전달물질의 원료가 되기 때문에 치매를 예방하는 효과가 있다. 콩밥을 싫어하는 사람들이 많다. 콩 특유의 비릿한 냄새도 별로지만 먹고 난 뒤의 묵직한 느낌과 소화가 안 되는 것이 싫다고 한다. 콩이 밭에서 나는 소고기라고 하지만 콩을 그냥 먹으면 소화율이 낮아서 인체의 흡수율이 떨어진다는 연구결과는 콩을 싫어하는 사람에게는 희소식이었다. 콩 자체는 싫지만 소화 흡수율이 높은 콩 발효 가공식품에 구미가 당기는 것은 인간이 유용한 영양소를 흡수하여 살아남고자 하는 생존 본능에서 비롯된 것 같다. 우리나라에서는 콩의 영양을 효과적으로 섭취할 수 있는 지혜가 담긴 콩 발효식품이 많은데 이는 참으로 자랑할 만하다.

노란콩 일명 백태라고 불리는 대두는 콩 발효식품에서 가장 일반적으로 쓰이는 콩으로 오장을 보해주고 경락의 순환을 돕는 기능이 있다. 《동의보감(東醫寶鑑)》에서는 대두를 '두시'라 하여 울화증을 가라앉히는 효능이 있다고 하였다. 신경이 날카롭고 스트레스가 쌓여 있을 때에는 우유 대신 두유를, 냉면 대신 콩국수를, 김치찌개 대신 두부가 들어간 된장찌개를 먹고 마음을 가라앉히는 것도 백태의 효능을 정신건강에 유용하게 활용하는 방법이다.

검은콩 쥐눈이콩으로 불리는 검은콩에는 이소플라본이 일반콩에 비해서 5~6배 더 많이 들어 있다. 이소플라본은 항암효과가 탁월하며 혈중 콜레스테롤을 낮추어 심장병을 예방한다. 쥐눈이콩에 함유된 인(燐) 중합체인 폴리포스페이트(Polyphosphate)는 자외선에 의한 피부노화를 방지한다.

검은콩

노란콩

술지게미

'누룩돼지'라는 말이 있다. 술을 빚고 나오는 누룩 술지게미를 먹여서 키운 돼지를 누룩돼지라고 한다. 곡물의 찌끼인 술지게미에는 누룩의 효모 작용으로 영양이 풍부하고 소화가 잘되는 장점이 있어 이를 먹고 자란 돼지는 살이 찐 돼지로 자란다. 일반 돼지는 쌀 뜨물이나 보릿겨 등을 먹여서 키우기 때문에 살이 찌지 않는다. '누룩돼지'가 지금은 빈정거림의 상징이지만 부잣집에서만 키울 수 있는 누룩돼지는 예전에는 부러움의 상징이기도 하였다. 술지게미의 영양 성분을 추출한 미백화장품은 전 세계에서 인기를 누리고 있으며 〈정조지〉에는 술지게미를 활용한 다양한 음식들이 소개되고 있다. 술지게미는 술의 제조 과정에서 나오는 부산물이지만 조단백질 함량이 높을 뿐만 아니라 필수아미노산인 라이신(Lysine), 메티오닌(Methionine)이 풍부하다. 쌀 술지게미는 비섬유성 탄수화물의 함량이 높은 필수적인 에너지원이 될 수 있다.

술지게미

호박빛에 숨은 강렬한 신맛

대초(大酢) 빚기(大酢方)

첫 식초인 대초(大酢)의 '대(大)' 자가 의미심장하다. '초(酢)' 자를 명명한 것으로 보아 식초를 담그는 아주 오래된 방법임을 짐작할 수 있다. 대초는 한더위에 밀누룩과 좁쌀(조)을 이용하여 반고체 배양법으로 발효를 시키는 식초다. 항아리 안에 밀누룩을 넣고 물을 더한 다음 좁쌀밥을 넣으면 누르 스름한 누룩과 노란 좁쌀이 질척한 팥떡처럼 켜를 이룬 대초가 항아리에 담긴다. 대초의 모습을 보여주기 위해서 유리 항아리에도 대초를 담갔다.

'산(山)'의 나라인 우리나라는 쌀보다는 잡곡이 더 풍부하였을 것이므 로 잡곡 식초인 대초가 〈정조지〉 권6 미료지류 식초 편의 첫 식초인 점은 너무도 당연하다. 대초를 담근 지 이틀째, 대초가 용암처럼 부글부글 끓어 올라 수습 불가할 정도로 항아리 밖으로 넘쳤다. 초파리까지 몰려들어 어 수선하다. 항아리가 뜨거워 항아리에 찬물을 뿌려 주었다. 누룩이 많이 들어가 발효력이 왕성한 탓에 초기 발효 단계임에도 불구하고 단맛 속에 신맛도 난다. 날씨가 연일 더워 당화, 알코올 발효, 초산 발효가 동시에 일 어난 것 같다. 모든 과정이 일사천리다. 대폭발을 한 뒤에는 항아리 속의 발효액들이 꿈틀꿈틀 용틀임을 하며 남은 힘을 과시한다.

이레째가 되는 날 진정된 예비 식초에 물을 붓고 이레를 더 지켜보자 식초가 연노란색을 거쳐 호박빛을 띠기 시작하다가 식초가 완성되는 세 이레째에는 짙은 호박색으로 변하였다. 식초를 만들 때 생기는 초막이 생 기지는 않으나 식초의 맛이 강하고 짜릿하다. 복더위에 열정적으로 끓 어 넘치던 대초에 대한 인상이 너무도 강렬하였다. '대초'란 한여름 대폭발 을 하는 식초다.

재료 밀누룩 2되, 좁쌀 3되, 물 3되, 정화수 2공기
도구 항아리, 칼, 벽돌, 표주박

음력 7월 7일의 물과 까부르지 않은 누룩을 준비한 다음 좁쌀을 깨끗이 씻어 불리지 않고 푹 익도록 고두밥을 쪄 채반에 널어서 식힌다.
고두밥, 누룩, 물의 양을 적절하게 배분하여 고두밥, 누룩, 물의 순서로 항아리에 반복하여 담고 7일 뒤 항아리에 물 1공기를 붓는다. 21일 뒤 아침에 물 1공기를 부어 식초를 익힌다. 표주박으로 식초를 뜬다.

* 대초는 재료를 층층이 쌓아가며 만드는 식초이기 때문에 좁쌀, 누룩, 물의 양을 적절하게 배분한 다음 항아리에 넣어야 한다. 배분을 하지 않으면 누룩을 불려야 하는 물이 남거나 좁쌀밥 또는 누룩이 남아 발효의 속도가 달라져 식초의 품질이 떨어진다.

외유내강의 반전이 있는

차좁쌀신초 빚기 1
(秫米神酢方 1)

한여름 더위가 절정에 올랐을 때 담그는 식초다. 식초 재료를 항아리에 찰랑찰랑할 정도로 여분이 없이 채워야 한다. 보통 재료는 항아리에 80%를 넘지 않는 것이 좋다고 알고 있어 항아리를 가득 채우는 방법에 차좁쌀신초1의 비밀이 숨겨져 있는 것을 직감하게 된다. 항아리가 배양액으로 가득차면 표면 발효법과 과산화 방지에 유리하다. 보통은 누룩과 곡물밥, 물을 잘 섞는데 차좁쌀신초1은 식혜를 만들 듯 누룩과 물을 넣어 준 다음 곡물을 넣는 점이 독특하다. 항아리에 물을 담고 밀누룩을 넣는데 밀누룩이 물에 불어서 항아리 아래로 가라앉으면 좁쌀 고두밥을 식혀 한 번에 넣는다. 고두밥을 나누어 넣는 차좁쌀신초2와 구분이 된다. 누룩을 물에 넣어 미리 불려 놓았기 때문에 누룩 속의 효소와 효모가 미리 용출되어 당화가 신속하게 진행된다. 특히, 두 번 뜸을 들여서 푹 익힌 좁쌀밥을 넣은 뒤 격렬하게 휘저어 죽을 만드는 것, 식초 항아리를 방 안에 두는 것도 배양액을 가득 채우는 것과 함께 당화, 알코올 발효, 초산 발효를 독려하기 위함이다.

알코올 발효가 끝난 7일 뒤 휘젓고 그 뒤 일주일 간격으로 두 번 통기 발효법의 실행으로 공기 속에 있는 젊은 초산균을 적극적으로 유입시킨다. 차좁쌀신초1은 당화, 알코올 발효, 초산 발효를 모두 적절하게 만족시키는 식초로 '대초'보다 물의 양이 많아서 옅은 호박색을 띠고 향은 부드러운 듯하지만 깔끔한 신맛은 강렬하다. 식초도 술처럼 몸과 마음을 청결하게 하는 것은 물론, 주변 환경도 깨끗한 곳에서 빚는 것이 중요하다. 좁쌀 뜨물은 목이 마르고 배고픈 개나 쥐를 부른다. 쥐와 개가 식초를 만들 때 서성거리면 병원균을 옮기고 털을 날려서 식초를 오염시킬 우려가 있어 바로 버리라고 한다. 찐 좁쌀밥은 사람도 먹지 말라고 하였는데 역시 좁쌀밥을 오염시키기 때문이다. 이 주의사항은 차좁쌀신초에만 국한되는 이야기가 아니라

모든 음식을 만들 때 해당된다. 만든 지 2년이 지난 차좁쌀신초1을 실온에서 보관하였음에도 색과 맛이 그대로인 것을 보면 효험이 있다는 말이 맞다.

재료 차좁쌀 3되, 밀누룩 1되, 물 1말
도구 항아리

항아리에 물을 붓고 밀누룩을 넣은 다음 밀누룩이 물을 흡수하여 가라앉을 때까지 둔다. 좁쌀밥을 짓는데 푹 익도록 두 번 뜸을 들이고 자리에 좁쌀밥을 펴서 식힌 다음 식힌 좁쌀밥이 덩어리지지 않도록 나누고 부수어 항아리에 넣고 막대로 휘젓는다. 항아리를 면 보자기로 밀봉하여 7일·14일·21일 뒤에 배양액을 젓고 한 달이 되면 식초가 다 익는다.

* 열 홉이 한 되이고 열 되가 한 말이며 열 말이 한 석(섬)이며 180L다.

고요가 만들어 낸 쌉쏘롬함과 단맛

차좁쌀신초1과 같이 항아리에 가득 넘치도록 재료의 비율로 채운다. 누룩과 물, 좁쌀밥이 항아리에 가득 차면 초산균의 유입이 용이하다. 밀누룩과 물, 좁쌀밥의 일부를 넣고 하루가 지나자 표면 위로 거품이 생기고 누룩향이 코를 찌른다. 15일이 지나자 초파리가 식초 항아리 주변으로 날아드는 것으로 보아 신맛이 들기 시작하였다는 것을 짐작하였지만 오염이 염려되어 열어보지는 않았다. 3회에 걸쳐서 나누어 넣는 좁쌀밥 속의 전분이 당화와 알코올 발효를 지속적으로 일으키고 초산균도 계속 유입되어 초산 발효를 하게 된다. 한 항아리에서 당화, 알코올 발효, 초산 발효가 동시에 이루어지므로 식초의 맛이 풍부해지는 장점이 있다. 차좁쌀신초2는 차좁쌀신초1과는 달리 정치 발효법을 택한다. 이는 병행 복발효로 인해 식초가 거친 맛을 내는 것을 방지하기 위해서다. 발효 과정에서 배양액이 넘치려고 하면 항아리 위에 시루를 얹어 넘치는 것을 막으라고 하였다. 시루 바닥에는 구멍이 있기 때문에 넘치는 중간 발효액은 시루의 구멍을 통해 올라온 다음 일정량 시루에 고여 있게 된다. 이는 식초의 풍미를 올리는 데 중요한 역할을 하게 된다. 발효액이 넘쳐버리면 결과물의 양이 줄어들 뿐 아니라 배양액이 오염돼 맛도 떨어진다. 항아리 맨 바닥, 중간, 맨 위의 발효 환경이 달라서 식초 맛이 각각 다르기 때문에 위층에 있는 발효물의 손실은 식초맛의 균형을 잃게 하는 요인이 된다. 차좁쌀신초2는 초산 발효를 중지시키는 시점에 병행 복발효로 인해 당이 남아 있어서인지 좁쌀로 빚은 다른 식초보다 쌉쏘롬한 맛과 매한 단맛이 강해 전체적으로 거친 것이 특징이다.

재료 좁쌀밥 2되, 밀누룩 1되, 물 3되

음력 7월 7일의 물과 밀누룩은 준비된 양을 항아리에 붓고 재료의 1/3의 좁쌀을 준비하여 고두밥으로 찐 다음 식혀서 항아리 안에 넣는다. 21일 뒤에 좁쌀 1/3을, 다시 3일 뒤에 나머지 좁쌀 1/3을 밥하여 넣는다. 가득 채운 식초가 발효를 하여 넘치려고 하면 시루를 독에 얹어 넘는 것을 막아준다.

* 시루는 반드시 식초 항아리 입구보다 조금 작아서
  약 3cm쯤 항아리 안으로 들어가는 것이 좋다.

부뚜막, 어머니, 그리고
따뜻함이 부린 마술

민간의 식초(속초) 빚기
(俗醋方)

　　민간의 식초 조리법을 보면 우리 어머니들이 만들던 '부뚜막 식초'가 떠오른다. 재료의 양도 '말'이나 '섬[石]'이 아닌 1되나 2되로 적은 양이고, 가루누룩 사용도 부엌이라는 바쁜 공간에서 효율적으로 식초를 빚기 위함이며 누룩을 불에 묻어 훈증을 하는 과정도 아궁이의 불이 있기에 가능하다. 식초를 쓰다가 떨어지려고 하면 허드레 술을 넣어도 좋다고 한 것도 그렇다.

　　옛날 부엌에서는 식초의 생산과 소비가 동시에 이루어졌다. 지역에 따라서는 가마솥에서 지은 더운 밥을 식초 항아리에 두어 수저 넣어 주었는데 뜨거운 밥이 '민간의 식초'에서 나오는 뜨거운 밀의 역할을 한 것이다. 민간의 식초는 불에 그을린 누룩을 넣은 탓에 불 향이 살짝 나는 것이 특징이다. 우리 식초의 전부라고 기억하던 '부뚜막 식초'가 우리 선인들이 만들어 먹던 많은 식초 중의 하나라는 것을 〈정조지〉를 통하여 확인할 수 있었다. 3주째 되는 날, 식초의 맛을 보았는데 제법 신맛은 나지만 맛은 밍밍한 것이 간이 맞지 않은 음식을 먹는 것 같다. 차좁쌀도 삭지 않고 그대로라 식초가 반쯤 완성된 상태였다. 구운 누룩과 구운 밀을 넣어 당화와 알코올 발효를 살피면서 식초의 변화를 살폈다. 시간이 흐르면서 훨씬 더 깊은 맛이 나는 식초가 완성되었지만 민간의 식초가 만들어지고 사용되는 환경을 상상해 보면 완성은 무의미하다. 부엌의 주인이 매일 쓰는 양만큼 식초를 만들어 내기 때문이다. 우리 어머니들은 자신만의 식초를 우물에서 물이 샘솟듯 끊임없이 만들어 내는 놀라운 마법사였다.

재료 차좁쌀 2되, 흰쌀 반 되, 누룩가루 반 되, 주먹만 한 누룩 한 개 반

차조와 흰쌀을 깨끗이 씻어 밥을 짓고 누룩은 가루를 내고, 차조고두밥, 흰쌀고두밥, 가루누룩을 함께 넣어서 골고루 섞는데, 미지근해지면 항아리에 담는다. 주먹만 한 누룩덩이 한 개 반을 불에 묻어 겉이 검게 타게 한 다음, 항아리 깊숙이 불에 구운 누룩을 넣는다. 먹다가 식초가 떨어지려고 하면 좋은 술이나 소주를 붓는다.

진주빛깔 향기와 맑은 이슬의 맛

쌀식초(미초) 빚기
(米醋方)

    산국(散麴, 흩임누룩)을 만들어서 식초를 만드는 방법이다. 가장 많이 사용하는 병국은 익히지 않은 생미, 생잡곡을 떡처럼 뭉쳐서 만들기 때문에 발효에 시간이 걸리고 전분의 성질이 굳어져서 당화에 시간이 소요되지만, 익힌 곡물로 누룩을 만들면 전분이 호화되어 당화 효소의 생산이 용이하다. 익힌 쌀은 잡균 번식의 우려가 적어서 담백하고 깔끔한 맛의 식초를 얻을 수 있으리라 기대하며 조심스럽게 고두밥에 대자리를 덮는다. 누런 황국이 피기를 기대하였으나 세 번 모두 샛노란 곰팡이와 검은 곰팡이가 온 쌀을 뒤덮어 실패하고 말았다. 황국균은 점령군에 자리를 내주고 밀려나 있다. 찐 쌀을 공기 중의 야생 황국균보다는 잡균이 더 좋아한 것 같다.

    실망한 마음을 다잡고 환경을 바꿔서 다시 산국을 만들어 보기로 하였다. 황국균이 좋아하는 환경을 만든다. 작은 방에 공기청정기로 공기를 맑게 하고 곳곳에 숯을 설치하였다. 대자리에 볏짚을 깔고 그 위에 밥을 골고루 편 다음 삿자리로 덮었다. 신선한 공기의 유입을 위하여 가끔 창문을 열고 환기를 시켜 주었다. 이런 노력 덕인지 네 번째는 황갈색의 곰팡이가 핀 쌀 누룩이 만들어졌다. 한 달여 만에 은은한 진줏빛이 감도는 미초가 완성되었다. 밀누룩으로 만든 식초에 비해서 맛이 어떻게 다를까 궁금하였다. 밀누룩으로 만든 식초보다 섬세하고 순수한 맛이 좀 더 고급스러움을 준다. 밀식초가 생기발랄하고 솔직한 향단이 식초라면 쌀식초는 지고지순한 춘향이 식초다.

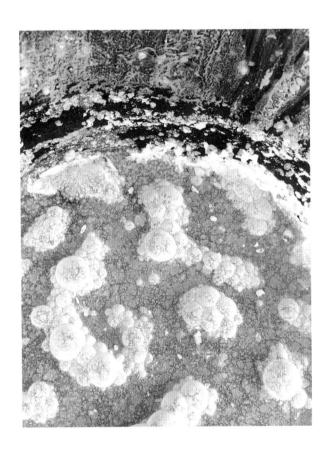

재료 묵은쌀 1되(산국용), 묵은쌀 2되(고두밥용), 물 4.3L
도구 삿자리

묵은쌀로 고두밥을 지어 고두밥과 산국을 함께 섞어 항아리에 넣고 내용물이 완전
히 잠기도록 물을 붓는다. 항아리를 완전히 밀봉하여 따뜻한 곳에 21일 동안 둔다.

＊산국 만드는 법
　묵은쌀 1되를 깨끗이 씻고 일어서 고두밥을 쪄 삿자리에 펼쳐서 식힌 다음, 고두밥을 두꺼운 면
　보자기로 덮는다. 누런 곰팡이가 피어 산국이 되면 햇볕에 널어서 말린 다음 까불러서 깨끗하게
　하고 물로 잡균을 제거한다.

수수하고 겸손한 맛과
화려한 향기의 조화

삼황초 빚기(三黃醋方)

어떤 악조건에서도 아름다움을 유지하려는 여인들조차 멋내기를 포기한 삼복더위, 화단의 꽃들도 아름다운 얼굴을 떨구고 있다. "삼황초라…" 삼복에 빚는 누런색이 나는 식초라고 '황(黃)'에 집중하여 '삼황초'를 빚었는데 막상 식초를 빚고 보니 식초가 누런색이 아닌 뽀얀 색이라 당황하였다. 이름에 집착하면 가끔은 함정에 빠지게 되는 이유가 되기도 한다는 교훈을 삼황초를 빚으면서 다시금 깨닫는다. 삼황초의 '황'에서 벗어나 다시 식초를 빚는다.

꽃말이 고집쟁이라는 도꼬마리 잎으로 고두밥을 덮었다. 누런 곰팡이를 피워야 하는 숙제를 안은 고두밥이 도꼬마리 이불을 덮고 삿자리 위에 누웠다. 다음날 궁금한 마음을 이기지 못하고 도꼬마리 이불을 살짝 들추자 퇴비가 썩을 때처럼 뜨거운 열이 난다. 도꼬마리 이불의 보온력에 놀란다.

3일 뒤 도꼬마리 이불이 축축한 것이 뭔가 심상치 않아 이불을 젖혔다. 병아리 솜털 같은 노란 포자와 볏짚색의 포자가 섞여 있어 발효를 중지하고 볕에 말려 두었다. 누런 곰팡이 밥을 기다리면서 두 번째 고두밥을 지어 말렸다. 곡물을 말리면 단맛은 증가한다. 고두밥을 짓자 세 가지의 밥이 완성되었다. 누런 곰팡이를 물로 세척한 것이 누룩의 발효력을 약화시키고 젓거나 다른 술을 더하지도 않았으므로 좋은 식초가 되기에는 다소 무리라는 생각도 들었기에 삼황초에 큰 기대는 하지 않았다. 마음을 비운 탓일까. 삼복에 세 가지로 가공된 쌀이 빚어낸 '리얼 쌀 식초'라 불러도 손색이 없는 식초가 탄생했다. 다양하게 가공된 쌀을 넣어서인지 식초의 맛은 깔끔하면서도 향긋한 과일향이 난다. 흰쌀로 만든 삼황초는 맑고 희다.

재료 묵은쌀 1되(산국용), 묵은쌀 1되(말리는 용), 묵은쌀 1되(고두밥용), 물 4L, 도꼬마리 잎 한 웅큼
도구 삿자리, 거친 비단

묵은쌀을 깨끗이 씻어 고두밥을 지어 삿자리 위에 골고루 펼쳐서 식힌 다음 식은 고
두밥을 도꼬마리 잎으로 덮는다. 고두밥에 누런 곰팡이가 피면 도꼬마리 잎을 제거
하고 곰팡이가 핀 고두밥을 여러 번 뒤집어 가면서 다음 날까지 햇볕에 말린다. 햇
볕에 말린 누런 곰팡이밥을 키질하여 누런 곰팡이를 제거한 다음 깨끗한 그릇에 거
두어 들인다.
묵은쌀로 다시 고두밥을 지어 햇볕에 말린 다음 깨끗한 그릇에 거두어 들인다. 묵
은쌀로 고두밥을 지어 노란 곰팡이를 낸 밥, 말린 밥과 함께 고루 뒤섞어 항아리에
넣은 다음 물을 붓는데, 고루 섞은 밥 표면 위로 네 손가락 높이 정도로 물이 올라
오게 한다. 거친 비단으로 항아리 입구를 봉하여 식초가 익는 49일 동안 움직이지
않도록 조심하고 가만히 둬서 저절로 식초가 다 익기를 기다린다.

도꼬마리

* 도꼬마리 열매에는 갈고리 모양의 가시가 달려 있어 옷에 달라붙으면 여간해서는 잘 안 떨어진
다. 도꼬마리 열매는 '창이자'라고 하는데 사포닌 성분이 풍부하며 감기, 두통과 마음을 가라앉
히는데 효과가 있다. 잎을 오래 장복하면 눈과 귀가 밝아진다.
1948년 스위스의 발명가 조르주 드 메스트랄은 도꼬마리 열매에서 단추나 끈보다 더 붙였다 떼
었다 할 수 있는 '벨크로'를 발명하였다. 벨크로는 한쪽 면은 꺼칠꺼칠하게 만들고 다른 한쪽은 부
드럽게 만들어 두 부분이 떨어지지 않게 하여 운동화, 장갑, 가방 등에 편리하게 사용되고 있다.

마음에 스미는 잡념을 몰아내는
강렬한 신맛

신선식초(선초) 빚기 1
(仙醋方 1)

불교를 비롯한 선가(仙家)에서는 오신채(五辛菜)를 금하기 때문에 음식이 순하고 정갈하지만 밍밍하여 식욕을 돋우지는 못한다. 식초가 입맛을 돋워주고 음식에 활력을 더해줘 제한된 조미료의 사용으로 무너진 음식 맛의 균형을 잡아준다. 특히, 식초는 소화를 돕고 피로를 풀어주며 몸과 마음을 깨우기 때문에 수행을 하는 사람들에게는 최고의 조미료다.

신선식초1에 사용되는 고리가루는 식초의 맛을 강하게 하는 역할을 한다. 고리가루를 만들기 위해 밀을 7일 정도 담가 두면 밀에서 빠져나온 글루텐으로 회반죽을 풀어 놓은 것처럼 끈적이면서 뽀얗다. 지금은 그냥 통밀가루를 질게 반죽하여 고리가루를 만드는 것도 괜찮을 것 같다. 밀의 속성에 대해서는 일찍이 '밀껌'으로 알고는 있었지만 밀의 매끈한 겉과는 달리 속이 다른 즉 끈적이는 글루텐의 위력에 새삼스럽게 놀란다. 정말로 끈끈하고 찐득하다. 신선식초1은 병국과 산국을 같이 사용하는 점이 다른 식초와 차별된다. 식초의 맛과 향도 아주 강해 '신선식초'라는 이름과는 동떨어진 느낌이다. 아마도 선가에서 오신채를 사용하지 않기 때문에 산도가 높은 식초가 필수적이었던 것이라는 추측을 해본다.

재료 쌀 1되, 누룩가루 1홉, 고리가루 5홉, 정화수 3되, 쑥
도구 복숭아 나뭇가지

정화수를 항아리에 붓고, 고리가루와 누룩가루를 섞어 항아리에 붓는다.
쌀을 흐물흐물하게 쪄서 뜨거울 때 항아리에 넣는데, 동쪽으로 뻗은 복숭아 나뭇가지로 21번 휘젓는다. 항아리를 단단히 봉한 다음 쑥으로 뚜껑 주위를 둘러싼다.

* **고리가루** 고리가루는 밀 누룩의 일종으로 산국(흩임누룩) 중에서 '황증'이다. 황증은 곡물을 가루로 만들어 물로 반죽하여 쪄서 익힌 다음 띄우는 누룩이다. 고리가루는 밀가루로 만들지는 않았지만 7일간 밀을 물에 담갔기 때문에 완전히 밀가루를 물에 푼 상태다. 이 밀을 쪄서 닥나무 잎, 삼 잎, 여뀌 잎을 덮어서 곰팡이를 입힌 것이 고리가루이다.

* **여뀌 잎** 여뀌는 습지에서 자라는 일년생 마디풀과 식물로 조선시대에는 요화(蓼花)라고 하였는데 《동의보감》에서는 '뇨화'라고 한다. 여뀌의 잎과 줄기에는 타닌이 많이 함유되어 있어 항균 작용과 지혈 작용이 뛰어나다. 정유 성분에 의한 혈관 확장으로 혈압을 내려주고 장의 긴장을 완화시킨다. 여뀌 잎에는 강한 매운맛이 있어서 천초와 더불어 동양의 전통적인 향신료다. 《제민요술》에서는 여뀌 잎을 생강, 차조기 잎과 함께 생채로 먹었다. 민간에서는 여뀌 잎을 짓이겨 물고기를 잡는 데 사용한다.

신선들의 불로불사(不老不死)의 비밀

서유구 선생은 식초 총론에서 "선가에서는 식초를 화지(華池)라고 한다." 라고 말하였다. 화지란 '아름다운 연못'이란 뜻으로 선가에서 식초가 찬미의 대상이 되는 완벽한 조미료였음을 짐작할 수 있다.

신선식초2가 물과 누룩을 먼저 섞은 다음 곡물을 나중에 넣는데 이는 차좁쌀식초와 같은 방법이다. 차좁쌀신초는 그냥 물을 사용하였지만 신선식초는 정화수를 사용하라고 하여 신선이 아닌 사람이 먹는 식초와 철저하게 구분하였다. 신선식초는 정화수뿐 아니라 귀한 쌀을 주재료로 곰을 웅녀로 만들어 인내의 상징인 쑥까지 동원하여 빚는 수행(修行) 식초다. 완성된 신석식초2는 신선식초1보다 풍미가 순하고 청옥을 담은 듯 맑고 맑다. 쑥 향이 식초의 향취에 거의 영향을 주지 않아서 아쉽다. 쑥을 사용한 이유는 초파리나 깔따구가 식초 항아리에 접근하는 것을 막기 위해서인 것 같다. 화지… 정화수… 쑥… 푸른 천. 신선식초라 부르는 데 손색이 없다.

재료 쌀 3되, 좋은 누룩 1되, 정화수 1병
도구 자기 항아리, 푸른 천, 쑥

정화수와 누룩을 섞어 자기로 만든 독에 넣고, 쌀도 흐물흐물하게 쪄서 김이 다 빠
져나가기 전에 독 안에 넣는다. 푸른 베로 항아리를 봉하고 쑥으로 뚜껑 주변을 둘
러싼 다음 항아리를 해가 드는 곳에 둔다.

음양의 기운이 조화를 이룬　　　　쌀보리 식초(미맥초) 빚기
(米麥醋方)

　묵은쌀(진창미)을 하룻밤 담갔다가 고두밥을 짓는 것은 지극히 평범한데 누룩을 불에 법제하고 땅의 찬 기운으로 뜨거운 기운을 몰아내 음양의 조화를 이룬 것이 의미가 있다. 항아리 입구를 종이로 덮고 다른 식초보다 긴 시간인 49일을 그대로 둔다. 훈제한 누룩은 식초가 되는 과정에서 변질되거나 산패되는 것도 막아준다. 훈제로 약해진 누룩에 기운을 더해 주기 위해서 볶은 밀을 추가하고 식초를 끓인 다음 다시 볶은 밀을 넣어 초가 오래가도 초 맛을 잃지 않도록 한다.

　식초를 조금씩 늘리는 과정이 재미있다. 처음 뜬 두초를 종초로 활용하여 물을 추가하면 더 많은 식초가 나오고 또 늘어난 식초 중에서 일정량을 종초로 활용하여 더 많은 식초를 얻게 되는 방식이다. 자연발효 빵을 만들 때 효모를 남겨 두었다가 종균으로 사용하는 것과 같은 원리다. 만들어진 초에 처음 물 양의 반을 넣고 다시 발효를 시킨 다음 이 식초에 물 3/4말을 넣으면 급하게 식초가 된다. 계속 식초를 종초로 활용하여 식초를 빚고자 할 때는 볶은 밀을 넣어 주면 검은색의 식초를 얻는다. 이 식초의 맛은 식초를 전문적으로 만들어 파는 사람들의 것보다 낫다. 이 식초가 불기운이 많이 들어가 뜨겁다고 하지만 본래 묵은쌀이 이 식초의 주인이기 때문에 성질은 무난하다고 하였다. 볶은 쌀을 사용했다면 식초를 마시는 사람은 뜨거운 기운으로 속이 타버릴지도 모르지만 쌀을 쪘기 때문에 뜨겁지 않다. 미맥초는 쌀과 밀의 맛이 하나로 어우러지게 하는 데 가장 효과적인 표면 발효법을 사용한 것이 신의 한 수다. 많은 시행착오 끝에 쌀과 밀이 조화를 이룬 미맥초가 만들어졌다고 생각되자 적당히 구수한 미맥초가 새롭게 보인다.

재료 묵은쌀 1되, 거친 누룩 2냥, 물 3되, 밀 2홉, 볶은 밀 한 줌

묵은쌀을 하룻밤 물에 담갔다가 불을 지펴 밥을 지은 다음 펼쳐서 식히고, 거친 누룩을 곱게 찧어 불에 말려 종이를 땅에 깐 다음 누룩을 펴고 화기를 내보낸다.

누룩가루를 밥과 섞어 깨끗한 항아리에 넣은 다음 새로 길어온 물을 붓고, 술덧은 골고루 섞어서 평평하게 누른 다음 종이를 2~3층으로 덮어 항아리 입구를 밀봉한다.

항아리를 바람이 들지 않는 남쪽에 두었다가 49일이면 열어서 까맣게 볶은 밀을 항아리 안에 넣고 식초를 떠내서 끓인 다음 위에 볶은 밀을 넣는다.

초를 다 떠낸 다음 다시 물을 넣어서 두 번째 초를 빚고, 두 번째 초를 다 떠내면 물을 더해서 세 번째 초를 빚는다. 세 번째 초를 다 떠내면 까맣게 볶은 밀을 항아리에 넣어서 색이 나면 네 번째 초를 뜰 수 있다.

* 진미(陳米)는 묵은쌀, 진창미라고도 하는데 여러 해 오래 묵은쌀은 위를 보호하고 번열을 제거하는 효능을 지니고 있어 옛날에는 약재로 사용하였다.

온전히 자연이 빚어낸 태초의 식초

누룩을 쓰지 않는 쌀식초(미초) 빚기
(米醋方)

    일체의 인위적인 간섭이 없이 자연의 힘에 기대어 만드는 식초다. 원래 식초도 술과 마찬가지로 자연발효로 만들어졌으며 사람들이 좀 더 효율적으로 술과 식초를 만들기 위해서 누룩을 첨가하였음을 생각하면 식초 본래의 원시적인 모습을 간직한 식초가 바로 누룩을 쓰지 않는 쌀식초다. 양기가 강하여 귀신이 싫어한다는 버드나무 가지로 젓는 것도 그렇다. 게으름 탓에 볼품이 있는 버드나무 가지를 구하지 못해 복숭아 나뭇가지로 저었다. 우리나라의 여름은 온도와 습도가 높아 수분기가 있는 밥에는 포자가 쉽게 발생한다. 밥에 꽂아 둔 꼬챙이는 공기 중의 미생물이 잘 달라붙게 하고 오목하게 팬 구멍으로 미생물이 침투하여 밥에 골고루 곰팡이가 피게 한다.

    시간이 흐르면서 쉬지근한 냄새를 풍기던 밥에서 살짝 꽃 향기가 나는데 곰팡이는 피지 않는다. 밥에서 수분이 나오면서 흐물흐물해진다. 눈에 보이지는 않는 곰팡이가 죽지 않도록 찬물을 붓는다. 매일 여러 번 버드나무 가지로 휘저어 독의 맨 아래까지 골고루 산소가 들어가도록 하여 호기성인 초산균의 활동을 활발하게 한다. 지게미를 거른 식초는 석회수처럼 뿌옇고 누룩이 들어가지 않았음에도 의외로 신맛이 강하다. 식초에 맵고 뜨거운 성질의 화초와 쓰고 차가운 성질의 황백을 더하여 팔팔 끓여 식초 맛에 균형을 잡아주고 식초의 보존성을 높였다. 누룩을 쓰지 않는 쌀식초의 맛은 날카로운 차가움 속에 감추어진 뜨거운 맛이다. 누룩을 쓰지 않는 쌀식초는 우리나라의 고온다습한 여름 기후를 역이용한 식초이기에 더욱 감동스럽다.

재료 멥쌀 1되, 찬물 1300mL, 화초(花椒) 20g, 황백(黃柏) 한 줌
도구 꼬챙이, 버드나무 가지, 자기 항아리

멥쌀을 하룻밤 물에 담갔다가 깨끗이 일어 밥을 무르게 폭 찐 다음 밥을 펼쳐서 식
혀 단지 안에 넣고 3일간 꼬챙이를 꽂아 둔다. 밥에 찬물을 붓고 버드나무 가지로
7일 간 여러 차례 휘젓는데, 7일 뒤에는 휘젓지 않고 한 달을 둔다.
식초가 완성되면 지게미를 걸러내고 화초와 황백을 조금씩 넣고 2~3번 끓어오르도
록 달인 다음 식힌 식초를 자기 항아리에 넣고 필요할 때 쓴다.

화초

황백

화초(花椒)와 황백(黃柏)

화초는 분디라고도 하는데 산초의 열매를 말한다. 특이한 냄새가 있으며 맛은 맵고 성질은 따뜻
하며 항균 작용을 한다. 중국에서는 오향(산초, 팔각, 회향, 계피, 정향) 중의 하나로 생선의 비린
내를 제거하고 식욕을 증진시키는 데 사용한다. 산초 잎은 방향성 조미료로 음식의 맛을 깔끔하게
한다.
황백은 황백나무의 껍질을 말한다. 봄부터 여름 사이에 껍질을 벗겨 겉껍질은 벗겨 버리고 햇볕에
말려서 쓴다. 맛은 쓰고 성질은 차다. 열을 내리고 습사를 없애며 독을 제거한다. 베르베린 성분이
있어 혈압강하 작용, 혈액응고 촉진 작용, 항균, 소염 작용이 있다. 피부의 발진을 가라앉히고 피부
보호 기능이 있어 화장품의 원료로도 쓰인다.

고두밥! 스스로 곰팡이를 피우다

**누룩을 쓰지 않는
쌀식초(무국초) 빚기**
(無麴醋方)

이름 그대로 누룩을 사용하지 않는 식초다. 쌀을 3일간 물에 담가 밥을 해서 항아리에 넣고 밀봉하였다가 곰팡이가 피면 물을 부어 초를 만든다. 쌀을 물에 오래 불리면 쌀의 조직이 연해지고 수분을 많이 머금기 때문에 곰팡이 생성과 당화에 유리하다. 3일간 물에 담근 쌀로 지은 밥은 곰팡이 향이 살아 있는 부드럽고 촉촉한 고두밥이 되었다. 항아리에 담아 따뜻한 방 안에 두었다가 7일 만에 항아리 뚜껑을 열자 민들레 솜털 같은 하얀 곰팡이 사이로 푸른 곰팡이와 검은 곰팡이가 조금씩 보인다. 곰팡이 특유의 냄새 속에 꽃향기가 살짝 나 나도 모르게 숨을 쉬자 코로 날아들어 온 곰팡이 포자로 코가 간질간질하다.

여행을 갔다가 돌아와 며칠 만에 열어본 밥통 속의 곰팡이 핀 밥과 같은 형상이라 도저히 식초가 될 것 같지가 않다. 더군다나 누룩도 없이 어찌 식초가 될 수 있단 말인가? 자포자기 심정으로 물을 부었다. 20일 뒤 기대가 없으니 실망할 것도 없다는 마음으로 항아리 뚜껑을 열고 식초를 맛보았다. 날아갈 듯 상쾌한 식초가 있다면 바로 무국초를 말하는 것이다. 이 식초는 누구나 만들 수 있는 식초다. 쓸 때마다 더 넣는 술은 초산 발효를 안정적으로 이끌어 내는 역할을 한다. 술을 넣은 뒤에는 충분한 초산 발효 여부를 확인하고 식초로 사용해야 한다.

재료 쌀 5되, 끓인 물 9사발, 술

쌀을 깨끗이 씻어 3일간 물에 담근 다음 푹 쪄서 항아리에 넣었다가 쌀에 곰팡이가 피면 끓인 물을 식혀서 붓는다. 식초가 익으면 쓰는데 쓸 때마다 바로 술을 더 넣는다.

썩어서 아름다운 7일

7초(七醋) 빚기
(七醋方)

누룩을 사용하지 않고 쌀을 부본(서김)으로 만들어 식초를 만드는 방법이다. 쌀을 대강 씻어 매일 물을 갈아주면서 7일을 두면 쌀은 부패하여 거품이 올라오고 쌀 알갱이는 약간 부스러진다. 부본을 하면서 매일 물을 갈아주어서 의외로 쌀에서 역겨운 냄새는 나지 않으나 쌀의 일부는 흰빛에서 누런빛으로 변하고 일부는 붉은빛으로 변한다. 1주일 뒤 붉은 기가 얼룩덜룩한 고두밥이 완성된다. 쌀 녹말인 아밀로오스와 아밀로펙틴이 빠진 자리를 시큼한 맛이 대신한다. 뜨거운 채로 항아리에 담아서 밀봉하여 항아리에 비닐 랩을 씌워 놓고 관찰하였다. 항아리 안에서 뜨거운 김이 수증기가 되어 맺히고 다시 떨어져 죽밥과 합해지는 것이 마치 대지 위의 수증기가 증발하여 구름이 된 다음 비를 내리는 것과 같다.

3일째는 죽밥이 흐물거리고 시큼한 냄새가 난다. 죽밥이 누룩과 종초의 역할을 한다. 초산균이 잘 유입되도록 저은 다음 7일째 되는 날 가라앉힌 찬물을 넣었다. 7일 뒤에 다시 젓고 14일째에 다시 저었는데 제법 신맛이 도는 식초가 되었지만 다시 7일을 두었다. 이 식초를 만드는 방법은 매우 쉽다. 고추장을 담그는 방법 중에 찹쌀을 '서김'하여 담그면 녹말인 아밀로오스와 아밀로펙틴이 많이 제거되기 때문에 고추장 맛이 안정화되어 변하지 않는 장점이 있다. 식초를 오래 두면 식초의 색이 누렇게 변하고 바닥에 이물질처럼 보이는 찌끼들이 가라앉아서 부패한 것 같아 찜찜한 경우가 종종 있는데 7초는 오래 보관하여도 이런 단점들이 없이 맑은 상태를 오래 유지한다. 간단하지만 깨끗한 맛을 원한다면 7초를 권한다.

재료 묵은쌀 2되 반, 정화수 1말 반

묵은쌀을 깨끗이 일지 않고 매일 물을 한 번씩 갈아주며 7일간 물에 담갔다가 밥을 짓는다. 뜨거운 채로 바로 항아리에 넣고 평평하게 누르고 밀봉하여 공기가 빠져나오지 않게 한다. 3일째 되는 날은 뒤적여서 섞는다. 7일째가 되는 날은 항아리를 열고 1회 휘저어 섞고 정화수를 붓고 다시 밀봉한다. 7일 뒤에는 1번 휘저어 봉한다. 21일이면 식초가 완성된다.

서김(석임) 서 씨와 김 씨가 아니라 썩었다는 뜻의 '석임'이 '서김'으로 되었다. 술처럼 소중한 음식에 '썩힘'이라는 과격한 표현이 별로라서 '석임'이라고 부드럽게 발음하다가 '서김'이 된 것 같다. 서김은 젖산균이나 효모 같은 미생물을 배양하는 것을 말하는데, 누룩을 사용하기 전에 술의 발효를 돕기 위해서 누룩의 일부를 조금 배양하는 것을 서김이라고 한다. 식초를 만들 때는 종초를 넣어 본 발효의 방향성을 안정적으로 유도하는데 누룩의 양을 줄일 수 있어 술에서 나는 누룩 향이 덜하다. 서김은 만드는 장소의 환경에 따라 상태가 다르며 쌀을 물에 7일 정도 담근 다음 그 물로 밥을 짓는다.

서김을 만드는 구체적인 방법은 '쌀 1되를 백세하여 물 2되에 담가 7일 만에 그 물로 밥 지어 가장 차거든 누룩을 조금 넣어 빚어 3~4일 후 술 빚을 때 밑을 하라'고 하였다.

-하생원 《주방문(酒方文)》-

다른 고조리서에는 '쌀이 반 되, 물이 한 사발, 누룩은 한 줌 넣으라'고 한다.

-《양주방》-

술을 빚을 때 서김은 누룩 양의 30%에서 많게는 누룩 양과 동량으로 사용하였다. 〈정조지〉 권7 온배지류에 부의주 만드는 법을 보면 서김을 넣어 술을 빚는데, 쌀 1말, 물 3병, 가루누룩 1되, 서김 3홉을 쓴다고 되어 있다. 부의주에서 서김은 누룩 양의 약 30%를 쓰면 된다.

달콤·상큼함에 담긴 가을의 향기 찹쌀식초(나미초) 빚기
(糯米醋方)

　더운 기운과 찬 기운이 교차하는 입추 즈음이 생명체에게 가장 쾌적한 시간이다. 아침저녁의 찬 기운과 한낮의 더운 열기는 효모균과 초산균에게 약간의 시련이 될 수는 있지만 동시에 자극을 주기도 한다. 복더위에 멥쌀로 빚는 식초는 자칫 과발효되어 신맛에 청량감이 덜할 수 있지만 가을 바람을 담아 빚은 찹쌀식초는 선선하면서 찹쌀 특유의 부드러운 단맛이 녹아 있어 좀 더 따뜻하게 느껴진다. 찹쌀식초의 주인공은 찹쌀이지만 찹쌀이 좋은 식초가 되기까지는 대국(大麴)의 도움을 받아야 한다. 대국은 큰 밀누룩으로 조선시대에는 많이 빚었으나 누룩이 두꺼워 발효 시 한가운데가 썩기 때문에 곰팡이보다 잡균이 왕성하게 번식하여 술의 이미이취를 일으킬 수 있어 지금은 잘 만들지 않는다. 대국의 크기는 대략 간장 메주 크기로 생각하면 된다. 대국 크기는 안 되지만 보통의 누룩보다 1.5배 두껍게 만들어 대국이 가진 위엄을 더하려고 하였다. 간장이나 고추장을 담글 때 누룩을 넣어 발효를 촉진하기도 하지만 메주는 오로지 간장만을 위해서 존재한다. 식초 입문자로 나미초는 비발효성 당으로 인해 단맛이 좀 더 있고 꽃 향과 말린 과일 향이 느껴진다는 것 이외에는 두꺼운 누룩으로 인한 맛의 차별성은 구별해 내지는 못하겠다.

*찹쌀식초(나미초)는 누룩의 양이 정해져 있지 않기 때문에 물의 양은 들어가는 누룩의 양에 따라서 조절해야 하거나 물의 양에 누룩을 맞추어야 하는데 정해진 누룩의 역가가 다르기 때문에 누룩의 양에 따라 물의 양을 정하는 것이 맞다.

재료 찹쌀 1되, 대국(밀누룩) 반 되, 물 2되

찹쌀을 깨끗이 일어서 찐 다음 찹쌀 고두밥과 대국을 넣고 골고루 섞는다. 대국에
버무린 찹쌀 고두밥에 물을 섞어 항아리에 넣고 단단히 봉하는데, 21일이면 식초가
완성된다.

* 누룩과 메주는 곰팡이를 띄워서 발효 식품을 만드는 데 쓰인다는 점에서 같지만 본질적으로는 다르다. 누룩은 익히지 않은 생곡으로 만들고 메주는 콩을 고압에서 황금빛이 돌 정도로 삶아서 만든다. 메주를 만들 때 밀이나 쌀, 조 등의 곡물을 넣기도 하지만 그 양은 10% 이하다. 콩은 삶는 과정에서 지방 성분이 지방산과 글리세린으로 분류되고 두 성분은 물에 잘 녹는 수용성이므로 기화와 액화 과정에서 지방 성분은 줄어들게 된다. 콩 단백질은 발효 과정에서 달라붙는 균들에 의해서 펩티드 결합이 풀어지면서 아미노산과 펩티드로 분해된다. 이때 생성된 암모니아가 메주를 만들 때 생긴 독을 제거한다.

사계절 어느 때나

사계절병오초 빚기
(四節丙午醋方)

　　사계절병오초는 이름 그대로 사계절 어느 때나 만드는데 병일(丙日)에 정화수를 뜨고 오일(午日)에 찹쌀을 쪄서 담그는 식초다. 사계절 내내 담글 수 있는 여유를 얻는 대신 식초와 장을 담그는 길일인 병일과 오일이라는 시간을 꼭 기억해야 하는 식초다. 술이나 식초를 담글 때 볶은 누룩을 사용하면 누룩이 가진 약성은 올라가고 누룩의 독은 제거돼 몸에 좋은 식초가 된다. 특히, 누룩을 볶는 과정에서 누룩이 캐러멜라이징 되기 때문에 색이 진해져 완성된 식초에서 깊고 농축된 느낌을 받게 된다. 처음에는 물의 양이 적어 재료 양이 잘못되었다고 생각하여 물을 임의로 더 넣고 식초를 빚기도 하였으나 사계절병오초가 사계절을 아우르기 때문에 산도가 높아야 한다는 것을 깨닫게 되었다. 식초의 산도는 두초를 거를 때 물을 더하면 된다.

　　차진 찹쌀 고두밥을 누룩물에 담고 복숭아 나뭇가지로 젓는데 각 계절마다 다른 방향으로 뻗은 복숭아 나뭇가지를 사용하는 것이 사계절병오초를 더욱 특별한 식초로 기억되게 한다. 어떤 계절에 사계절병오초를 빚는지에 따라서 식초를 젓는 복숭아 나뭇가지가 다른데 식초에 담기는 의미와 맛도 달라진다. 현대 과학은 온도와 습도 등 환경에 의해서 발효의 속도가 달라지면서 맛이 달라지는 것이라고 하지만 나는 휘젓는 복숭아 나뭇가지에 따라 달라진다고 믿고 싶다.

재료 찹쌀 1되, 정화수 2되, 볶은 누룩 3되
도구 복숭아 나뭇가지

정화수와 볶은 누룩을 섞어서 독에 넣고 찹쌀을 무르도록 쪄서 김이 남아 있는 동안에 항아리에 넣은 다음 복숭아 나뭇가지로 휘젓는다.

* 천간(天干)이 병(丙)인 날이 병일(丙日)이고, 지지(地支)가 오(午)로 된 날이 오일(午日)이다. 병(丙)은 제사에 희생물을 얹는 큰 제사상을 본뜬 글자로 병은 남쪽과 불, 또는 밝게 빛나는 것을 뜻한다. 병은 밝음과 여름을 뜻하므로 발효를 하는 식초를 담그기에 좋은 날로 병일은 10일 마다 돌아온다. 오(午)는 말[馬]에 해당하며 병과 같이 남쪽과 불을 뜻한다. 색으로는 붉은색이며 5월을 의미하고 음양(陰陽)으로는 양(陽)에 해당된다. 세시풍속으로 정월 첫 말날[馬日]을 길일로 여겨 고사를 지내거나 장을 담근다. 오일에 장을 담그는 것은 말이 좋아하는 콩이 장의 원료이고 또 말의 피처럼 장의 빛깔이 진해야 맛이 달고 좋다고 믿기 때문이다. 오일은 12일마다 돌아온다.

* 음양오행에 따르면 동쪽은 봄과 귀신을 물리치고 복을 부르는 청색을, 서쪽은 가을과 결백과 진실 순결을 뜻하는 흰색을, 남쪽은 여름과 창조와 적극성 그리고 가장 강한 벽사의 의미를 가진 적색을, 북쪽은 겨울과 인간의 지혜를 관장하는 검정색을 뜻한다.

구수하고 쌉쌀한
토속적인 향취와 맛

보리 식초(대맥초) 빚기 1
(大麥酢方 1)

　대맥(大麥)은 보리를 뜻하고 소맥(小麥)은 밀을 뜻한다. 대초가 〈정조지〉 식초의 첫 식초로 좁쌀 식초를 대표한다면 대맥초는 보리 식초를 대표한다. 음력 7월 7일 한여름의 뜨거운 기운을 담아서 빚어야 하는 식초다. 거친 보리밥을 잘 퍼지도록 지은 다음 온기가 있을 정도로 식혀서 누룩, 물과 섞어서 함께 항아리에 담고 고무래로 충분히 휘저은 다음 면 보자기로 덮는다. 3일 뒤 적당히 발효되면 흰 골마지가 생기지 않도록 밑바닥까지 골고루 힘차게 저어주는데 너무 열심히 젓다가 머리카락이 독 안으로 들어가지 않도록 주의하라고 한다. 머리카락이 들어가면 식초가 상하는데 지금은 머리를 자주 감지만 옛날에는 머리를 자주 감지 못했기 때문에 머리카락에 오염되었기 때문이라는 생각이 든다. 다시 좁쌀밥을 넣고 고무래로 저은 뒤 식초의 맛이 쓰면 좁쌀밥을 추가하는데 이는 당화액을 늘려서 알코올 발효를 왕성하게 하기 위함이다.

문 근처에 둔 항아리

보리 식초는 산도가 강하기 때문에 숙성시켜서 먹는 것이 좋은데 진흙으로 봉한 항아리에 넣으면 몇 년을 두어도 상하지 않는다고 한다. 보리 식초(대맥초)는 구수한 보리를 주장으로 쌉쌀한 조가 감초 역할을 해서인지 토속적인 향취가 잘 살아 있다. 약간 거친 맛이 나지만 숙성과정을 거치면서 순하고 부드러운 맛으로 변한다.

재료 보리 2되, 밀누룩 2되, 물 6되, 좁쌀 1홉 반
도구 가시나무, 고무래

방 안의 문 근처 가장자리에 항아리를 둔다.
누룩과 물을 섞어서 항아리에 담고, 보리를 키질하여 깨끗이 일어 보리가 푹 익도록 보리밥을 짓는다. 보리밥을 주걱으로 추켜올려가면서 사람의 체온 정도로 식힌 다음 독에 넣는다. 고무래로 휘저은 다음 면 보자기로 항아리를 덮었다가 3일 뒤쯤 식초 위에 산막이 생기면 가시나무로 식초의 바닥까지 자주 저어 준다.
6~7일 뒤에 푹 익도록 좁쌀밥을 지어 사람 체온 정도로 식혀서 항아리에 넣고 면 보자기로 덮어두었다가 3~4일 뒤에 찹쌀밥이 삭았는지 확인하고 맛이 달지 않으면 다시 좁쌀밥을 더한다. 14일 뒤에는 먹을 수 있을 정도가 되고 21일 뒤에는 잘 익은 식초가 된다.

신맛의 신세계를 두드리다

보리 식초(대맥초) **빚기 2**
(大麥酢方 2)

보리로 산국을 만드는데 산국 중 황의를 만들어 식초를 빚는 방법이다. 식초에 부드러운 맛과 보리밥의 당화를 촉진시키는 아밀라아제를 얻기 위해 삶은 보리밥에 밀가루를 입힌다. 볶은 보리로 지은 밥을 넣어 구수한 향미와 안정적인 초산 발효를 이끌어낸다. 상상의 한계를 넘어선 큰 사건이다. 특히 보리는 다른 곡물보다 볶았을 때 극적으로 변하기에 더욱 그렇다. 밥을 짓는 내내 보리차를 끓일 때 나는 구수한 향기가 진동을 해 식초가 어떤 맛을 낼 것인지 짐작된다. 맛을 예상하는 것이 실망을 줄 수도 있지만 구수함이 너무도 강렬하였다. 구운 보리 냄새가 나는 구수한 보리 식초라…. 식초의 산미와 구운 보리 맛이 어떤 조화를 이룰까? 파아란 보리밭이 떠오르다가 배고픔을 이기지 못하고 이제 막 익기 시작한 보리를 구워 먹던 입에 꺼멍이 묻은 소년들이 떠오른다. 밀가루를 묻히고 동글동글해졌던 보리밥도 누런 황의(黃衣)를 걸치고 누워 있다. 볶은 보리로 만든 밥과 밀가루를 섞어 띄운 산국에 물을 붓고 고루 저어서 면 보자기로 덮은 뒤 21일 뒤에 열어 보았다. 시큼함에 담긴 진하고도 구수한 향기가 친밀하게 느껴진다. 옅은 간장 빛깔이라 신 향기가 없다면 간장으로 착각할 것 같다. 쌀 식초가 익숙한 맛이라면 보리 식초는 칼칼함과 어우러진 구수함이 맛의 신세계를 선물한다.

재료 볶음용 보리 1되, 보리밥용 보리 1되, 흰 밀가루 6홉, 물 6되, 닥나무 잎 30장

준비된 보리 용량의 반을 나누어 누렇게 볶아 물에 하룻밤을 담갔다가 불은 보리로 밥을 짓는다. 이 보리밥을 흰 밀가루와 고루 섞은 다음 자리를 펴고 골고루 펼쳐 닥나무 잎으로 덮어두었다가 누런 곰팡이가 피면 햇볕에 말린다.
남겨둔 보리를 누렇게 볶고 물에 하룻밤 담갔다가 밥을 하여 따뜻한 곳에 펼친 다음 앞에 만들어 둔 보리 황자와 골고루 섞어 항아리에 담고 꼭꼭 눌러 두었다가 물을 넣고 골고루 섞은 다음 뚜껑을 밀봉한다.

*닥나무 잎 〈정조지〉에는 식초를 담그는 데 필요한 다양한 도구들이 등장하는데 그중 닥나무 잎이 가장 인상적이다. 닥나무 잎은 저엽(楮葉)이라고도 하는데 따뜻하고 맛은 평하며 독이 없어 떡이나 술을 만들어 먹었다. 닥나무 잎에는 모싯잎과 같은 풀 향과 더불어 플라보노이드 (Flavonoid), 글리코사이드(Glycoside), 페놀류(Phenols), 유기산 등이 있으며 피를 통하게 하고 수종, 출혈 등에 효과가 있다. 닥나무로 만든 술은 닥주, 저주(楮酒), 딱술이라고 한다. 닥나 무 술은 익힌 구멍떡을 누룩과 같이 반죽하여 밑술을 만든 뒤 닥나무 잎을 바닥에 깐 바가지에 넣고 닥나무 잎으로 덮은 다음 발효시켜 멥쌀 고두밥으로 덧술을 만들어 추가 발효시켜서 먹는 술이다. 이 닥나무 술을 초산 발효시키면 닥나무 식초가 된다.

냉정과 열정이 낳은 　　　　　　우리나라의 가을보리 식초 만들기
　　　　　　　　　　　　　　　　　　　　　　　(東國秋麰醋方)

　　동국추모초방(東國秋麰醋方)은 우리나라의 가을보리로 식초를 만드는
방법이다. 보리는 씨를 뿌리는 시기에 따라 봄보리와 가을보리로 나뉜다. 봄
보리는 이른 봄에 씨를 뿌려 첫여름에 거두는 보리이며 가을보리는 가을에
씨를 뿌려 겨울을 나고 이듬해 수확하는 보리다. 추운 겨울을 견뎠기에 수
확량도 많고 맛도 좋다. 거칠게 찧은 가을보리쌀에 누룩을 섞은 다음 팔팔
끓인 물과 섞는다. 팔팔 끓인 물에 누룩으로 버무린 보리쌀과 창포 뿌리를
넣고 기름종이로 항아리를 봉하여 청색 보자기로 덮은 다음 쑥을 덮는다.
다음날 쑥에서 나오는 열기로 항아리가 제법 따뜻하다.
　　〈정조지〉 속의 식초들 중 뜨거운 물을 이용하거나, 식히지 않은 고두밥
으로 식초를 빚을 때는 항아리 입구를 밀봉하여 발생된 수증기가 안에 갇
히게 해 수분의 손실을 막는다. 동국추모초방도 기름종이, 청색 보자기로
입구를 봉하고 열을 내는 쑥을 덮어 온도를 올려서 보리의 찬 성분을 돋워
주고 섬유질이 풍부하고 수분이 적은 보리의 발효를 돕는다. 창포 뿌리가
약간 쌉쌀한 맛과 시원하면서 우아한 향기가 있어 구수한 맛의 보리와 묘
한 어울림을 낸다. 찬 성질을 가진 보리에 따뜻한 성질의 창포가 더해져 맛
의 조화뿐 아니라 음양의 조화도 같이 이루어졌다. 동국추모초방은 고체
배양법이므로 물을 넣어 걸러야 하는데 원전에는 생략되어 있다.

재료 가을 보리쌀 1되, 누룩 반 되, 물 1/10동이, 창포 뿌리, 소주
도구 청색 보자기, 쑥

가을보리를 거칠게 찧어서 푹 익히고 누룩을 부수어 푹 익힌 거친 보리밥과 함께 잘
섞는다. 물을 팔팔 끓여 보리밥과 누룩을 함께 잘 섞어 항아리에 담고 기름종이로
항아리 입구를 봉한 다음 그 위에 청색 보자기를 두른 뒤 쑥을 덮는다.
21일이 지나면 식초로 쓰는데 식초 1잔을 쓰면 다시 맛있는 술 1잔을 더한다.
식초에 창포 뿌리를 더하면 더욱 좋다.

* **창포 뿌리** 창포는 천남성과에 속하며 꽃이 예쁜 꽃창포는 약효가 없고, 약효가 있는 창포는 석창포라고 한다. 석창포의 꽃은 여물기 전의 옥수수가 연상되는 볼품없는 꽃이다. 창포 뿌리는 눈을 밝게 하고 소화액의 분비를 촉진하며 식욕을 증진시킨다. 진정 작용이 뛰어나 스트레스와 만성피로에 좋으며 기관지염과 열성질환에도 창포 뿌리가 쓰인다. 단옷날에는 창포물에 머리를 감고 뿌리를 깎아 비녀로 꽂는 풍습이 있는데 창포물은 머리카락에 윤기를 주고 비듬이나 피부병을 예방한다.

농밀하지만 산뜻한, 우아하지만 발랄한

밀식초(소맥초) 빚기 1
(小麥醋方 1)

밀밥을 지어 항아리에 넣고 입구를 단단히 밀봉한 다음 7일 뒤 막걸리를 부어 밀밥과 막걸리의 비율만 맞춘다면 누구나 만들 수 있는 식초다. 누룩을 넣지는 않지만 밀과 막걸리의 어울림이 좋은 식초를 만들기에 부족함이 없을 것 같다. 밀식초1의 존재를 모를 때에는 주재료에 막걸리를 더해 식초를 빚는 방법에 대한 정통성에 대해 의문을 품곤 하였다. 전통식초를 만들기가 번거로운 사람들이 편하게 식초를 만드는 편법이라고 생각했는데 밀식초1로 인해서 이런 나의 생각이 완전히 잘못되었다는 것을 알게 되었다. 〈정조지〉 속 옛 선인들의 식초를 빚는 창의적인 방법을 통해 좁은 창으로만 바라보던 '식초'에 대한 옹졸한 시각이 달라지게 되었다. 항아리 속에서 7일을 보낸 밀이 삭아서 달콤한 냄새와 시큼한 냄새가 나는 흰 곰팡이가 피어올랐다. 곰팡이 밥에 초산 발효를 주도할 막걸리를 부었다. 입구를 헐겁게 하여 15일을 발효시켰는데 항아리에서 달콤하고 진한 꽃향기가 풍겨난다. 너무나 쉽게 만든 밀식초의 달콤한 꽃 향기에 깜짝 놀라고 꽃향기에 감추어진 강한 산도에 또 놀란다. 쌀 식초가 가볍고 깔끔하다면 밀식초는 맛이 진하지만 무겁지 않고 깊지만 부드럽다. 밀이라는 곡물의 장점이 가장 극명하게 잘 살아난 식초가 밀식초1이다.

재료 밀 2되, 막걸리 24L

밀로 밥을 지어 항아리에 넣고 천으로 밀봉하였다가 7일 뒤에 막걸리를 부어 준다.

위엄과 상서로운 기운이 담긴

맥황초(麥黃醋) 만드는 법
(小麥醋方 2)

맥황초는 밀 흘임누룩으로만 빚는 식초다. 3일간 물에 담가 놓은 밀은 흐물거리기는 하지만 끈적이는 글루텐 성분은 아직 우러나지 않았다. 닥나무 잎으로 밀밥을 덮으며 습도와 온도를 올려 주기도 하지만 닥나무 잎에 붙어 있는 곰팡이 포자나 효모가 누룩에 안착하여 누룩균을 번식시킨다. 찐 곡물로 산국을 만들 때 잡균이 더 많이 번식했던 경험이 있어 조금은 불안한 마음으로 밀밥을 갈대자리에 펼친다. 병국은 느리게 발효되지만 산국은 짧은 시간에 발효되기 때문에 잡균의 성장 속도도 빠른 것 같다. 이불을 펼친 것 같은 산국에 누룩꽃이 더 잘 될 것이라고 생각했는데 이는 큰 오산이었다는 것을 〈정조지〉를 복원하면서 깨닫게 되었다. 활짝 피어나기를 원하는 황국균이 30도 정도의 온도에서 가장 활발하기 때문에 온도를 유지

하는 것이 중요하다. 맥황초는 밀밥으로 만든 산국에 익힌 곡물을 더하지 않고 물만 부어서 만든다. 따로 고두밥을 넣지 않아서인지 맥황초의 맛은 밍밍하여 간이 맞지 않는 듯한 것이 특징이다.

맥황초라는 이름으로 누런 황색을 강조하였다. 중국에서는 황하강의 물이 누런색이므로 누런 황색은 상서로운 색으로 여긴다. 오행에서도 황색은 중앙을 뜻하며 황제와 황실을 나타낸다. 앞 장에서 빚은 밀식초1이 누룩을 넣지 않고 빚기 때문에 누런색이 약하고 다음 장에 나오는 민간에서 빚는 밀식초도 누렇지는 않지만 맥황초는 누런빛이 진하다.

재료 밀 2되, 물 3.7L, 닥나무 잎 30장
도구 삿자리

밀을 깨끗이 일어 3일간 담가 두었다가 건져 낸 다음 물기를 말리고 푹 쪄 따뜻한 곳에 펴 놓은 갈대자리 위에 밀밥을 펴 놓고 닥나무 잎으로 덮는다. 3~5일 사이에 누런 곰팡이가 피면 닥나무 잎을 제거하고 햇볕에 말린 다음 깨끗이 키질해서 항아리에 넣고 주먹 하나가 들어갈 정도의 높이로 물을 부은 다음 골고루 섞는다. 49일이면 익는다.

가벼운 꽃향기에 담긴
새침한 새콤함

밀식초(소맥초) 빚기 3
(小麥醋方 3)

밀 1되[斗]를 푹 찐 다음 끓인 물과 누룩을 넣어서 만드는데 조리법이 자세하지 않아 〈정조지〉 속의 다른 식초 조리법을 참고하여 만들었다. 밀을 흐물흐물하게 찌기 위해서 하루를 담가 두었다. 곡물을 죽처럼 만들어 뜨거운 물과 섞는 방법은 대체로 밀봉하여 만들기 때문에 뜨거운 밀밥을 넣은 다음 항아리를 밀봉하였다. 배양액이 질척할 정도라 발효력이 왕성할 것 같다. 식초 항아리를 부엌의 부뚜막에 올려 두고 밀식초를 발효시켰다. 민간의 식초처럼 소량으로 빚기 적합한 방법이다. 식초를 다 쓰면 술을 부어 초산 발효를 하여 식초를 다시 만들어 내게 하는데 아마 누룩과 밥도 더 추가하였을 것이다. 누룩이 많이 들어가면 당화와 알코올 발효는 활발하지만 술맛이 탁하여 좋은 식초가 나오지 않는다. 밀식초3은 곤죽이 된 밀밥이 서김 역할을 하기 때문에 누룩은 적게 넣어도 된다. 식초에서 가벼운 꽃향기와 새침한 새콤함이 조화를 이룬 매력이 넘치는 식초다. 이 식초를 만드는 방법은 쉽다고 하였는데 정말로 쉽다.

재료 밀 1되, 끓인 물 1사발, 누룩 두 줌, 좋은 술 5.5L

밀 1되[斗]를 떡이 될 정도로 흐물흐물하게 쪄 뜨거울 때 항아리 안에 넣고 밀봉하여 7일을 둔다. 끓인 물과 누룩, 술을 합한 다음 항아리에 붓는다.

강한 생명력을 지닌
쑥 향을 품은 식초

밀식초4는 사계절 내내 만들 수 있는 방법으로, 밀로 죽을 끓인 다음 다시 밀밥을 지어 누룩과 합하여 식초를 빚는 방법이다. 밀죽과 밀 고두밥 그리고 검게 그을린 누룩과 쑥으로 만들어 맛이 상당히 풍부한 식초가 나올 것 같다는 생각이 빚기 전부터 든다. 밀식초4는 밀을 죽처럼 삶아 조직을 연화시켜 당화와 알코올 발효를 촉진하고 밀밥을 따로 하여 누룩을 더해서 병행 복발효를 지속적으로 유도하는 특징이 있다. 또 그냥 물이 아니라 밀죽을 끓인 물을 추가하여 농축된 진한 신맛을 내도록 한다. 누룩을 불에 그을려 꽂아 두면 당화와 알코올 발효가 끊임없이 일어나게 되고 식초는 맛을 유지하게 된다. 밀식초4는 반드시 복숭아 나뭇가지로 젓는 정성과 햇볕이 처음 드는 곳에 두는 점, 푸른 천으로 덮는 점 등으로 식초에

나쁜 기운이 접근하는 것을 막아주는 것도 밀식초4의 가치를 올려 준다. 밀식초4가 다른 밀식초보다 빠르게 식초가 되는 것은 아마도 쑥에 붙어 있는 유익균들이 발효를 촉진하는 것 같다. 밀식초4는 꽃 향은 약하지만 은은하게 감도는 쑥향이 식초 맛에 깊이를 더해 준다.

재료 밀 1되, 물 1/10동이, 밀 1사발, 누룩 1/2사발, 검게 그을린 누룩, 삶은 물
도구 복숭아 나뭇가지, 푸른 천, 쑥

밀에 물을 붓고 밀 알갱이가 흐물거릴 때까지 푹 삶아 건져내어 물기를 뺀 다음 펼쳐 놓고 식힌다. 밀을 삶은 물은 그릇에 담아 식힌다. 밀 고두밥을 지어 누룩과 섞어 항아리에 넣는다. 식혀 둔 흐물흐물한 밀밥을 넣은 뒤 밀 삶은 물을 붓는데 밀 양을 헤아려 붓는다. 물을 부은 다음 동쪽으로 뻗은 복숭아 나뭇가지로 젓는다.
푸른 천으로 항아리 입구를 싸서 아침 일찍 햇볕이 드는 곳에 둔 다음 쑥으로 항아리 위를 덮는다. 14일이 지나면 익는데 쓴맛이 나면 산막을 걷어 내고 누룩 조각을 검게 그을려 넣는다. 식초가 떨어지려 할 때 청주를 넣으면 신맛이 다시 되살아 난다.

믿을 수 없는
비릿한 콩의 변신

대소두천년식초(대소두천세고주) 빚기
(大小豆千歲苦酒方)

대소두천년식초는 콩 식초다. 번역문을 잘못 이해하고 콩을 물에 불린 다음 말려서 식초를 빚었다. 과일처럼 익히지 않고 식초를 빚은 셈이다. 자신의 잘못은 깨닫지 못하고 어차피 말린 콩인데 물에 불려야 하는지 이해가 되지 않았다. '콩의 비릿함이 식초와 어울릴까?', '식초가 되기는 할지……' 여러 걱정이 몰려왔다. 한 달 뒤 열어본 생콩 식초는 비릿함도 없을 뿐 아니라 독특한 향미가 살아 있는 연주황빛 식초가 되어 있었다. 쌀, 보리, 밀 등 곡물 지게미는 곤죽이 되지만 생콩 건지는 카랑카랑하다. 콩 식초에 대한 비관적인 생각들이 일시에 사라진다. 초콩은 따로 담그지 않아도 되니 꿩 먹고 알 먹는 식초라고 흐뭇해하다가 나의 잘못을 알아채게 되었다. 콩을 물에 불린 다음 쪄서 말린 뒤 식초를 빚었다. 술을 붓자 오그라들었던 콩이 통통해진다. 완성된 대소두천년식초의 첫 맛은 강한 신맛으로, 고소함이 긴 여운처럼 남는 독특한 풍미에 놀란다. 같은 시기에 담근 식초들이 변질되기도 하는데 대소두천년식초는 시간이 흐를수록 맛, 향, 색이 깊어져 또 한 번 놀라움을 준다. 콩지게미는 갈아서 요거트와 함께 섞어 먹었다. 생콩이든 찐 콩이든 대소두천년식초는 꿩 먹고 알 먹는 식초다.

재료 대두 800g, 청주 3L, 막걸리 0.5L

말린 대두를 깨끗이 씻어서 물에 불린 다음 햇볕에 쬐어 바짝 말린다. (상황에 따라서 따뜻한 방바닥이나 부뚜막에 말린다.) 바싹 마른 대두는 항아리에 담고 술을 붓는다.

노을빛이 그려낸
절대적인 맛의 향연

술지게미식초(조초) 빚기 1
(糟醋方 1)

〈정조지〉 속의 식초는 대부분 삼복더위에 만드는 식초지만 술지게미식초1은 봄에 만드는 식초다. 술지게미는 효소가 풍부하고 영양소가 살아 있어 독특한 향미와 맛을 낸다. 술지게미의 알코올 도수는 6~7도이며 산과 당분, 알코올이 있어 식초 발효의 조건을 갖추고 있다. 보통은 초산균의 유입을 위하여 면 보자기로 덮고 휘저어 주어 초산 발효를 촉진하지만 술지게미식초1은 진흙으로 밀봉한다. 술지게미식초 배지가 질척거리는 농도와 밀봉하여 발효시키는 것이 정통 발사믹식초와 같다. 밀봉하여 식초를 빚는 경우는 당화가 필요 없거나 배양액이 발효의 조건을 일부 갖추었을 때이다. 술지게미식초는 실패 가능성이 거의 없는 식초지만 불안하다면 물 대신 막걸리를 넣어 주면 좋다. 술지게미식초는 병행 복발효로 만들어지므로 항아리는 70~80% 정도만 채워 술지게미식초를 만드는 효소, 효모, 곰팡이, 초산균을 만족시키도록 한다. 술지게미식초1의 맛은 막걸리 식초보다 향미가 진하지만 맛은 섬세한 극적인 식초. 요즘은 술지게미를 갈아서 술에 넣는다고 하는데 우연히 들른 주조장에서는 술지게미를 버린다고 한다. 술에 넣는 것, 술지게미를 버리는 것 둘 다 아니다. 태양을 삼킨 저녁 노을빛이 감도는 '술지게미식초'를 만드는 것을 추천한다.

재료 봄에 나온 술지게미 4되, 술지게미 거른 물 5되, 뜨거운 좁쌀밥 10되, 물 15L

술지게미에 물을 붓고 덩어리가 없도록 손으로 으깬 다음 3일 뒤에 술지게미를 눌러 즙을 짜낸다. 술지게미즙에 뜨거운 좁쌀밥을 넣고 항아리에 부어 진흙으로 밀봉한다.

진짜배기의 영양과 맛을 담은   술지게미식초(조초) 빚기 2
(糟醋方 2)

   술지게미식초2가 사계절 만들 수 있는 식초라 반갑다. 밀과 쌀의 영양성분을 고루 간직한 밀기울과 쌀겨의 풍미가 녹은 식초라서 마음까지 꽉 차오른다. 쌀겨와 밀기울에는 영양이 풍부한 배아가 함유되어 있고 효모도 풍부한 데다 거칠게 분쇄되어 있기 때문에 왕성한 표면 발효를 유지할 수 있다. 술지게미는 계절마다 같은 양이지만 쌀겨와 밀기울은 발효가 더딘 겨울에는 많이 넣어 발효를 촉진시키고 여름에는 적게 넣어 과발효를 방지한다. 여름에는 배양액이 약간 질척하고 겨울에는 수분이 없이 단단하다. 액체배지보다 고체배지 환경에서 발효가 왕성하다.

   술지게미식초2는 물을 따로 첨가하지 않는 것이 지금까지 빚은 식초는 물론이고 술지게미식초1과도 구분이 된다. 술지게미식초2는 세 번 모두 산도가 낮아 물을 넣고 거를 수가 없었다. 즉, 실패하였다. 〈정조지〉에 12월에 나온 술지게미라고 하여 양력 2월 초순경에 나온 술지게미를 사용하였고 쌀겨와 밀기울은 유기농이라 재료에는 문제가 없었다. 온도가 낮았던 것 같아 전기장판을 깔고 덮어주고 쌀겨와 밀기울은 3일간 불리고 술지게미가 약한 것 같아 막걸리를 더해 주었다. 더 이상은 없다는 각오로 정성을 들였다. 향긋한 술지게미 향내가 솔솔 피어오르다가 시큼함으로 바뀐다. 먹어봤을 때 몸이 움츠러들 정도의 산도가 나왔다. 뜨거운 물을 배양액에 부어서 식초를 걸렀다. 뜨거운 물로 샤워를 한 배양액이 누르스름한 신물을 남긴다. 신맛 속에 담긴 다양한 풍미는 누룩으로 만든 식초보다 섬세하다.

재료 12월에 나온 술지게미 1말, 물에 불린 거친 쌀겨 3되, 밀기울 2되(여름)

12월에 나온 술지게미 1말, 물에 불린 거친 쌀겨 4되 반, 밀기울 2되(봄·가을)

12월에 나온 술지게미 1말, 물에 불린 거친 쌀겨 5되, 밀기울 3되(겨울)

술지게미에 물에 불린 쌀겨와 밀기울을 모두 섞은 다음 배지를 따뜻한 곳에 두고
하루에 한두 차례 저어 준다. 신맛이 나면 체에 걸러 병에 담아 보관한다.

돌아갈 수 없는 고향 같은

밀기울식초(부초) 빚기
(麩醋方)

밀기울로 산국인 황자를 만들어서 식초를 빚는 방법이다. 밀기울을 물로 반죽하여 주먹 크기로 만든 다음 쪄서 닥나무 잎을 덮어 두었다. 3일 만에 닥나무 잎을 젖히는데 밀누룩에서 나오는 열기에 나도 모르게 움찔한다. 누런 밀기울에 보송보송 솜털이 병아리 날갯죽지 아래 털처럼 부드럽다. 처음에는 하얀 솜털이었는데 시간이 흐르자 누런 밀색으로 변한다. 밀기울 누룩은 햇볕에 말려서 쌀과 밀기울을 섞어 찐 밥과 함께 항아리에 넣고 섞은 다음 물을 넣고 휘저었다. 밀기울식초는 항아리 구멍만 하게 오린 삿자리(갈대자리)의 가운데를 네모지게 오려 낸 다음 풀로 짠 포를 덮는다. 삿자리를 덮은 다음 항아리와 접하는 가장자리는 모두 풀로 봉하고 삿자리 가운데의 네모난 풀포는 3면은 풀로 붙이고 한 면은 여닫을 수 있도록 붙이지 않는다. 이 풀포를 창문처럼 열고 막대를 넣어 저어 주는데 삼복의 땡볕에 한 달간 쬐여야 한다. 비가 오면 날을 더 늘려야 한다. 낮에는 타오르는 햇볕에 자신을 태운 탓인지 밀기울식초의 양은 반으로 농축되었고 식초의 향기에 날아든 초파리와 파리, 벌 등이 식초 속에 빠져 있다. 금방 식초 항아리에 빠진 듯한 벌 한 마리가 기를 쓰고 기어 나오다가 힘이 빠졌는지 다시 미끄러진다. 이를 목격한 사람들이 먹을 수 없다며 호들갑을 떤다. 식초를 끓이기 때문에 아무 문제가 없는데 웬 호들갑인지 모르겠다. 원효대사의 일화가 생각난다. 밀기울식초는 현대의 오염된 환경 탓인지 아니면 나의 정성이 부족해서인지 식초로서의 가치는 별로 없었다. 신맛도 깔끔하지 않고 뒤숭숭할 뿐 아니라 약간 시금털털하다. 두 번을 더 만들어도 결과는 마찬가지다. 이 식초는 현대에는 맞지 않지만 첫 식초를 짜고 난 지게미를 이용하여 식초 만드는 방법을 소개하는데 다른 식초지게미도 이 방법을 활용하면 좋을 것 같다.

재료 밀기울 5되(황자용), 밀기울 5되(고두밥용), 물 1되 반(황자 반죽용), 묵은쌀 1되 반, 볶은 밀 2컵, 물 20병

도구 닥나무, 삿자리, 풀로 만든 천, 풀을 태운 재

밀기울에 물을 넣어 단단한 덩어리가 될 정도로 반죽하여 시루에 찐다. 찐 반죽을 닥나무 잎으로 덮어서 발효를 시킨다. 2일 뒤에 찐 밀기울에 곰팡이가 피어오르면 모아서 덮개로 덮어 하룻밤을 둔다.

밀기울 황자는 햇볕을 쬐어 말리고 물에 하룻밤 불린 묵은쌀은 밀기울과 고루 섞어 밥을 하여 식힌다. 밀기울 황자와 밀기울밥을 골고루 섞어 항아리에 담고 물을 부어 휘저으며 골고루 섞은 다음 삿자리로 만든 풀포를 덮고 햇볕을 쬐인다.

풀포를 열고 막대기를 넣어서 3일간 휘젓는데 삼복에는 1달간 햇볕을 쬐고 날이 흐리면 날에 따라 햇볕 쬐는 일수를 늘린다.

식초가 완성되면 걸러 솥에 넣고 팔팔 끓인 다음 병에 담고 볶은 밀 한 줌을 넣어 종이로 두껍게 봉한 다음 종이 위에 풀을 태운 재를 올린다.

* 누룩에 수분이 많으면 곰팡이의 생장 조건이 좋아서 곰팡이가 누룩의 겉에만 촘촘하게 피고 균사가 누룩 속까지 파고들어가지 못한다.

두초를 거르고 난 술지게미로 식초 빚기

재료 밀기울식초지게미, 밀기울누룩, 끓인 물

끓여서 식힌 물을 준비하고 밀기울누룩과 밀기울식초지게미를 골고루 섞는다.
물을 더해서 골고루 섞다가 밀기울식초와 같은 방법으로 봉하는데 3일은 반드시 막
대로 휘저어 준다.

거침과 부드러움의 합주

쌀겨식초(강초) 빚기
(造糠醋方)

　쌀겨와 술지게미의 협업으로 만들어낸 식초이기 때문에 풍성한 맛이 날 것 같다. 쌀의 가공 과정에서 버려지는 거친 쌀겨와 자신의 임무를 다한 부드러운 술지게미의 합주는 '썩 괜찮은 식초'에 대한 기대를 갖게 한다. 술지게미 물에 쌀겨를 더하는데 발로 밟아도 될 만큼이라는 표현은 과장되었다. 배지를 발로 밟으면 푹~ 하고 꺼진다. 이틀 뒤에는 항아리에서 열이 나기 시작하는데 따뜻한 온기가 느껴지는 정도였다. 뜨거우면 식초가 시어버리기 때문에 다른 항아리에 부으라고 하였는데 찬물에 항아리를 담그는 것으로 해결해도 될 것 같다. 어렵게 만든 쌀겨식초는 향은 부드럽지만 산도가 낮아서 식초로서 가치가 없다. 여러 번 시도를 해봐도 결과는 같다. 궁여지책으로 금방 거른 싱싱한 술지게미에 막걸리의 가라앉은 액을 넣고 물의 양은 늘리지 않고 발효시켰다. 항아리를 꼼꼼하게 밀봉한 뒤 3주 만에 열었더니 식초라고 부를 수 있는 우아한 향미를 겸비한 식초가 되어 있었다. 식초에 새로 거른 술지게미를 더하면 더할수록 식초의 맛은 강해지지만 술지게미로 인해서 향은 배가된다. 술지게미로 담그는 식초는 누룩으로 만드는 식초에서 느껴지는 잡향이 나지 않는다. 보존성과 향미를 위해 천초를 넣었다. 천초의 향이 싫다면 귤피도 잘 어울릴 것 같다. 쌀겨식초는 가열하는 음식보다는 식초가 주인공인 초밥에 잘 어울릴 것 같다.

재료 술지게미 20근, 물 1담(1석(石)), 쌀겨 적당량

술지게미에 물을 넣고 하룻밤 담갔다가 문드러질 때 골고루 뒤섞는다.
(만약, 금방 거른 술지게미라면 물의 양을 50% 늘려준다.)
술지게미 물에 반죽이 단단할 정도로 쌀겨를 넣고 고르게 눌러서 독 속에 넣는데
독에 가득 차면 쌀겨를 올리고 항아리 입구를 돗자리로 덮었다가 열이 나면 다른 항
아리에 붓는다.
다른 항아리로 옮길 때마다 반드시 단단하게 밟아주고 식초가 되면 끓인 물을 부어
첫 식초를 거르는데 거르고 난 술지게미로 같은 과정을 반복한 뒤 식초가 되면 다시
끓는 물을 부어서 식초를 완성한다.
식초를 아주 시게 하려면 첫 식초를 끓인 다음 새로 거른 술지게미를 넣고 식초를
빚으면 신맛이 아주 강한 식초가 만들어지고, 두 번째 거른 식초도 팔팔 끓여 새로
거른 술지게미를 넣고 발효시키면 좋은 식초가 되는데 식초를 다시 거르면 더 시어
진다. 식초가 완성되면 식초에 천초를 넣고 진흙으로 막는다.

곡물로 빚은 식초

《임원경제지》〈정조지〉 권6 미료지류(味料之類) 식초[醋]편

조로 빚은 식초

총론

식초[醋]는 소금기가 있고, 맛은 시다. 옛날에는 '초(酢)'라 했고, 지금은 '초(醋)'라 한다. 민간에서는 '고주(苦酒)'라 하고, 단가(丹家, 선가)에서는 '화지(華池)'라 한다. 맛을 돋우는 같은 사물이지만 이름은 여럿이다. 옛사람들은 매실 식초만을 먹었는데, 후세에 와서 쌀·보리·쌀겨·술지게미·과일·라류(蓏類)를 써서 빚는다. 음식의 독을 조치(措置)하는 효능이 있기 때문에 '초(醋)'라 한다.《옹치잡지》

總論

醋, 鹼也, 酸也. 古謂之"酢", 今謂之"醋", 俗謂之"苦酒", 丹家謂之"華池", 左味一物而數名也. 古人但食梅酢, 後世用米麥、糠糟、菓蓏 釀成之. 爲其有措置食毒之功, 故謂之"醋".《饔饎雜志》

대초(大酢) 빚기(대초방)

【주 초(酢)는 지금의 초(醋)이다. 일반적으로 식초 독 아래에는 모두 벽돌을 놓아서 습기로부터 떨어뜨려야 한다】

대초(大酢) 만드는 법 : 7월 7일에 물을 떠서 만든다. 대체적인 비율은 맥혼(麥䴷) 20승(까부르지 말 것), 물 30승, 좁쌀 찐 밥 30승으로 한다. 펼쳐서 식힌 다음 독의 크기에 따라 정해진 비율로 가득 채울 때까지 더한다.

먼저 맥혼을 넣고 다음은 물을 넣고, 다음은 밥을 넣는데, 바로 그대로 놓아두고 휘젓지 않는다. 면으로 독아가리를 막고 칼을 뽑아 독 위에 가로질러둔다. 7일 뒤 아침에 정화수 1사발을 더하고, 21일 뒤 아침에 또 1사발을 더하면 식초가 곧 익는다. 항상 표주박 1개를 두고 초를 뜬다. 만약 물기가 있는 그릇을 독 안에 넣으면 초맛이 상한다.《제민요술》

大酢方

【注 酢, 今醋也. 凡酢甕下, 皆須安磚石以離濕潤】

作大酢法 : 七月七日, 取水作之. 大率麥䴷二斗(勿揚簸)、水三斗、粟米熟飯三斗, 攤令冷, 任甕大小, 依法加之, 以滿爲限.

先下麥麵, 次下水, 次下飯, 直置勿攪之. 以綿幕甕口, 拔刀橫甕上. 一七朝, 著井花水一碗, 三七日朝, 又著一碗, 便熟. 常置一㼝瓢以挹酢. 若用濕器內甕中, 則壞酢味也.《齊民要術》

차좁쌀신초(秫米神醋) 빚기(秫米神醋方)

7월 7일에 만들어 독을 방 안에 둔다. 대체적인 비율은 맥혼 10승, 물 1석, 차좁쌀 30승이다. 차좁쌀이 없으면 찰기장도 쓸 수 있다. 독의 크기에 따라 거의 가득 채울 때까지 넣는다.

먼저 물을 헤아리고 맥혼을 다 가라앉힌 다음 쌀을 깨끗이 인다. 밥을 짓고 뜸을 2번 들인 다음 펼쳐서 식힌다. 식힌 밥을 잘게 나누고 부수어서 덩어리가 지지 않게 한다. 한꺼번에 넣어 빚고 다시 거듭 넣지 않는다. 또 손을 독 안에 넣어 작은 밥덩어리를 쥐어 부수고, 거세게 휘저어 섞는다. 죽처럼 되어야 멈추고, 면으로 독아가리를 막는다.

7일 뒤에 1번 휘젓고, 14일 뒤에 1번 휘젓고, 21일 뒤에도 1번 휘젓는다. 1개월 뒤에는 다 익는다. 10석들이 독이라면 앙금이 50승을 넘지 않아야 한다. 이 차좁쌀신초를 여러 해 동안 두어 오래되면 효험이 있다. 그 쌀뜨물은 곧 쏟아버려서 개나 쥐가 먹지 못하게 하고, 찐밥도 사람이 먹지 못하게 한다.《제민요술》

또 다른 법 : 또한 7월 7일에 물을 뜬다. 대체적인 비율은 맥혼 10승, 물 30승, 좁쌀밥 20승이다. 독의 크기에 따라 가득 채울 때까지 이 비율로 넣는다. 물과 누룩곰팡이[黃衣]는 당일에 모두 넣는다.

밥은 3등분으로 나눈다. 7월 7일 처음 만들 때 밥의 1/3을 넣으면 그날 저녁에 곧 거품이 난다. 또 21일 뒤에 다시 밥을 지어 1/3을 넣고, 또 3일 뒤에 다시 1/3을 넣는다. 면으로만 독아가리를 막고 칼을 가로질러두거나 물을 더하는 일이 없게 한다. 독이 넘치려 하면 곧 시루를 독에 얹어 넘침을 막아준다.《제민요술》

秫米神酢方

七月七日作, 置甕於屋下. 大率麥麵一斗、水一石、秫米三斗, 無秫者, 粘黍米亦中用. 隨甕大小, 以向滿爲限.

先量水, 浸麥麵訖, 然後淨淘米, 炊而再餾, 攤令冷. 細擘面破, 勿令有塊子. 一頓下釀, 更不重投. 又以手就甕裏, 搦破小塊, 痛攪令和, 如粥乃止, 以綿幕口.

一七日, 一攪 ; 二七日, 一攪 ; 三七日, 亦一攪. 一月日, 極熟. 十石甕, 不過五斗澱. 得數年停, 久爲驗. 其淘米泔卽瀉去, 勿令狗鼠啗得食, 饙黍亦不得人啗.《齊民要術》

又法 : 亦以七月七日取水. 大率麥麵一斗、水三斗、粟米熟飯二斗. 隨甕大小, 以向滿爲度. 水及黃衣當日頓下之.

其飯分爲三分. 七日初作時下一分, 當夜卽沸 ; 又三七日, 更炊一分投之 ; 又三日, 復投一分. 但綿幕甕口, 無橫刀、益水之事. 溢卽加甑也. 同上

민간의 식초(속초) 빚기(속초방)

차좁쌀 혹은 청량미(靑粱米) 2승과 흰쌀 1승은 100번 씻어 밥을 짓고 누룩 1승을 가루 낸다. 이를 끓는 물과 섞어 미지근해지면 자기 항아리 안에 담는다. 진하게 익으면 따로 어린아이의 주먹만한 누룩덩이 3개를 불에 묻어 겉이 검게 타게 한다. 여기서 재를 털어내고 항아리 깊숙이 넣어두었다가 맛이 시큼해져야 쓴다.

쓰다가 식초가 다 떨어지려 하면 좋은 술이나 소주【후주(後酒)도 괜찮다】적당량을 붓는다. 식초가 떨어지려 할 때마다 부어주면 항상 모자라지 않게 쓸 수 있다. 만약 오래되어 시어지지 않고 오히려 술맛이 나면 밀 조금을 누렇게 그을리도록 볶아 뜨거울 때 항아리 속에 넣어준다.《증보산림경제》

俗醋方

粘粟米或靑粱米二升、白米一升, 百洗作飯, 麴一升作末, 沸湯調和, 俟微溫, 納磁缸內, 待醲熟, 另用麴塊大如小兒拳者三箇, 埋火中, 令皮焦黑, 拭去灰, 深內缸中, 味酸乃用. 用將盡, 以好酒或燒酒【後酒亦可】量宜灌之. 隨盡隨灌, 可常用不匱. 若經久不酸, 尙有酒味, 將小麥少許炒令焦黃, 乘熱投缸中.《增補山林經濟》

쌀로 빚은 식초

쌀식초(미초) 빚기(미초방)

삼복 때 묵은쌀 10승을 깨끗이 일어 밥을 찐다. 이 밥을 펼쳐서 식히고 누룩곰팡이가 피도록 뚜껑을 덮어두었다가 햇볕에 말려 까부르고 물을 뿌려 깨끗이 한다. 따로 묵은쌀 20승으로 밥을 찌고 앞의 밥과 고루 섞어 독에 넣는다. 밥이 완전히 잠기도록 독에 물을 붓고 밀봉하여 따뜻한 곳에 둔다. 21일이면 완성된다.《본초강목》

米醋方

三伏時, 用倉米一斗淘淨, 蒸飯, 攤冷盦黃, 曬簸, 水淋淨. 別以倉米二斗烝飯, 和均入甕, 以水淹過, 密封暖處, 三七日成.《本草綱目》

삼황초(三黃醋) 빚기(삼황초방)

삼복 중에 묵은쌀 10승을 깨끗이 일고 고두밥을 짓는다. 이를 고르게 펼쳐서 식으면 밥 위에 닥나무 잎을 덮는다. 또는 도꼬마리나 개똥쑥(청호)으로 덮어도 모두 좋다. 덮은 밥에 누룩곰팡이[黃衣]가 피면 밥 위에 덮은 것을 제거하고 뒤집어준다. 다음날이 되면 햇볕에 말리고 까불러서 누룩곰팡이를 제거하고 깨끗한 그릇에 거두어둔다. 다시 묵은쌀 10승으로 고두밥을 지어 햇볕에 말리고 또한 앞의 깨끗한 그릇에 거두어둔다.

추사일(秋社日)이 되면 다시 묵은쌀 10승으로 고두밥을 지어 위에서 누렇게 된 말린 밥과 고루 뒤섞어 물을 넣는다. 이때 밥 위로 손가락 4개 두께 정도의 높이로 물이 더 차도록 붓고 사백(紗帛, 명주천)으로 위를 덮는다. 49일이 지나야 식초가 익는다. 독을 움직이거나 독에 물을 더 넣지 말고 저절로 익기를 기다린다. 이 방법은 매우 빼어나다.《거가필용》

三黃醋方

於三伏中, 將陳倉米一斗淘淨, 做熟硬飯, 攤令均, 候冷定. 飯面上以楮葉蓋, 或蒼耳、靑蒿皆可. 罨作黃衣, 上去罨蓋之物, 飜轉過. 至次日, 曬簸去黃衣, 淨器收貯. 再用陳米一斗做熟硬飯, 曬乾, 亦用淨器收貯.

至秋社日, 再用陳米一斗做熟飯, 與上件黃子乾飯, 拌和均下水, 飯面上約有四指高水, 紗帛幪頭. 至四十九日方熟, 愼勿動著, 待其自然成熟. 此法極妙.《居家必用》

신선식초(선초) 빚기(선초방)

7월 7일에 정화수 30승을 독에 붓는다. 누룩가루 1승, 고리(古里)가루【6월 15일에 밀을 깨끗이 씻고 물에 7일 담갔다가 푹 찌고 꺼내어 편다. 삼 잎·닥나무 잎·여뀌 잎을 두껍게 덮고 찐다. 7일 뒤에 꺼내어 햇볕에 말려 쓴다. 민간에서는 이를 '고리(古里)'라 한다】【[안] 곧 중국의 맥황(麥黃)이다】5승을 섞어 독에 붓는다. 쌀 10승을 흐물흐물하게 쪄서 김이 다 빠져나가기 전에 독에 넣는다. 동쪽으로 뻗은 복숭아 나뭇가지로 21번 휘저은 다음 단단히 봉하고 쑥으로 뚜껑 주위를 둘러싼다.

또 다른 방법 : 7월 7일에 정화수 10병, 좋은 누룩 10승을 섞어 자기독에 넣는다. 쌀 30승을 흐물흐물하게 쪄서 김이 다 빠져나가기 전에 독 안에 넣는다. 푸른 베로 아가리를 봉하고 쑥으로 뚜껑 주위를 둘러싼 다음 해가 드는 곳에 둔다.《삼산방》

仙醋方

七月七日, 取井花水三斗注甕. 麴末一升、古里末【六月十五日, 將小麥淨洗, 浸七日, 熟烝出鋪. 麻葉、楮葉、蓼葉厚覆烝之, 七日取出, 陽乾用之. 俗呼"古里"】【[案] 卽中國之麥黃】五升, 和注. 米一斗爛烝, 不歇氣納甕. 東向桃枝攪三七度, 堅封擁艾.

又方 : 七夕, 井花水十瓶、好麴一斗, 和納磁甕. 米三斗爛烝, 不歇氣納之, 靑布封口擁艾, 置向陽地.《三山方》

쌀보리 식초(미맥초) 빚기(미맥초방)

묵은쌀 10승(묵은찹쌀도 괜찮다)을 물에 하룻밤 담갔다가 불을 지펴 밥을 짓고 펼쳐서 식힌다. 거친 누룩 20냥을 곱게 찧어 불에 말리고, 종이를 땅에 깔아 여기에 누룩을 놓고서

화기를 내보낸다. 이 누룩을 밥과 고루 섞어 깨끗한 독 안에 넣고 새로 길어 온 물 30승을 넣는다. 또 이를 고루 섞고 평평하게 누른 다음 종이를 2~3겹으로 덮어 독아가리를 밀봉한다. 이때 바람이 들지 못하게 하고, 남쪽을 향하여 둔다.

49일을 기다렸다가 열고 밀 2승을 검게 그을리도록 볶아 독 안에 넣는다. 조금 뒤에 이렇게 만든 식초를 솥 안에 넣고 끓도록 달여 병에 넣는다. 여기에 볶은 밀 1줌을 띄우면 식초가 오래되어도 상하지 않는다.

두초(頭醋)에 다시 물 15승으로 2번째 식초[第二醋]를 빚으면 10일 만에 꺼내 먹을 수 있다. 2번째 식초에 또 물 7.5승으로 3번째 식초[第三醋]를 빚으면 다시 며칠 뒤에 꺼내 먹을 수 있다. 3번째 식초로 2~3번 더 식초로 빚어서 먹고자 하면 반드시 검게 그을리도록 볶은 밀 0.5승 정도를 독 안에 넣는다. 이렇게 검은 색깔을 입히면 추가로 4번째 식초[第四醋]를 얻을 수 있다. 그 맛이 오히려 시장에 파는 것과 같으니, 이 식초의 빼어남을 말로 할 수 없다. 쌀식초 익히는 것은 대개 '밥을 짓는다.'라 할 뿐이다. 이 방법은 지은 밥을 쓰므로 식초의 성질이 평하다.《거가필용》

米麥醋方

陳倉米一斗(或糯米亦可), 用水浸一宿, 炊作飯, 攤溫冷. 麤麴二十兩擣細, 火焙乾, 以紙襯地上出火氣. 拌飯均, 放淨甕內, 入新汲水三斗. 又拌均, 摺捺平, 用紙兩三層, 密封甕口, 勿見風, 向南方安.

候四十九日開, 用小麥二升炒燋, 投入甕內. 少頃, 取醋於鍋內, 煎沸入瓶了. 上用炒麥一撮, 醋久不壞.

取頭醋了, 再用水一斗半釀第二醋, 旬日可取食之. 第二醋了, 又用水七升半釀第三醋, 更數日取食之. 第三醋了, 二三醋欲食, 須用炒燋麥半升許入甕內, 搭色, 猶可取第四醋, 味尚如街市中賣者, 此醋妙不可言. 米醋熟者, 蓋謂 "炊飯" 耳. 此法用炊米, 所以性平.《居家必用》

누룩을 사용하지 않은 식초

쌀식초(미초) 빚기(미초방)

또 다른 법 : 멥쌀 10승을 물에 담가 하룻밤을 두었다가 꺼내고 푹 쪄서 밥을 짓는다. 식으면 단지 안에 넣고 3일간 꼬챙이를 꽂아놓는다. 여기에 찬물 30근을 넣고 버드나무 가지로 매일 여러 차례 휘젓는다. 7일 뒤부터는 휘젓지 않고 1개월이 지나도록 움직이게 하지 않는다. 식초가 완성되면 지게미[糟粕]를 걸러내고 화초(花椒)와 황백을 조금씩 넣는다. 이를 2~3번 끓어오르도록 달인 다음 단지 안에 거두어 넣고 필요할 때 쓴다.《다능집》

米醋方

又法 : 秈米一斗浸過夜, 取出, 烝熟成飯, 待冷, 透入罈內, 三日串透, 入冷水三十觔, 以柳條每日攪數次, 七日後不須攪, 過一月不動, 俟其成醋, 瀘去糟粕, 入花椒、黃柏少許, 煎數滾, 收入罈內, 聽用.《多能集》

누룩 없는 식초(무국초) 빚기(무국초방)

봄가을에 관계없이 쌀 30승을 씻어 물에 3일 동안 담갔다가, 푹 쪄서 항아리에 넣으면 7일 뒤에 곰팡이가 핀다. 쌀 10승마다 끓인 물 3사발을 식혀서 붓고, 익으면 쓴다. 쓸 때마다 바로 술을 더 넣는다.《삼산방》

無麴醋方

勿論春秋, 米三斗洗浸三日, 熟烝納缸, 七日生毛. 每米一斗, 熟水三鉢放冷注之, 待熟, 用之, 隨用卽添以酒.《三山方》

7초(七醋) 빚기(칠초방)

7초 만드는 법 : 묵은쌀 50승을 깨끗이 일지 않고 물에 담가 7일을 묵힌다. 매일 물을 1번 갈아준다. 7일이 되면 밥을 지어 뜨거운 채로 바로 독에 넣은 뒤 평평하게 누르고 밀봉하여 공기가 빠져나오지 않게 한다. 3일째에는 뒤적거려 섞고 7일째가 되면 독을 열고 다시 휘저어 섞은 다음 정화수 3담(擔)을 붓고 다시 밀봉한다. 7일이 되면 1번 휘저어 다시 봉했다가, 14일이 되면 다시 휘저어주고, 21일이 되면 좋은 식초가 될 것이다. 이 방법은 매우 간편하고 쉽다.《편민도찬》

七醋方

造七醋法 : 陳倉米五斗不淘淨, 浸七宿, 每日換水一次, 至七日, 做熟飯, 乘熱便入甕, 按平封閉, 勿令氣出. 第三日, 飜轉動, 至第七日, 開再飜轉, 傾入井花水三擔, 又封閉. 一七日, 攪一遍, 再封 ; 二七日, 再攪 ; 至三七日, 卽成好醋矣. 此法甚簡易.《便民圖纂》

찹쌀로 빚은 식초

찹쌀식초(나미초) 빚기(나미초방)

추사일(秋社日)에 찹쌀 10승을 일어 찌고 6월 6일에 밀로 만든 대국(大麴)을 밥과 고루 섞는다. 물 20승을 독에 넣고 봉하여 식초를 빚는다. 21일이면 완성된다.《본초강목》

糯米醋方

秋社日, 用糯米一斗淘烝, 用六月六日造成小麥大麴和均, 用水二斗入甕, 封釀, 三七日成.
《本草綱目》

사계절병오식초(사절병오초) 빚기(사절병오초방)

병일(丙日)에 정화수 20승을 뜨고, 좋은 누룩 3승 볶은 것과 섞어 독에 넣는다. 오일(午日)에 찹쌀 10승을 흐물흐물하게 찌고 김이 다 빠져나가기 전에 독에 넣는다. 봄에는 동쪽, 여름에는 남쪽, 가을에는 서쪽, 겨울에는 북쪽으로 뻗은 복숭아 나뭇가지로 휘젓는다.《삼산방》

四節丙午醋方

丙日取井花水二斗, 好麴三升炒和, 納甕. 午日取糯米一斗爛烝, 不歇氣納之. 春東、夏南、秋西、冬北桃枝攪之.《三山方》

보리로 빚은 식초

보리 식초(대맥초) 빚기(대맥초방)

7월 7일에 만든다. 만약 7일에 만들지 못하면 반드시 7일에 길어 온 물을 저장했다가 7월 15일에 만든다. 이 두 날을 제외하면 식초가 되지 않는다.

방 안의 문 근처 안쪽 가장자리에 독을 둔다. 대체적인 비율은 밀누룩[小麥麴] 1석, 물 3석, 보리(자잘하면서 거친 것) 1석이다. 밥을 지어 먹는 용도가 아니면 거친 보리를 쓰는 것이 좋다. 이 때문에 거친 낟알을 쓴다. 보리를 키질하고 깨끗이 일어 밥을 짓는데, 밥을 2번 뜸들인다. 이 밥을 추켜올려가며 식혀서 사람의 체온처럼 조금 따뜻한 정도가 되면 독에 넣고 식초를 빚는다. 이때 고무래로 휘저은 다음 면으로 독아가리를 덮는다.

3일 뒤에 바로 발효되었을 때 자주 휘젓는다. 휘젓지 않으면 흰 골마지[白醭]가 생기고, 흰 골마지가 생기면 좋지 않기 때문에 가시나무로 바닥까지 휘저어 준다. 이때 머리카락이 독 안에 떨어지면 식초가 상할까 염려된다. 일반적으로 식초가 상하더라도 머리카락을 제거하면 다시 좋아진다.

6~7일 뒤에 좁쌀 5승을 깨끗이 인다. 이때 또한 너무 곱게 찧을 필요는 없다. 좁쌀을 2번 뜸을 들여 밥을 짓는다. 이 밥 또한 추켜올려가며 식혀서 사람의 체온처럼 따뜻한 정도가 되면 독에 넣는다. 고무래로 휘저은 다음 면으로 독아가리를 덮는다.

3~4일 뒤에 좁쌀이 삭았는지 보고, 휘저어 맛을 본 다음 맛이 달고 좋으면 그만둔다. 만약 맛이 쓰면 다시 좁쌀 2~3승으로 밥을 짓고 적당량을 넣는다. 14일 뒤에는 먹을 수 있고, 21일 뒤에는 잘 익는다. 향이 좋고 맑으며 맛이 진하니, 식초 1잔에 물 1사발을 섞어야 먹을 수 있다. 8월 중에 맑은 식초를 떠서 따로 독에 담고 동이로 덮어 위에 진흙을 바르면 몇 년을 묵힐 수

있다. 아직 익지 않았을 때는 2~3일 동안 반드시 냉수를 독 밖에 뿌려 열기를 빼낸다. 이때 이 끓이지 않은 물이 독 안에 들어가지 않도록 한다. 만약 기장이나 차좁쌀을 넣으면 더욱 좋고, 흰좁쌀이나 묵은좁쌀을 써도 된다. 《제민요술》

또 다른 방법 : 보리 20승 가운데 10승을 누렇게 볶아 물에 하룻밤 담갔다가 밥을 짓는다. 이 밥을 흰 밀가루 6승과 고루 섞어 깨끗한 방에 자리를 펴고 고루 펼친 다음 7일 동안 닥나무 잎으로 덮는다. 누룩곰팡이가 피면 햇볕에 말린다.

다시 남은 보리 10승을 누렇게 볶고 물에 하룻밤 담갔다가 밥을 하고 따뜻한 곳에 펼쳐둔다. 앞에서 만들어둔 황자(黃子, 누룩곰팡이)와 함께 섞어 넣고 항아리 안에 눌러둔다. 물 60승을 넣어 고루 휘젓고 뚜껑을 밀봉한다. 21일이 지나면 익는다. 《거가필용》

大麥酢方

七月七日作. 若七日不得作者, 必須收藏取七日水, 十五日作. 除此兩日則不成.

於屋裏近戶裏邊置甕. 大率小麥䴷一石、水三石、大麥(細造)一石, 不用作米則利嚴, 是以用造. 簁訖, 淨淘, 炊作再餾飯. 擇令小煖如人體, 下釀, 以杷攪之, 綿幕甕口.

三日便發時數攪. 不攪則生白醭, 生白醭則不好, 以棘子徹底攪之. 恐有人髮落中則壞醋, 凡醋悉爾, 亦去髮則還好.

六七日, 淨淘粟米五升, 亦不用過細, 炊作再餾飯, 亦擇如人體投之, 杷攪, 綿幕.

三四日, 看米消, 攪而嘗之, 味甘美則罷. 若苦者, 更炊二三升粟米投之, 以意斟量. 二七日, 可食;三七日, 好熟. 香美淳釅, 一盞醋, 和水一碗, 乃可食之.

八月中, 接取淸, 別甕貯之, 盆合, 泥頭, 得停數年. 未熟時, 二日、三日, 須以冷水澆甕外, 引出熱氣, 勿令生水入甕中. 若用黍、秫米投彌佳, 白、倉粟米亦得. 《齊民要術》

一方:大麥仁二斗內一斗炒令黃色, 水浸一宿, 炊熟. 以白麵六升拌和, 淨室內鋪席攤均, 楮葉蓋覆七日, 黃衣上曬乾.

更將餘者一斗麥仁炒黃, 浸一宿, 炊熟攤溫, 同和入黃子, 捺在缸內. 以水六斗均攪, 密蓋, 三七日可熟. 《居家必用》

우리나라의 가을보리 식초 만들기(동국추모초방)

5월 5일이나 7월 7일에 가을보리쌀 10승을 거칠게 찧고 푹 익힌 뒤, 부순 누룩 5승과 고루 섞는다. 동쪽으로 흐르는 물 1동이【정화수도 좋다】를 팔팔 끓인 뒤 앞의 재료와 고루 섞고 독에 담아 기름종이로 아가리를 봉한다. 그 위에 청색 보자기를 덮고 다시 쑥으로 두루 덮은 다음 21일이 지나면 쓴다.

식초 1잔을 쓸 때마다 다시 맛있는 술 1잔을 더 넣는다. 소주를 넣으면 더욱 좋다. 식초를 빚을 때는 창포 뿌리를 잘게 썰어 깨끗이 말린 다음 고루 섞으면 좋다. 《고사촬요》

東國秋麰醋方

五月五日或七月七日, 以秋麰米一斗麤擣, 爛烹, 碎麴五升調和, 東流水一盆【井花水亦好】沸湯, 調和盛甕, 以油紙封口. 加以靑色袱, 以艾徧覆之, 過三七日, 用之.

每用一盞, 還以旨酒一盞添入, 燒酒尤好. 釀時, 菖蒲根細剉乾淨, 調和則好. 《攷事撮要》

밀로 빚은 식초

밀식초(소맥초) 빚기(소맥초방)
밀로 식초 만드는 법 : 밀 30승으로 밥을 지어 항아리 속에 넣고 베로 아가리를 밀봉한다.
7일 뒤에 열고 2석의 막걸리를 부어주면 오래가고 상하지 않는다.《식경》

小麥醋方
作小麥苦酒法 : 小麥三斗炊令熟, 著堈中, 以布密封其口. 七日開之, 以二石薄 酒沃之,
可長久不敗.《食經》

맥황초(麥黃醋) 만드는 법
밀을 양에 관계없이 깨끗이 일어 맑은 물에 3일 동안 담근 다음 걸러내어 말리고 푹 찐다. 이
를 따뜻한 곳에 펼쳤다가 삿자리 위에 펴놓고 닥나무 잎으로 덮는다. 3~5일 뒤에 누룩곰팡
이가 피면 닥나무 잎을 제거하고 햇볕에 말린다. 이를 깨끗이 까불러서 항아리에 넣고 물로
고루 섞는다. 윗부분에 주먹 1개 정도 들어갈 높이만큼 물을 채운 다음 밀봉하여 49일이 지
나면 익는다.《거가필용》

민간의 법 : 밀 10승을 흐물흐물하게 쪄서 떡을 만든다. 끓인 물 7사발, 누룩 1승을 합하여 만든
다. 식초를 쓰다가 다 떨어지려 하면 좋은 술을 붓는다. 이 방법은 간편하고 빼어나다.《삼산방》

또 다른 법 : 밀 10승에 물 1동이를 넣고 밀 알갱이가 흐물흐물해져 터질 때까지 푹 삶는다.
이를 건져내어 물기를 제거한 뒤 아주 깨끗이 하여 펼쳐놓고 식힌다. 밀 삶은 물도 그릇에 담
아 식히는데, 이때 끓이지 않은 물이 들어가지 않게 한다. 밀 10사발을 삶아 여기에 누룩 5
사발을 넣고 고루 섞어 독 안에 넣는다. 독 안에 있는 밀의 양을 보고 밀 삶은 물을 붓고, 동
쪽으로 뻗은 복숭아 나뭇가지로 돌려가며 젓는다. 푸른 베로 독아가리를 싸고 해가 처음 뜰
때의 빛이 드는 곳에 둔다. 쑥으로 독 위를 덮는다.
14일이 지나면 쓸 수 있다. 쓸 때 쓴맛이 변하면 표면에 뜬 희뿌연 것을 걷어내고 누룩을 큰
조각으로 부순 다음 검게 그을리도록 외제하여 독 안에 꽂아두면 좋다. 식초가 거의 떨어지
려 할 때 청주를 더 넣으면【소주도 좋다】맛이 처음처럼 회복된다. 이 방법은 사계절에 통용
되므로 사계절 모두 식초를 만들 수 있다.《증보산림경제》

造麥黃醋法
小麥不拘多少, 淘淨, 用淸水浸三日, 漉出控乾, 烝熟. 於煖處攤開, 鋪放蘆席上, 楮葉蓋
之, 三五日黃衣, 去葉曬乾. 簸淨入缸, 用水拌均. 上面可留一拳水, 封閉, 四十九日可熟.
《居家必用》
俗法 : 小麥一斗爛烝, 作餠, 熟水七鉢、麴一升, 合造. 用盡, 注以好酒, 此法簡妙.《三山方》

又法：小麥一斗, 用水一盆煮熟, 以粒粒爛拆爲度, 拯出去水, 淨盡攤冷. 其煮汁亦盛器放冷, 勿犯生水. 煮麥一碗, 入麴五碗, 拌均納缸甕內, 灌以煮汁, 多少視麥, 用桃東向枝滾轉. 以靑布裹缸口, 置受初日處, 取蒿艾作蓋.

過二七日, 取用, 用時苦味變, 撈去上面白濁, 破麴作大片, 煨至焦黑, 揷甕內好. 用醋旣盡, 添入淸酒【燒酒亦可】, 味復如初. 此法通四時, 皆可作.《增補山林經濟》

콩으로 빚은 식초

대소두천년식초(대소두천세고주) 빚기(대소두천세고주방)
대두 10승을 잘 일고 물에 담가 촉촉하게 불린다. 이를 찐 뒤 햇볕에 쬐어 바싹 말리고 술을 붓는다. 양에 관계없이 이것을 비율로 한다.《식경》

大小豆千歲苦酒方
用大豆一斗, 熟汰之, 漬令澤. 炊曝極燥, 以酒灌之, 任性多少, 以此爲率.《食經》

술지게미와 곡식의 찌끼로 만든 식초

술지게미식초(조초) 빚기(조초방)
춘주의 술지게미에 물을 섞고 덩어리를 으깨어 부순다. 3일이 지나면 술지게미를 눌러 맑은 즙 2석 정도를 짜낸 다음 뜨거운 좁쌀밥 40승을 지어 넣는다. 동이로 독을 덮고 진흙으로 밀봉한다. 14일 뒤에는 식초가 익는데 맛이 진하다.《제민요술》

12월에 나온 술지게미 1석, 물에 불린 거친 쌀겨 30승, 밀기울 20승 이상의 재료들을 고루 섞어 따뜻한 곳에 놓아두고 뚜껑을 덮는다. 부지런히 젓고 누르면 반드시 향기가 나는데, 이때 맛을 보아 신맛이 나면 일반적인 식초 만드는 법대로 만들어 거른다.
계절을 고려하여 재료를 더하거나 뺀다. 봄·가을에는 쌀겨 45승, 밀기울 20승을 쓰고, 여름에는 쌀겨 30승, 밀기울 20승을 쓰고, 겨울에는 쌀겨 50승, 밀기울 30승을 쓴다. 이때도 날씨를 고려하여 더하거나 빼서 식초를 만든다.《거가필용》

糟醋方
用春糟, 以水和, 搦破塊. 經三日, 壓取淸水汁兩石許, 著熱粟飯四斗投之, 盆覆密泥. 二七日, 醋熟, 美釅.《齊民要術》

臘糟一石、水泡麤糠三斗、麥麩二斗. 右件和均, 溫煖處放, 羃蓋. 勤拌搂, 須氣香, 呷嘗有醋味, 依常法製造, 淋之.

按四時添減, 春秋, 用糠四斗半、麨二斗 ; 夏, 糠三斗、麨二斗 ; 冬, 糠五斗、麨三斗, 覷天氣, 加減造之.《居家必用》

밀기울식초(부초) 빚기(부초방)

처음에 밀기울을 준비한다. 먼저 밀기울 50승을 물로 고루 섞다가 덩어리를 만들 수 있는 정도가 되면 멈춘다. 이 덩어리를 시루에 찐 뒤 덮개를 덮어 황자(黃子)를 만든다. 이때 반드시 닥나무 잎으로 덮어 발효를 돕는다.

2일 뒤에 황자가 완성되면 끌어모아 한 무더기를 만든다. 이를 덮개로 덮어 하룻밤 두었다가 햇볕에 말린다. 먼저 양을 헤아려 황자 5승을 남겨서 2번째 식초[二醋]를 만들 때 쓴다. 그런 다음 묵은쌀 12승【5승도 괜찮다】을 물에 하룻밤 담갔다가 다음날 아침 먼저 마련해두었던 밀기울 50승과 고루 섞고 쪄서 밥을 짓는다. 이 밥이 조금 식으면 황자와 같이 밥을 항아리에 넣고 한곳에서 반죽한 다음 5승들이 병으로 약 20병 이상의 물을 넣고 고루 휘젓는다.

삿자리 1조각을 항아리 아가리만 한 크기로 둥글게 자른다. 그 가운데에 사방 1척의 구멍을 낸다. 그 위에 풀로 짠 포[草布]를 덮는데, 이 포의 한쪽 가장자리를 풀로 붙여 위로 여닫을 수 있게 한다. 삿자리와 닿은 항아리 아가리는 사방을 모두 풀로 붙여 봉한다.

항아리를 햇볕이 드는 곳에 두고 볕을 쬐었다가 다음날 아침 풀로 짠 포로 덮어두었던 구멍에 막대 물건을 넣고 휘젓는다. 이와 같이 아침에 3일 동안 한 후 그친다. 반드시 식초의 징후를 살핀 뒤 앞서 여닫도록 만든 포의 풀을 바르지 않은 3면을 풀로 붙인다.

삼복 때에는 1개월 동안 햇볕을 쬔다. 만약 흐린 날이 많으면 십수일 동안 더 햇볕을 쬔다. 이렇게 만든 식초를 짜서 솥에 넣고 여러 번 끓도록 달여 깨끗한 병에 담는다. 병마다 볶은 밀 1자밤을 넣고 종이로 두껍게 봉한다. 그 종이 위에는 풀 태운 재 1줌을 올려놓고 높은 곳에 두어 땅의 기운에 닿지 않게 한다.

2번째 만든 식초에서 두초(頭醋)를 짜고, 먼저 1일 앞서 달여둔 끓인 물 10병을 준비한다. 다음날 아침 앞서 묵혀둔 황자 5승과 두초지게미를 고루 섞고, 달여서 식힌 물과 함께 휘저은 다음 앞의 방법대로 봉하여 덮는다. 이때는 굳이 3번 휘저어주거나 7일 동안 볕에 말릴 필요는 없다.《거가필용》

麨醋方

初取麵麨, 先以五斗, 用水均和, 可作團卽止. 上甑炊, 盦作黃子, 須楮葉蓋.

兩日後成黃, 卽打聚作一堆, 盦過夜, 曬乾. 先量起五升黃留, 作二醋, 然後用陳米一斗二升【五升亦不妨】浸一夜, 次早和先留麨皮五斗用和均, 炊飯熟, 稍冷, 與黃子入缸, 一處打拌, 入水約五升缾二十缾以上, 攪均.

用蘆席一片, 如缸口裁圓, 中開方一尺竅. 草布且糊一邊, 四外蘆與缸緣悉糊了.

置日中曬, 次早以杖物入草布竅入, 攪翻, 如此三朝止. 須看潮候, 糊了三面草布.

三伏曬一月, 如日陰多, 賸曬十數日, 却榨下鍋煎數沸, 以淨潔瓶盛. 每瓶入炒麥一撮, 紙厚封, 紙上放草灰一把, 置高處, 勿着地氣.

二醋榨頭醋, 先一日煎下熟湯十瓶, 次早以先留黃子五升與頭醋糟和均, 以所煎冷湯攪,
如前封蓋, 却不須三打曬七.《居家必用》

쌀겨식초(강초) 빚기(강초방)

지게미 20근마다 물 1담(1석)에 (겨울에도 관계없다) 하룻밤 담갔다가 흐물흐물해질 때까지
고루 휘젓는다. 이와 같은 방법으로 새 지게미에 물 1.5담을 넣고 쌀겨를 물의 양에 맞게 적
당히 넣은 다음 지게미와 반죽한다. 이때 반드시 매우 고르게 눌러서 독 안에 쟁여 넣어야
한다. 독이 가득차면 쌀겨를 평평하게 펴서 덮거나, 또는 다시 거적으로 독 아가리를 덮는다.
발효되는 과정을 자주 살펴 독에 열이 나면 바로 다른 독에 쏟아 넣고, 열이 너무 지나치게
나지 않게 한다. 열이 너무 지나치게 나면 맛을 상하게 한다. 만약 열이 나지 않으면 독을 움
직여서는 안되고 앞의 방법대로 뚜껑을 덮어서 열을 낸다. 이렇게 4번 한 뒤 바로 차례차례
고루 눌러준다. 다시 추가로 새 지게미에 물을 넣고 걸러서 독에 넣은 뒤 밟아서 매우 실하게
한다. 단단히 밟아주지 않으면 식초를 만들기에 적당하지 않다.

이를 끓이고 걸러서 두초(頭醋)를 만든다. 다시 끓이고 걸러서 2번째 식초[第二醋]를 만든
다. 이때 매우 신맛이 나게 하려면 곧 두초를 달이고 새 지게미에 거듭 거르면 신맛이 매우
좋아진다. 이와 같이 신맛이 나게 하려면 곧 2번째 식초를 팔팔 끓도록 달여 새로 나온 지게
미에 거를 뿐이니, 이것이 2번 거른 식초이다.

만약 다시 독마다 두초를 다시 거른다면 너무 신맛이 나게 될까 걱정된다. 식초를 만들 때 천
초(川椒)를 마련하여 식초와 함께 마른 병에 넣고 진흙을 바른다. 그런 다음 습기가 가까이
오지 못하게 하고 달이고 나서 식으면 쟁여둔다.

식초를 만드는 법에서는 오직 신맛이 중요하다. 신맛의 비결은 열이 날 때 지나치게 열이 나
지 않게 하고, 지게미가 변화할 때 지게미와 식초가 닿는 시간을 짧게 하여 걸러내고 다시 걸
러내는 것이다. 그러면 저절로 빼어난 맛이 나는 것이다.《거가필용》

造糠醋方

每糟二十斤, 用水一擔(不拘冬月)浸一宿, 攪均, 以爛爲度. 如是新糟, 使水一擔半, 稻糠
隨水拌糟, 須按令極均, 裝入甕. 將滿, 攤平以糠蓋, 或再用薦蓋甕口.

頻頻看覷, 候熱發, 便倒入別甕, 熱不得太過, 太過則損味. 如未熱, 不得動, 依前薦蓋
熱, 候四度, 逐旋隨次按均, 再贈入淋甕中, 踏令極實, 虛則不中.

煎湯淋之爲頭醋. 再煎湯淋取第二醋, 如要極酸, 卽將頭醋煎重淋新糟, 其酸極佳. 如
此欲得酸, 卽將第二醋煎沸湯淋新糟已, 是重淋醋.

若更將逐甕頭醋再淋, 恐太酸了. 造成川椒裝入乾缾, 泥起, 不可近濕氣, 煎了, 候冷裝.
造酸之法, 惟要酸, 酸之訣, 在發熱時, 不可發過, 化糟時短, 着水淋下再淋, 自然妙也.
《居家必用》

2. 꽃과 과일로 빚은 식초

꽃과 과일의 종류와 특징

연꽃
연꽃의 순결한 모습과 향기는 속세의 모든 번뇌를 잊게 한다. 진흙에서 태어났지만 깨끗함을 간직하였으므로 더러움에 물들지 않는 군자를 상징한다. 《산림경제(山林經濟)》 양화(養花) 편에 "그 잎은 하(荷), 그 열매를 연(蓮), 그 뿌리를 우(藕), 그 꽃봉오리를 함담(菡萏), 그 꽃을 부용(芙蓉)이라 하고 총칭해서는 부거(芙蕖)라 한다."라고 하였다. 이처럼 격식을 갖춘 각기 다른 이름을 가지고 있어 연이 특별한 예우를 받는 꽃이었음을 알 수 있다. 불교에서는 연꽃을 만다라화(曼茶羅華)라고 하는데 세상을 상징하는 오묘한 법칙이 연꽃에 드러나 있기 때문이다. 민간에서는 연이 씨앗을 많이 맺기에 다산(多産)의 징표로 보았다. 꽃의 벌집처럼 생긴 연방에 있는 검은 씨앗은 생으로 까먹기도 하고 밥에 놓아 먹기도 한다. 잎은 연잎차로 또는 연잎밥의 재료로 사용하며 뿌리줄기는 연근으로 비타민과 미네랄의 함량이 높아 반찬 재료로 사용되는 버릴 것이 하나도 없는 식물이다. 연꽃은 아름답지만 우뚝한 풍모와 청아한 향기, 그리고 사람의 몸과 마음을 건강하게 해주는 미덕까지 갖춘 사랑을 받을 수밖에 없는 꽃이다.

연꽃

연실

전쟁이 끝난 1960년대는 별다른 간식이 없던 시절, 간식 리어카에서는 번데기와 함께 연방을 쪄
서 팔았다. 연방 속에 송송 박힌 까만 연실은 땅콩만큼 고소하지는 않았지만 지방이 풍부하여
아이들의 훌륭한 지방 공급원이었다.

매실

《동의보감(東醫寶鑑)》에 "매실은 맛이 시고 독이 없으며 기를 내리고 가슴
앓이를 없앨 뿐만 아니라 마음을 편하게 하고, 갈증과 설사를 멈추게 하
며 근육과 맥박이 활기를 찾게 한다."라고 하였다. 매실에는 비타민, 유기
산(구연산, 사과산, 주석산, 호박산)이 풍부하고 특히 구연산(시트르산)은 피로를
풀어주고 유기산은 위장의 작용을 활발하게 하여 식욕을 돋우는 역할을
한다. 매실은 해독 작용이 뛰어나 배탈이나 식중독 등에 사용되었다.
'푸른 보약'이라고 불리는 매실은 ① 대표적인 알칼리 식품으로 산성화되
어 성인병 위험이 높은 현대인들의 체질을 개선하는 효능을 가지고 있다.
②매실에는 독성 물질을 분해하는 피크린산이 있어 음식의 독과 피 속의
독, 물의 독을 없애는 기능이 있다. 정수되지 않은 물을 먹을 때는 매실물
을 넣어서 먹으면 배탈을 예방하거나 치료한다. ③매실에 풍부한 칼슘은
우리 몸을 중화시키고 뼈를 튼튼하게 하여 빈혈이나 골다공증에 도움을

매실

준다. 매실에는 포도의 2배, 멜론의 4배에 해당하는 칼슘이 있으며 매실 속의 구연산과 사과산이 칼슘의 흡수를 돕는다. 체질적으로 우유를 못 마시는 사람과 여성, 임산부, 스트레스로 칼슘 소모가 많은 현대인에게 매실은 꼭 필요한 과실이다. ④매실의 유기산은 우리 몸의 대사를 활발하게 하여 피로를 해소하고 간의 기능을 회복시키며 숙취 해소에도 도움을 준다. 매실은 타액의 분비를 촉진하여 소화를 돕고 장의 연동운동을 촉진하여 변비를 해소시킨다. 특히, 매실 속의 구연산은 혈액 속의 산성 노폐물을 제거하는 효과가 있으며 매실의 비타민은 피부미용 효과까지 얻을 수 있다. ⑤ 매실은 몸속의 열을 내리는 효과가 있어 감기몸살 등 열이 나는 증상과 한여름에 더위를 먹어서 생긴 소화불량, 소갈증, 현기증, 입맛 저하 등에 탁월한 효능이 있다. 매실은 소염 효과도 있어 칼로 베이거나 상처가 났을 때 발라주면 상처가 덧나는 것을 막아준다. 늦게 수확한 매실에 영양이 많다.

오매

오매는 매실을 볏짚 불에 훈제하여 말린 매실을 말한다. 매실을 한지로 싼 다음 뜨거운 볏짚의 재 안에 넣으면 불기운이 천천히 매실 안으로 침투하면서 매실은 검은색으로 변하고 약성은 올라간다.

*오매 만들기
볏짚을 구해서 불을 피운 다음 불기운이 사그라지자 한지에 싼 매실을 재 안에 파묻었다. 이틀 동안 재에 파묻어 두기엔 재의 양이 적어서 불기운을 입힐 수가 없다. 생각 끝에 재 위에서

오매

계속 볏짚으로 불을 때 간접적으로 뜨거운 불기운을 넣어 주었다. 매실을 싼 한지가 호르르 타 버리지는 않을까 걱정이 되어서 재를 걷어 내고 보았는데 종이는 약간 그을기만 했을 뿐 멀쩡하다. 아마, 매실의 수분이 종이를 타지 않게 하는 역할을 한 것 같다. 틈틈이 불기운을 더하면서 오매는 검어야 오매인데 까마귀처럼 새까만 매실이 나오지 않으면 어쩌나 하는 생각에 수심이 가득 찬다. 꼬박 이틀을 잿불로 훈연시킨 뒤 종이를 열었다. 새까맣게 탄 까마귀가 되어 있을지 불안한 마음을 담아 종이를 활짝 열었다. 매실의 향기에 볏짚의 불 향이 더해지면서 매실의 신 향미가 오묘한 향기로 바뀐 주름진 동그란 까마귀 알들이 앉아 있었다.

복숭아

복숭아는 도자(桃子)라고도 한다. 살이 연하고 수분도 풍부하며 단맛과 향기가 좋아 예로부터 많은 사람의 사랑을 받았다. 과육이 흰 백도와 노란 황도로 나뉘는데, 생과일로는 백도가 좋고 통조림 등 가공용으로는 단단한 황도가 좋다. 복숭아는 중국 화북의 산시성[山西省]과 간쑤성[甘肅省]의 해발 600~2,000m의 고원지대가 원산지며 기원전에 실크로드를 통하여 서양으로 전해졌다.

주성분은 수분과 당분이며 타타르산, 사과산, 시트르산 등의 유기산이 함유되어 있다. 비타민 A, 아세트산, 알코올류, 알데하이드, 펙틴 등이 풍부하고, 알칼리성 식품으로서 면역력을 키워 주고 식욕을 돋운다. 특히 복숭아 껍질에는 니코틴 배출에 탁월한 유기산이 풍부하고, 발암물질인 니트로소아민의 생성을 억제한다.

우리 민족은 복숭아를 귀신을 물리치는 과일로 생각하여 제사상에 올리지 않는다. 특히 복숭아 나뭇가지 중 동쪽으로 뻗은 가지는 더욱 힘이 강한 것으로 믿었으며, 귀신뿐 아니라 부정한 것의 접근이나 음식의 맛이 나빠지는 것을 막아 준다고 믿었다. 고조리서에는 술이나 식초를 담근 뒤 복숭아 나뭇가지로 저어 맛이 나빠지는 것을 막고 있다. 복숭아 속의 풍부한 유기산은 복숭아 껍질에 붙은 효모의 활동을 돕는 역할을 한다.

감

노란 국화가 찬 기운 속에서 향기를 뿜어내고 감나무에는 주렁주렁 열린 감들로 온 동네가 울긋불긋 물들었다. 감을 파먹는 까치를 보고 컹컹 짖어 대는 백구의 울음소리는 잠시 가을 갈무리를 하던 사람들의 손길을 멈추게 한다. 가을에 붉은 감이 없었다면 우리의 풍경은 얼마나 삭막하였을까? 식초의 미덕 중 하나가 풍족하게 생산된 농산물과 과일을 버리지 않게 하는 일이었으니 감이 풍년 든 해는 광에 홍시로 두고 먹을 감이 가득하고 항아리 안에는 감식초가 차곡차곡 소리 없이 익어갔을 것이다. 100년 전쯤 우리나라 어디서나 볼 수 있는 늦가을의 풍경이었다. 단것이 귀했던 시절 감은 우리의 영혼을 위로하는 과일이었다. 감이 가진 당분은 포도당과 과당이 주성분이며 비타민 A, B가 특히 풍부하다. 감의 짙은 주황색인 리코펜의 함유량은 햇볕의 양에 따라서 달라진다.

감

연꽃을 닮은 사람만이
느낄 수 있는 향기

연꽃식초(연화초) 빚기
(蓮花醋方)

　연꽃식초는 연꽃을 넣은 초국으로 만드는 식초다. 처음엔 식초와 연꽃의
어울림이 조금은 어색했지만 선가에서 식초를 '화지(華池)'라고 한다는 선생
의 말이 떠오르자 연꽃이야말로 식초와 가장 잘 어울리는 꽃이라는 생각이
든다. 연꽃은 장미, 치자, 매화처럼 향기가 진하지는 않지만 은근하면서도 고
혹적인 향기가 마음을 사로잡는다. 찧은 연꽃을 넣은 누룩에서 올라오는 연
꽃의 향기가 아름답다. 꽃누룩을 바람이 잘 통하는 곳에 한 달을 걸어 놓았
다가 더위가 기승을 부리는 날 내려서 살폈다. 연의 향기 탓인가? 바람이 잘
통하는 곳에 매달아 둔 탓인가? 연꽃 누룩에 핀 곰팡이조차 다른 누룩곰팡
이와는 다르다. 누룩의 색과 구분이 안 될 정도로 희고 누르스름한 곰팡이
가 피어올라 자세히 들여다보지 않으면 알 수가 없다. 연꽃식초에서 연의 진
한 향기를 기대한다면 나중에 연잎과 연꽃을 넣어서 숙성시키는 방법을 고
려해 보는 것이 좋다. 연꽃식초의 연꽃 향기는 연꽃을 닮은 사람만이 느낄
수 있다.

재료 연꽃 3송이, 밀가루 420g, 현미 4되, 물 4되
도구 종이

연꽃 3송이를 곱게 찧어 밀가루를 넣고 반죽하는데 반죽 상태에 따라서 밀가루를
가감한다. 반죽을 지름 17cm, 높이 3cm의 원형으로 만든 다음 종이로 싸서 바람이
잘 드는 곳에 걸어 둔다. 현미를 하룻밤 물에 불려서 찐 다음 연꽃 누룩, 물을 더해
술을 빚어 항아리를 종이 7겹으로 봉하는데 한 장마다 7일이라고 쓰고 7일마다 한
장씩 걷어 낸다. 49일 뒤에 익으면 오래 끓여서 단지에 보관한다.

천상의 향기와 새콤함

복숭아식초(도초) 빚기
(桃酢方)

　잘 익은 복숭아로 누룩이나 식초, 술을 사용하지 않고 식초를 빚으라고 하였는데 '더운 여름날 물기가 많은 복숭아를 항아리에 쟁여 두면 썩지 않고 과연 식초가 될까?'라는 불안한 마음이 든다. 물론, 제대로 만들어진다면 이 세상에 가장 아름답고 향기로운 천상의 맛을 지닌 식초일 거라는 확신이 들기는 한다. 불안한 마음에 복숭아를 관찰하기 위하여 유리 항아리에 복숭아를 차곡차곡 쌓아 둔 다음 밀봉하고 시간만 나면 복숭아가 어떻게 변하는지 살펴본다. 처음에 2~3일은 복숭아가 별 변화가 없이 그대로 있어 살짝 무서운 생각이 들었다. 5일쯤 지나자 복숭아의 육질이 살짝 무너지고 즙이 유리 항아리 아래로 고이기 시작한다. 나의 불안한 마음과는 달리 유리 항아리 안은 너무도 평화롭기만 하다. 복숭아가 발효하면서 열이 나는지 유리 항아리에 김이 서려 있을 뿐 곰팡이가 필 기색조차 없다. 참으로 신기하다. 보름이 지나고 한 달이 지나도 즙을 천천히 조금씩 내놓을 뿐이다. 한 달이 지나 복숭아를 꺼냈지만 복숭아는 의외로 단단하여 나를 당황하게 한다. 〈정조지〉에는 7일이라고 하였는데 복숭아의 품종과 재배 환경이 달라졌기에 신경을 쓰지 않기로 한다. 씨와 껍질을 제거하고 즙을 얻어서 밀봉하였다가 맛을 보았다. 그 천상의 향기와 새콤한 신맛은 감격스러울 정도였다. 더 이상 긴 말이 필요 없는 최고의 식초다. 매실식초도 이와 같이 담그라고 하였는데 황매로 담그면 될 것이다.

재료 잘 익은 복숭아 20개
도구 항아리

단물이 뚝뚝 떨어질 정도로 잘 익은 복숭아를 항아리에 넣고 뚜껑을 덮어두었다가 7일이 지나면 껍질과 씨를 제거하고 걸러서 밀봉한다. 14일이면 익는다.

초하(初夏)의 싱그러움을
몽땅 담아 빚은

매실식초(매초) 빚기
(梅酢方)

　요즘 초여름이면 집집마다 매실청을 담그는 일이 김장만큼이나 큰 행사가 되었다. 김치, 잡채, 불고기, 볶음, 밑반찬 등 어떤 음식에도 약방의 감초처럼 매실의 신맛은 음식의 맛을 올려준다. 또 여름철 배앓이와 소화불량에 큰 효과가 있어 건강한 여름을 나기 위한 필수품이 된 지 오래다. 매실청을 담글 때 과도하게 들어가는 설탕이 도리어 건강을 해치는 것 같아 매실이 익기 시작하면 설탕 덩어리 매실청을 담가야 하는지 고민된다. 이런 나의 고민에 서유구 선생이 답을 준다. 소금을 넣은 매실식초로 음식의 맛을 내고 음료로 마셔 보아라! 식초의 짠맛은 음식에 따로 간을 하지 않아도 되며 깔끔하고 기분 좋은 신맛이 음식의 격을 올려 준다. 신맛과 짠맛은 서로 잘 어울리는 맛이다. 매실식초가 무엇보다 좋은 것은 식초를 만들면 매실장아찌도 덤으로 만들어진다는 것이다. 여름철 도시락을 쌀 때 매실장아찌를 밥 가운데 하나만 박아도 쉬는 것을 방지한다. 다른 과일 식초들은 식초를 담그고 난 뒤의 찌끼들을 버려야 하는 수고가 따르지만, 매실은 오독오독한 맛이 살아 있는 짭쪼롬한 매실장아찌와 초여름을 닮은 상큼한 매실식초를 남기고 그렇게 갔다.

재료 누렇게 익은 생 매실 1말, 소금 3되, 물 2동이
도구 돌

누렇게 익은 생 매실을 만 하루 물에 담갔다가 소금을 뿌려 돌로 만 하루를 누른다.
매실에서 즙이 빠져나오면 매실을 건져서 햇볕에 말렸다 다시 즙에 담그고 다시 매
실을 건져서 햇볕에 말리기를 2~3회 반복한다. 매실은 매실장아찌가 되고 매실을
담갔던 즙은 매실식초가 된다.

주머니 속의 수호천사

천리초(千里醋) 빚기
(千里醋方)

〈정조지〉에 다양한 모습의 식초가 등장하는데 휴대하기에는 천리초가 그만이다. 천리초는 검게 그을은 오매를 말려서 흰떡과 함께 섞은 환 식초다. 유럽에서는 여행 중에 식초병을 들고 다녔다고 하는데 오매식초가 있다면 휴대가 용이했을 것이다. 천리초를 만들기 전엔 신맛이 약할까 걱정했지만 천리초의 신맛이 물속에서도 잘 살아 있다. 특히 훈연된 오매에서 나오는 불 향이 천리초를 다른 식초와 구분 짓는다. 과일을 불에 구우면 단맛이 농축되듯 매실의 신맛이 오매를 만드는 과정에서 깊이 농축되었다. 천리포가 천리를 가는데도 상하지 않고 먹을 수 있는 포라면 천리초는 천리를 가는 내내 행장 속에 넣었다가 물에 타서 마시며 여행의 피로와 갈증을 달래고 물을 갈아먹으며 생기는 배앓이를 막아 줄 것이다. 천리초는 집에서 급하게 식초가 필요할 때도 요긴하게 쓸 수 있어 낭패를 막아 주니 이래저래 수호천사 식초다.

재료 오매 60개, 식초 1.5L, 찹쌀이 조금 들어간 쫀득한 백설기 170g, 뜨거운 물 150mL

오매를 진한 식초에 하룻동안 담갔다가 햇볕에 말리기를 반복하는데 이 과정을 식초가 다할 때까지 한다. 바짝 마른 오매를 절구에 찧어서 가루로 만든 다음 백설기에 오매가루가 잘 섞이도록 버무려 검실 크기로 만든다. 끓는 물에 1~2개 던져 넣으면 좋은 식초가 된다.

*가루 식초, 캡슐 식초

선생이 살던 시대에 환으로 만든 '천리초'가 있다면, 지금은 식초를 가루로 만든 가루 식초와 간편하게 캡슐 안에 넣어 언제 어디서나 먹을 수 있는 캡슐 식초가 있다. 가루 식초는 초밥이나 샐러드에 주로 사용되지만, 어떤 음식에도 잘 어울린다. 두 식초는 다이어트에 효과가 있다 는 것이 입증되어 특히 여성들에게 인기가 있다.

감에 핀 단풍잎 같은 곰팡이

감식초(시초) **빚기 1**
(柹醋方 1)

감식초는 가장 대표적인 전통 과일 식초로 역사가 길기 때문에 〈정조지〉의 방법 이외에도 다양한 방법으로 담그는 것 같다. 사나흘 뒤면 먹기에 아주 좋은 상태가 될 것 같은 감을 딴다. 몇 년 전 단단한 감으로 감식초를 담근 적은 있지만 홍시가 되려는 감으로 감식초를 담그는 것은 처음이다. 감 꼭지를 따서 항아리에 차곡차곡 담은 다음 가을볕이 잘 드는 곳에 곰팡이가 피기를 기다리며 두었다. 터진 홍시감 위에 피어올랐던 희고 검고 푸른 곰팡이를 제거한 뒤 감을 먹었던 기억이 떠오른다. 그땐 곰팡이가 무조건 나쁘다고 생각하였지만 버리기가 아까워서 배가 아플까 봐 걱정을 하면서도 먹곤 하였다. 하지만 지금은 감에 곰팡이가 피기를 기다린다. 감에 얼룩덜룩 곰팡이가 피어오르자 불에 구운 뜨거운 누룩과 술을 붓고 익기를 기다렸다. 술과 감의 양이 정해져 있지 않았고 술은 청주라고 하였기에 신맛이 강한 막걸리의 맑은 부분과 청주를 감이 잠길 때까지 붓고 누룩은 감의 1/10 정도의 양을 넣었다. 좋은 식초가 만들어지기 위한 조건을 다 충족해서인지 감의 떫은맛이 신기할 정도로 사라진 연주황빛 달콤한 감식초가 완성되었다. 감에 핀 곰팡이, 불에 구운 누룩, 술의 상승효과 때문인지 다른 감식초보다 산도가 높다.

재료 홍시가 되려고 하는 감 30개, 청주 5.5L, 불에 구운 누룩 500g

홍시가 되기 전의 감을 따서 꼭지를 제거하고 항아리에 넣었다가 감에 곰팡이가 피면 청주와 불에 구운 누룩을 넣는다.

약골 감! 다시 태어나다

감식초(시초) 빚기 2
(枾醋方 2)

비바람이 몹시 친 다음 날, 감나무 아래에 누런 감이 여기저기 떨어져 있다. 아직은 단단한 감이다. 비 내린 뒤라 흙이 푹신거려서 감들이 상처는 없지만 어미 사자가 버린 약골 새끼 사자처럼 왠지 나약해 보인다. 우물가에 앉아 무녀리 감들을 차곡차곡 항아리에 담아 보려고 하지만 담김새가 엉성한 것 같아 자꾸 꺼내서 다시 담아 보고 또다시 담아 본다. 항아리를 꽁꽁 밀봉한 다음 양지바른 곳에 둔다. 이제 감들은 곰팡이를 뒤집어쓰고 있어야 한다. 떨어진 감이라 쉽게 곰팡이가 필 것 같았지만 의외로 곰팡이들에게 자리를 내주지 않고 항아리 안은 별 변화가 없다. 겨우 곰팡이가 피고 물을 부은 다음 술을 부어주고 익혔지만 신맛은 나지 않고 역겨운 곰팡이 냄새가 코를 찌른다. 두 번 더 실패를 한 뒤에 감 위에 누룩 가루를 조금 뿌려 주었다. 기분 좋은 냄새가 나는 곰팡이가 생겼다. 물의 양을 줄이고 술의 양을 늘렸더니 거품이 생기면서 이틀 정도 보글보글하다가 이내 조용하다. 별 기대를 하지 않고 두 달을 두었다가 열었다. 두 달이 지나 열어보았는데 표면에 하얀 곰팡이 가루가 떠 있어 실패했다고 생각했다. 곰팡이를 국자로 살살 헤친 다음 맛을 보았는데 약한 신맛이 나는 감빛의 맑은 감식초가 되어 있었다. 식초의 산도가 낮고 향도 좋다고 할 수는 없지만 '떨어진 약골 감으로 빚은 식초가 이만하면 됐지…'라며 감식초를 위로한다.

재료 저절로 떨어진 감 60개, 맑은 물 13L, 좋은 술 2L

감을 항아리에 가득 담아 곰팡이가 피면 맑은 물을 붓고, 좋은 술을 넣는다.

가을을 닮은 식초

　반쯤 익은 대추로 앞의 감식초 만드는 법과 같은 방법으로 식초를 만들라고 하였다. 반쯤 익은 상태가 어느 정도일까? 음식연구소 뜰에 있는 대추나무에 주렁주렁 매달린 대추들의 안색을 매일 살핀다. 자세히 들여다보니 동네를 어슬렁거리는 길냥이처럼 대추 낯빛이 모두 다르다. 붉은빛이 전체적으로 얼룩덜룩한 대추, 붉은빛을 모자처럼 쓴 대추, 붉은빛이 줄무늬로 있는 대추…. 이렇게 저렇게 반쯤 익은 대추를 한 소쿠리 땄다. 앞의 감식초 만드는 법을 참고하라고 한 것으로 미루어 과일이나 열매로 식초를 담글 때에는 항아리에 과일을 차곡차곡 쌓아 두껍게 밀봉하여 곰팡이를 피운 다음 청주와 불에 구운 누룩을 넣는 방법이 반쯤 익은 과일로 식초를 만드는 보편적인 방법임을 알 수 있다. 술을 더해주는 것은 수분이 적은 과일에 적합한 방법인 것 같다. 식초가 다하면 다시 술을 붓고 구운 누룩을 넣으면 여러 해는 대추를 다시 넣지 않아도 된다고 한다. 선인들이 대추를 아끼려는 마음이라고 오해를 하였으나, 대추식초를 빚은 뒤 깨닫게 되었다. 대추는 긴 시간에 걸쳐 천천히 단맛을 내어 준다는 것을….

재료 반쯤 익은 대추, 청주, 불에 구운 누룩

대추는 따서 독 안에 가득 담고 대추에 곰팡이가 피면 청주를 붓고 불에 구운 누룩을 넣는다.

맛, 건강, 고운 빛까지 갖춘
팔색조 대추 식초

대추식초(조초) 빚기 2
(棗醋方 2)

　반쯤 익은 대추 중에서 성한 대추보다는 벌레 먹은 대추가 식초의 재료
로 더 좋다고 한다. 벌레 먹은 과일과 채소는 특별하게 향기가 좋다. 원래
단맛이 강해서 벌레가 왔는지 벌레가 먹은 뒤에 단맛이 더해졌는지 모르겠
지만 두 가지가 다 맞는 것 같다. 곤충이 대추를 빨아 먹을 때 단백질이 추
가되고 벌레의 독특한 향취까지 더해져 풍미가 상승한다. 벌레가 뜯어 먹
은 대추는 시들거려서 단맛이 더욱 올라간다. 반쯤 익은 벌레 먹은 대추를
씻지 않고 깨끗한 물에 넣은 다음 단단히 밀봉하면 멋진 식초가 된다. 벌레
가 먹고 남긴 과일은 먹기에는 찜찜하지만 식초의 재료로는 더할 나위 없
이 훌륭하다. 앞으로 벌레 먹은 과일과 채소는 식초의 재료로 사용하면 될
것 같다. 식초를 담가 놓고 4개월을 원래 두었던 장소에 그대로 두면서 식초
의 변화를 관찰하였다. 처음에 꿈쩍도 하지 않던 대추식초의 빛이 점점 대
추색으로 변하지만 투명할 정도로 맑다. 누룩도 넣지 않고 못난 대추로 만
들었지만 식초의 맛은 참으로 멋지다. 벌레 먹은 대추로 빚은 식초는 벌레
라는 생명체가 부린 마술이 하나 더 추가된 식초다.

재료 벌레 먹은 반쯤 익은 대추 1말, 정화수 1동이

**반쯤 익은 벌레 먹은 대추를 준비하여 항아리에 넣고 정화수를 부은 다음 항아리를
밀봉한다. 식초가 다하면 다시 정화수를 붓는다.**

시큼털털이 대추 폭풍 변신하다

　쉰 대추는 상한 대추를 말한다. 가을에 대추를 딴 다음 말리지 않고 수분이 있는 상태에서 바구니에 뭉쳐서 대추를 담아 두면 대추가 물컹해지고 시큼한 냄새를 풍긴다. 이 상태를 쉰 상태라고 한다. 물컹거리고 시금털털한 냄새가 나는 대추를 항아리에 넣고 이틀이 지나자 이런저런 다양한 곰팡이가 피어올랐다. 목표는 달성했지만 저 망가진 꼴로 식초가 될지 걱정스럽다. 술을 부어 두고 두 달을 잊어버리고 지냈다. 대추의 색이 지금까지 만든 대추식초 중에서 가장 붉고 아름답다. 아마도 물러 터진 대추이기에 대추의 맛이 빨리 용출된 것 같다. 여기에 상한 과일에 피어나는 털곰팡이와 거미줄곰팡이도 좋은 식초가 되는 데 한몫을 크게 한 것 같다. 대추의 단맛과 신맛의 비율이 잘 맞아서인지 식초를 먹는다는 느낌보다는 마치 '보약'을 먹는 것 같다. 점심 무렵, 대추식초를 거를 때 맛을 보고 갔던 벌도 마음에 평안을 주는 대추 덕에 깊은 잠을 자고 있을 것이다.

재료 쉰 대추 2되, 물 4.2L

쉰 대추를 항아리에 넣고 발효를 시키다가 대추가 물렁해지면서 곰팡이가 생기면 술을 붓는다. 햇볕이 잘 드는 곳에 둔다.

꽃과 과일로 빚은 식초
《임원경제지》〈정조지〉 권6 미료지류(味料之類) 식초[醋]편

연꽃식초(연화초) 빚기(연화초방)

흰 밀가루 1근, 연꽃 3송이를 곱게 찧은 뒤 물을 섞어 둥근 덩어리를 만든다. 이를 종이로 싸서 바람 부는 곳에 걸어둔다. 1개월 뒤에 꺼내서 현미[糙米] 10승을 하룻밤 동안 물에 담갔다가 쪄서 익히고 물 10승으로 식초를 빚는다. 종이를 7겹으로 밀봉하고 고정시킨 다음 각 겹마다 '7일(七日)'이라는 글자를 쓴다. 7일마다 이 종이를 1겹씩 제거한다. 49일이 지난 뒤에 개봉하여 용수로 걸러내고 여러 번 끓도록 달이고 나서 거두어둔다.《제세인술》

蓮花醋方

白麪一斤、蓮花三朶, 擣細, 水和成團, 用紙包裹, 掛於風處. 一月後取出, 以糙米一斗水浸一宿, 蒸熟, 用水一斗釀之. 用紙七層密封定, 每層寫"七日"字. 遇七日揭去一層. 至四十九日, 然後開封, 篘出, 煎數沸收之.《濟世仁術》

복숭아식초(도초) 빚기(도초방)

흐물흐물해질 정도로 익은 복숭아를 독 안에 넣은 뒤 7일 동안 아가리를 덮어둔다. 이를 걸러서 껍질과 씨를 제거한 뒤, 14일 동안 밀봉하면 식초가 완성된다. 향과 맛이 좋아 먹을만하다【안 매실식초[梅酢]도 이 제조법에 의거해야 한다】.《본초강목》

桃酢方

取爛熟桃納甕中, 蓋口七日, 漉去皮、核, 密封二七 日酢成, 香美可食【案 梅酢亦當倣此造法】.《本草綱目》

매실식초(매초) 빚기(매초방)

6월에 매실장아찌[梅干, 우메보시]를 만들 때 쓴다. 생매실(누렇게 익은 것) 10승을 물에 1일 동안 담갔다가 쓴 즙이 빠져나왔을 때 꺼낸다. 소금 3승을 매실에 뿌리고 돌로 하루 동안 꼬박 눌러 놓는다. 매실즙이 빠져나오면 매실을 햇볕에 말린다. 이 말린 매실을 다시 물에 담갔다가 앞의 방법대로 매실즙을 내고 햇볕에 말리기를 2~3번 하면 매실장아찌가 완성된다. 그 매실즙을 쓸 때는 독에 담아 거두어 쓰는데, 바로 이것이 매실식초이다. 매실식초는 해가 지나도 상하지 않고, 병든 사람이 먹어도 독성이 적다.《화한삼재도회》

梅酢方

六月, 製梅干時取之. 用生梅(黃熟者)一斗漬水一日, 苦汁出時取出. 以鹽三升糝梅, 安壓石一晝夜, 梅汁出, 取梅日曬, 又漬右件梅汁, 日乾再三, 則梅干成矣.

用其梅汁, 盛甕收用, 乃是梅醋也. 經年不敗, 病人食之, 亦毒少.《和漢三才圖會》

천리초(千里醋) 빚기(천리초방)

오매(씨를 제거한 것) 1근 정도를 진한 식초 5승에 하루 동안 담갔다가 햇볕에 말려 다시 식초에 담그고, 또 햇볕에 말려 다시 담그기를 식초가 다 없어질 때까지 한다. 이것을 찧어 가루 낸 뒤, 식초에 담갔다가 찐떡[烝餠]에 섞어 계란 크기의 환을 만든다. 먹고 싶을 때 1~2개의 환을 끓인 물에 넣으면 좋은 식초가 완성된다.《거가필용》

千里醋方

烏梅(去核)一斤許, 以釅醋五升浸一伏時, 曝乾, 再入醋浸, 曝乾再浸, 以醋盡爲度. 擣末, 醋浸烝餠和爲丸如鷄頭大. 欲食, 投一二丸於湯中, 卽成好醋.《居家必用》

감식초(시초) 빚기(시초방)

감이 홍시가 되려 할 때 따서 꼭지를 제거하고 독 안에 담는다. 날이 오래되어 곰팡이가 피기를 기다렸다가 청주를 붓는다. 또 누룩 1덩이를 불에 구워 여기에 담그면 바로 좋은 식초가 완성된다. 식초가 다 떨어지려 할 때 다시 술을 붓고 구운 누룩을 담그면 감식초를 사용한 지 비록 여러 해가 지났어도 다시 감을 쓰지 않아도 된다.《고사촬요》

또 다른 법 : 8월에 저절로 떨어진 감을 주워서 항아리에 담고 두텁게 덮어두면 곰팡이가 핀다. 맑은 물을 항아리에 부어 가득 채우고, 좋은 술을 넣는다. 익으면 떠서 쓴다.《산림경제보》

枾醋方

枾子欲紅時, 摘取去蔕, 盛於甕內, 日久待毛生, 以淸酒灌之. 又將麴子一塊火炙, 浸之, 便成好醋. 醋盡, 更灌酒, 浸炙麴, 用雖至累年, 更不用枾.《攷事撮要》

又法 : 八月間, 拾自落者, 盛缸, 厚覆則生毛, 淸水滿缸注之, 入好酒. 取用.《山林經濟補》

대추식초(조초) 빚기(조초방)

대추가 반쯤 익었을 때 앞의 감식초 만드는 방법대로 담근다.《고사촬요》

또 다른 법 : 반쯤 익은 대추【벌레 먹은 것은 더욱 좋다】10승, 정화수 1동이를 항아리에 담가 밀봉했다가 식초가 익으면 쓴다. 식초가 다 떨어지려 할 때 다시 정화수를 부어주면 구름처럼 먼 후손에게도 전할 수 있으니, 이에 따라 일명 '전세초(傳世醋, 대대로 전하는 식초)'이다.《삼산방》

쉰 대추를 항아리에 넣고 대추가 발효되면 술을 부은 뒤, 양지바른 곳에 두었다가 쓴다.《삼산방》

棗醋方
大棗半熟時, 依前柹醋法浸之.《攷事撮要》

又法 : 棗半生半熟者【蟲損尤好】一斗、井花水一盆, 浸入缸密封, 待熟, 用之. 將盡, 又注井花水, 可傳雲, 仍一名"傳世醋".《三山方》

饐棗入缸, 待腐, 注酒, 置向陽地, 用之. 同上

3. 식물의 뿌리로 빚은 식초

식물 뿌리의 종류와 특징

창포

'창포'라는 단어를 듣는 순간 누구나 단옷날 창포물에 머리를 감는 여인을 떠올린다. 샴푸 회사에서 보랏빛 꽃창포로 머리를 감는 광고를 한 탓에 꽃창포를 창포로 알고 있는 사람이 대부분이다. 창포는 붓꽃 같은 꽃이 피지만 약효는 없는 꽃창포와 영글지 않은 옥수수를 닮은 볼품없는 꽃이 피는 창포, 총명탕의 주재료로 바위틈에 사는 석창포가 있다. 꽃창포는 붓꽃과에 속하고 창포는 천남성과에 속한다. 창포는 머릿결을 아름답게 하기보다는 '아사론'이라는 성분이 두피의 가려움증을 완화하고 비듬에 좋다. 창포는 진정, 소화 촉진, 진해 거담 등 다양한 치료의 효능을 가지고 있다. 인도에서는 창포가 어린아이들이 장에 탈이 났을 때 쓰는 소중한 약재로 늦은 밤에 창포를 사러 온 사람에게 문을 열어 주지 않으면 처벌을 받았다고 한다. 창포는 주로 뿌리를 사용하는데 뿌리는 일 년 내내 채취할 수 있지만 8~9월에 채취한 창포가 가장 약효가 뛰어나다. 창포 뿌리를 주변에 두면 날벌레가 달려 들지 않는다.

꽃창포

도라지

미세먼지와 오염된 공기로 인해 폐 건강이 위협받으면서 도라지의 인기가 날로 높아지고 있다. 한자어로 길경(桔梗), 백약(白藥), 경초(梗草)라고도 하는 도라지는 초롱꽃과의 여러해살이풀이다. 꽃은 흰색과 보라색으로 피는데 흰색 도라지가 약효가 뛰어나다. 예로부터 제사에 쓰였던 삼색나물 중 하나이며 양념을 발라서 구워 먹거나 궁중연회에 쓰이는 각종 화양적에 필수적으로 들어가는 재료다. 섬유질이 많고 비타민과 무기질이 풍부하며 특히 쓴맛을 내는 주요 성분인 사포닌은 기관지와 호흡기 건강에 좋다. 도라지는 점성이 있고 독특한 향기가 있는데 포화지방산이 함유된 것이 특색이다. 《동의보감》에서는 '도라지는 성질이 약간 차고, 맛은 맵고 쓰며 약간의 독이 있어 폐, 목, 코, 가슴의 병을 다스린다.'라고 하였다. 《향약집성방(鄕藥集成方)》에는 '햇볕에 말린 도라지는 인후통을 잘 다스린다.'라고 하였다. 도라지의 껍질에는 사포닌 성분이 다량 함유되어 있으므로 껍질째 조리하는 것이 제대로 도라지 음식을 먹는 방법이다.

도라지

스스로의 힘으로 일어서는
창포식초

창포식초(창포초) **빚기 1**
(菖蒲醋方 1)

　예전에는 창포를 쉽게 만날 수 있었지만 지금은 창포의 주된 서식지인 호수나 물웅덩이가 사라지고 있어 만나기가 자꾸만 어려워진다. 어렵게 구한 창포는 물가에서 온 탓에 뻘 같은 흙이 잔뜩 묻어 있고 잔뿌리가 많아서 잘 씻기지 않는다. 창포 뿌리와 잎에서 독특한 향이 난다. 창포는 독이 있는 천남성과로 이슬을 맞혀서 법제를 해야 한다. 창포식초1은 아주 독특하게도 곡물이 들어가지 않는 식초다. 처음엔 선생의 실수라고 생각하기도 하였으나 물과 비교해서 창포의 사용량이 많고 창포식초2의 제법을 살펴보면서 창포 뿌리의 녹말을 활용한 식초라는 확신을 하게 되었다. 물론, 녹말이 쉽게 용출할 수 있도록 '창포 뿌리를 잘게 썰어라.'라는 부분도 일조하였다. 부패할 것이라는 우려와는 달리 향긋한 창포식초가 완성되어 그 기쁨은 이루 말할 수 없었다. 아마 창포 스스로 방부작용을 하여 잡균이 번식하는 것을 막는 것 같다. 자가 발전하여 식초가 되는 창포를 통해서 자연의 놀라운 힘을 다시 한번 느끼게 된다. 완성된 창포식초는 맛이 쓰고 독하며 전체적으로 강한 맛이 나서 약을 먹는 듯한 느낌이다. 창포의 효능으로 짐작해 보건대 창포식초는 조미료가 아니라 갑자기 졸도하는 사람이 생겼거나 복통이 심할 때 비상약으로 먹는 식초라는 생각이 든다. 10년 아니 100년이 지나도 변하지 않을 것 같은 창포식초다.

재료 창포 뿌리 2되, 물 1/3동이, 청주

음력 5월 4일에 창포 뿌리를 캐서 잘게 썰어 이슬을 맞힌 다음 다음날 새로 길어 온 물을 항아리에 담고 창포를 넣는다. 21일이면 식초가 익는데, 사용한 식초의 양만큼 청주를 더해 준다.

진정한 구원의 식초

창포식초(창포초) 빚기 2
(菖蒲醋方 2)

창포식초1이 온전히 창포의 능력으로 만들어진 식초라면 창포식초2는 창포주를 만들어서 식초를 담그는 전형적인 식초를 빚는 방법이다. 쌀이 들어가기 때문에 비교적 부드러운 식초가 나올 것 같다. 물론 단맛도 추가될 것 같아서 기대가 된다. 〈정조지〉 속의 다른 식초를 빚을 때는 식초에 앞선 술에는 큰 관심을 두지 않았으나 창포주가 시절주로도 의미가 있을 것 같아 알코올 발효 과정을 관리하였다. 톱톱하고 쌉쏘름한 맛이 진한 창포주가 완성되었는데 창포주의 첫 향은 별로지만 시간이 흐를수록 사람의 후각을 사로잡는 은은한 향기가 매력적이다. 술의 도수가 약한 것 같아 청주를 한 병 붓고 좁쌀죽도 넣어 주었다. 창포 뿌리를 어렵게 구한 탓에 다시 창포식초를 만들 수 있다는 기약이 없기 때문이다. 그럭저럭 신맛과 쌉쓸한 맛, 시원한 향이 나는 창포식초가 완성되었다. 〈정조지〉 속의 모든 식초가 다 소중하고 귀하지만 새로운 것 그리고 현대인의 건강에 좋은 식초에 관심이 있다면 창포식초를 강력 추천한다. 창포식초를 몽땅 만들기 위해 어렵게 토종 창포를 구해서 연구소의 밭에 심었다. 〈정조지〉 속의 식초 복원으로 얻은 큰 선물이 바로 창포식초다.

재료 창포 뿌리 1되, 흰쌀 2되, 물 2되, 누룩 2홉, 좁쌀 2홉

창포 뿌리를 캐서 잘게 썬 다음 햇볕에 말렸다가 항아리에 넣는다. 흰쌀을 흐물흐물하게 쪄서 항아리에 넣고 물을 끓여서 식힌 다음 누룩을 더해서 창포와 흰쌀이 들어 있는 항아리에 넣는다.
식초가 시원치 않으면 좁쌀죽을 끓여서 넣는다.

햇볕이 응축시킨 맛과 영양

도라지식초(길경초) 빚기
(桔梗醋方)

    도라지를 양에 상관없이 껍질을 벗기고 잘게 찢어 햇볕에 말린 후 항아리에 넣고 청주를 부어서 만드는 식초다. 만드는 방법은 간단하지만 의외로 식초 만들기는 쉽지 않다. 도라지를 말리는 것은 단맛을 더하고 청주의 흡수율을 높이며 도라지가 물러서 식초가 산패하는 것을 막기 위해서다. 예전에는 도라지가 쓴맛이 강해 꼭 물에 담가 쓴맛을 빼야 했다. 지금은 도라지의 쓴맛이 약해서 그냥 식초를 만들었는데 단맛을 좋아하는 미생물이 도라지의 쓴맛을 거부해서인지 실패하였다. 항아리 안의 도라지는 물러 터지고 포자가 날리는 곰팡이가 피었다. 두 번째도 '사포닌'을 보존하기 위해 물에 담그지 않고 대신 도라지에 설탕과 식초를 더해 도라지 식초를 성공시켰다. 쌉쓰레한 도라지 식초를 넣고 도라지 나물을 무쳤다. 건강한 맛이다.

재료 도라지 20뿌리, 청주 5병
도구 사기 항아리

도라지의 껍질을 벗겨서 잘게 부순 후 햇볕에 말려 사기 항아리에 넣은 다음 청주를 붓는다.

식물의 뿌리로 빚은 식초

《임원경제지》〈정조지〉권6 미료지류(味料之類) 식초[醋]편

창포식초(창포초) 빚기(창포초방)

5월 4일에 창포 뿌리를 캐서 잘게 썰고, 밤새도록 이슬을 맞힌다. 5월 5일에 새로 길어온 물 1동이를 창포 뿌리 5승과 섞어 식초를 빚으면 21일 뒤에 쓸 수 있다. 식초 1승을 쓰면 청주 1 승을 더 넣는 식으로, 쓸 때마다 술을 더해주면 10년이 지나도 변하지 않는다.《삼산방》

또 다른 법 : 5월 5일에 창포 뿌리를 캐고 잘게 썰어 햇볕에 5승을 말린다. 이를 먼저 병 안에 넣고 흰쌀 10승을 흐물흐물하게 쪄서 독에 넣은 다음 끓인 물 10승이 식으면 누룩 1승과 섞어 독에 붓는다. 그러면 14일 뒤에 완성된다. 만약 식초가 완성되지 않으면 좁쌀 1승으로 죽을 끓여 붓는다.《삼산방》

菖蒲醋方

五月初四日, 採菖蒲根, 細切, 經夜承露. 初五日, 新水一盆, 和菖蒲根五升, 釀醋, 三七日可用. 若用一升, 則添入淸酒一升, 隨用隨添, 十年不變.《三山方》

又法 : 重五日, 採根, 細剉陽乾五升, 先入甕內, 白米一斗爛烝, 入甕, 熟水一斗待冷, 麴一升和注, 二七日成. 若不成, 粟米一升作粥, 注之. 同上

도라지식초(길경초) 빚기(길경초방)

도라지를 양에 관계없이 껍질을 벗기고 잘게 부순 다음 햇볕에 말려 사기 항아리에 넣는다. 여기에 좋은 청주를 부으면 식초가 완성된다.《증보산림경제》

桔梗醋方

桔梗不拘多少, 去皮裂破, 日曬乾, 納砂缸中, 以好淸酒灌之則成醋.《增補山林經濟》

4. 당류로 빚은 식초

당류의 종류와 특징

꿀

꿀은 꽃의 화밀 또는 당분이 함유된 분비물과 이 두 가지로부터 생성되는 밀원(蜜源)을 꿀벌이 채집하여 벌집에 저장한 식용의 달콤한 물질로, 예전부터 감미료와 약용으로 이용하였다. 꿀의 성분은 밀원에 따라 약간 차이가 있지만 대체로는 수분 17~20%, 포도당, 과당 및 자당이 76~80%, 소량의 아미노산, 단백질과 무기질을 함유하고 있으며 비타민은 거의 없다. 설탕보다 열량이 높고 인체에 완전히 흡수되는 장점은 곧 살이 찌는 단점이 된다. 우리나라에서는 《삼국사기(三國史記)》에 신라시대에 꿀이 사용된 기록이 보이며, 《일본서기(日本書紀)》에는 백제 왕자가 일본에 양봉법을 전하였다는 기록이 있다. 꿀은 음료에 타 마시는 감미료로도 인기가 높지만 꿀을 넣은 빵과 음식이 점점 늘어나고 있는 추세다. 벌꿀의 빛깔과 풍미와 효능은 밀원의 종류에 따라 다르기 때문에 필요에 맞게 골라서 쓰는 재미가 있는 감미료다.

엿

엿은 단 먹거리가 귀한 시절 호랑이를 무력화시키는 곶감과 같은 간식이었다. 엿은 엿기름(맥아)에 찹쌀, 멥쌀, 조, 수수, 옥수수 등의 곡류와 감자, 고구마 등의 저류에 엿기름(맥아)을 넣어 당화시킨 것을 졸인 것이다. 엿은 농축 정도에 따라 조청이나 갱엿이 되는데 조청은 강정이나 정과를 굳혀 세찬 음식 등을 만들고 갱엿은 회갑연, 폐백 등의 필수 음식이었으므로 겨울철이 되면 가정마다 엿과 조청을 만들어 비치하였다. 우리가 흔히 먹는 흰엿은 갱엿을 녹여서 잡아 늘이는 과정에서 산소가 들어가 하얘지고 기포가 생겨서 쉽게 부서져 먹기 좋게 된 것이다.

식초는 달콤함에서 비롯되었음을
상기시켜 준

꿀식초(밀초) 빚기
(蜜醋方)

　식초를 꿀물에 섞어 먹는 것은 음료로 식초를 즐기는 가장 보편적인 방법이다. 신맛이 단맛과 가장 잘 어울리므로 이 방법은 식초의 맛을 잘 살리는 방법이다. 식초를 물로 희석한 뒤 꿀을 더하거나 꿀물에 식초를 타거나 어찌하든 이 음료를 보통 '꿀식초'라고 칭한다. 꿀식초의 조리법을 보는 순간 간단한 재료에 놀라고 너무도 쉬운 조리법에 놀란다. 누룩을 이용하거나 이용하지 않거나 늘 신경을 써야 하는 식초 만들기에 지쳐 있던 나에게 이 꿀식초는 너무도 매력적이었다. 당화 과정이 필요 없는 꿀은 식초를 빚는데 가장 좋은 재료다. 달콤한 꿀과 펄펄 끓는 물은 항상 준비할 수 있다. 막상 꿀식초를 빚으려고 할 때 어떤 꿀을 사용해야 하는지 망설이다가 싸리나무 꿀로 정하였다. 쉽기는 하지만 마음 한편에서는 '식초가 될까?'라는 의구심이 뭉게뭉게 피어오른다. 완전히 포기하는 마음으로 꿀식초를 담갔다. 그리고 잊어버렸다. 잊어버리려고 노력하였다는 것이 정확할지도 모른다. 어차피 실패할 것이고 여러 번 담가야 할 식초이기 때문이다. 버리기 위해서 맛을 보려고 뚜껑을 열었다. 손가락으로 찍어 먹어 보았더니 깔끔한 신맛이 나는 식초가 되어 있는 것이 아닌가? 마음 속에 드리워진 근심과 걱정거리들이 꿀식초의 성공과 더불어 날아가 버린다. "야~ 정말 신기하다!" 그 순간 혼자 있었다는 것이 아쉬웠다.

재료 꿀 500mL, 팔팔 끓인 물 1.5L

팔팔 끓인 뜨거운 물에 꿀을 섞고 뜨거운 채로 병 입구를 단단히 봉하여 따뜻한 곳에 둔다.

단맛의 대명사,
설탕의 혁명적 변신

엿식초(이당초) 빚기
(餳鮖醋方)

엿식초는 꿀식초와는 다르게 백국을 사용하는 점이 특별하다. 엿과 꿀은 단맛을 내는 당류라는 공통점은 있지만 탄생 과정 자체는 다르다. 꿀이 자연이 준 선물이라면 엿은 인간의 지혜와 노동의 농축물이다. 엿은 쌀과 맥아를 이용하여 식혜를 만들고 곡물 건지를 제거한 물을 계속 농축시키면 조청을 거쳐서 엿이 된다. 엿식초는 꿀식초와 더불어 선인들의 "당류가 변한 것이 술이다."라는 원리에 착안한 식초다. 엿을 물에 녹인 물 즉, 엿을 희석한 물로 식초를 만드는데 물의 양은 알코올 발효가 잘 일어나는 농도로 맞추어야 한다. 엿과 조청은 같은 것이므로 조청으로 식초를 만드는 것도 엿식초와 같은 방식으로 하면 된다. 당도계를 활용해서 18Brix로 맞춘 다음 백군균을 넣어 주고 4일 정도 밀봉하자 향긋하고 감미로운 술이 만들어졌다. 이 상태에서 알코올 발효를 멈추면 단맛이 나는 술이 될 것이지만 술이 목적이 아니므로 2일 알코올 발효 후 초산 발효시키자 백국균이 주는 산뜻한 청량감과 맥아의 부드러움이 담긴 섬세한 맛의 식초가 나왔다.

214   제2장

재료 엿 1근, 물 3근, 백국가루 8g

물을 솥에 넣고 몇 차례 끓어오르도록 한 다음 엿을 나누어서 골고루 섞는다.
따뜻한 기운이 남아 있을 때 백국가루를 더해서 병에 넣어 종이로 입구를 봉하여 햇
볕을 쬐는데, 봄과 가을에는 1개월, 겨울은 45일, 여름은 20일 동안 익힌다.
20일 즈음 흰 곰팡이가 식초의 표면에 끼면 식초를 그대로 두고 이 곰팡이가 저절로
떨어지면 식초가 익은 것이다.

엿의 맥아당은 포도당 두 개의 결합이고 꿀은 포도당과 과당으로 구성 되어 있어 엿은 꿀에 비해서 당화가 잘 일어나지 않는다. 꿀식초에는 누룩 을 사용하지 않아 선인들이 엿과 꿀의 포도당 구성이 다름을 알았다는 것 은 꿀과 엿식초를 통해서 알게 된다. 엿은 전통방식으로 만든 것을 구입해 야 한다. 대량 생산한 엿은 엿기름을 사용하지 않고 산을 이용해서 만들기 때문이다.

재미있는 엿 이야기

....

엿은 특유의 깊은 단맛과 끈적임으로 여러 이야기를 만들어 내 더욱 친숙하다. 엿의 딱 달 라붙는 성질은 시험에 붙는 것을 상징하여 지금도 합격 부적으로 사용된다. 엿은 부적일 뿐만 아니라 아주 훌륭한 뇌 영양제이기도 하였다. 조선의 왕들도 새벽에 눈을 뜨자마자 조청이나 꿀을 먹고 난 뒤 공부를 시작하였고 '과거 시험을 준비하는 선비의 집에서는 단 내가 난다.'는 속담으로 미루어 포도당이 학습기능에 직접적으로 영향을 끼친다는 점을 알고 있었던 것이다. 《영조실록》에는 과거 시험을 치르는 유생들이 저마다 엿을 하나씩 입에 물고 과거 시험장에 입장한다는 기록이 있는데 긴 시간 동안 뇌에 당분을 공급해서 집중력과 뇌 활성화를 높이려는 것이다. 이외에도 엿은 긴장한 마음을 풀어주기 때문에 정신적인 스트레스로 인한 복통을 예방하고 소화를 촉진하기 때문에 시험을 잘 치르게 하 는 효능이 있다. 뇌의 무게는 우리 몸의 약 5% 정도이지만 우리 몸에서 사용되는 에너지의 약 20%를 사용하므로 효과적인 당의 공급원인 엿이야말로 합격의 상징인 것은 맞다.
혼례를 할 때 폐백 음식으로 엿을 보내거나 친정 나들이에서 돌아오는 색시가 함지박에 엿을 하나 가득히 담아와서 일가친척들에게 돌렸는데 이것도 역시 엿으로 입막음을 하 여 며느리의 흉을 보지 말아 달라는 의미이며 "엿을 얻어먹었나? 입을 다물게…"라는 핀 잔도 같은 맥락이다.

당류로 빚은 식초

《임원경제지》〈정조지〉 권6 미료지류(味料之類) 식초[醋]편

꿀식초(밀초) 빚기(밀초방)

팔팔 끓인 맹물에 꿀을 섞어 뜨거운 채로 병에 넣는다. 병아가리를 단단히 막아 따뜻한 곳에
두면 식초가 완성된다.《증보산림경제》

蜜醋方

百沸湯和蜜, 乘熱納瓶中, 緊塞瓶口, 置溫處則成醋.《增補山林經濟》

엿식초(이당초) 빚기(이당초방)

엿 1근, 물 3근을 준비한다. 먼저 물을 솥에 넣고 여러 번 끓도록 달인 다음 모두 떠내어 여기
에 엿을 붓는다. 엿을 고루 휘젓고 따뜻해지면 백국(白麴)가루 2냥을 넣고 함께 고루 휘저어
병에 넣는다. 이를 종이로 봉하여 햇볕을 쬔다. 봄·가을에는 1개월, 겨울에는 45일, 여름에는
20일 동안 익히면 향과 맛이 매우 좋다.

병에 넣은 지 20일 이상이 되면 표면에 흰 골마지가 층을 이루며 생기는데, 이 층을 흔들지
말고 골마지가 저절로 가라앉을 때가 되어야 식초가 익어 완성된다. 만약 햇볕에 쬐지 않고
깨끗한 곳에 두고 흔들지 않아 저절로 익도록 두면 맛이 더욱 빼어나다.《거가필용》

餳餹醋方

餳餹一斤、水三斤, 先將水入鍋, 煎數沸, 豁出傾入餳餹. 攪均伺溫, 入白麴末二兩, 同攪
均, 裝瓶內, 紙封日曬. 春秋一月, 冬四十五日, 夏二十日熟, 甚香美.

下了到二十日之上, 有一層白醱, 面子休攪動, 至自落時, 乃成熟也. 若不日曬, 只安頓淨
處, 勿得動撓, 任其自然, 尤妙.《居家必用》

5. 식초를 다루는 여러 가지 방법

이름은 만년초라고 하여 그럴듯하지만 맛이 간 술을 고쳐서 만드는 재활용 식초다. 냉장 시설이 없던 여름철에 맛이 간 술로 마음이 힘들었을 사람을 생각하면 만년초는 '새옹지마(塞翁之馬) 식초'라고 할 수 있다. 사실, 술보다는 온 가족이 먹을 수 있는 식초가 훨씬 더 낫지 않은가? 맛이 변한 술은 시금털털하고 신맛과 술맛은 조금씩 있지만 이미이취(異味異臭)도 있다. 정신 나간 술, 똑똑한 식초, 그리고 이들의 힘이 되어 줄 밥이 합세하여 식초를 만든다. 원전에는 '쌀(米)'이라고 하였는데 생쌀은 당화가 어렵기 때문에 아마도 고두밥을 의미하는 것 같다. 귀한 밥과 식초를 더했는데 실패하면 상한 술은 애초에 버리는 것이 낫기에 위험 부담을 안고 있다. 만년초라는 이름 자체가 주는 무게감에 천 년, 만 년 갈 정도로 정성을 들여 빚은 식초로 생각하였으나 버려야 하는 술로 빚는 식초라니 괜스레 웃음이 난다. 이 만년초라는 이름에는 절대로 실패하지 않는 제조법이니 도전하라는 격려와 아까운 술을 절대로 버리지 말라는 압박, 그리고 이렇게 만든 식초는 만년이 지나도 변하지 않는 식초라는 메시지가 담겨 있다. 식초가 발효에 좋은 산 환경을 제공하기 때문에 면 보자기로 덮은 다음 하루에 한 번씩 저어 주면 3일 만에 상한 술의 맛을 신맛이 대신하게 된다. 적당한 압박과 격려, 희망이 담긴 식초로 맛과 형상은 막걸리 식초와 유사하다.

여름에 맛이 변한 술을 고치는 만년초방(萬年醋方)

재료 여름에 맛이 변한 술 2되, 쌀 2되, 식초 2되
도구 타다 남은 숯

맛이 변한 술, 쌀, 식초를 동량으로 섞어 항아리 안에 담고 타다 남은 뜨거운 숯을 항아리에 넣었다가 바로 꺼내어 봉한다.

뜨거운 숯을 항아리에 넣었다가 바로 꺼내어 봉한다.

맛이 간 술

식초의 미덕 중 하나는 잉여 농산물과 채소나 과일의 자투리도 재활용하여 새로운 가치를 창출하는 데 있다. 식초를 만드는 사람 중에는 특정 지역의 잉여 농산물 처리 방안으로 식초를 만들기도 하고, 몇몇 셰프들은 주방에서 나오는 과일과 채소의 자투리나 영양소가 풍부한 껍질을 버리는 것이 아까워 식초를 직접 만들어 음식에 사용하기 시작했다고 한다. 사실, 잉여 농산물은 다른 방식의 가공이 있기도 하고 자투리는 거름이 되기도 하지만 맛이 간 술은 쓸모가 없다. 식초 항아리에 맛이 간 술을 붓는 것을 주저하면 안 된다. 맛이 간 술을 구원하는 유일한 길이다.

식초 저장하는 방법[收藏醋法]

저장하는 식초 즉, 오래 두고 먹을 식초는 반드시 처음 생산된 식초 즉, 두초여야 하는데 식초의 산도가 높고 맛이 진하기 때문이다. 첫 식초를 따른 뒤에 곡물이나 술, 누룩 등을 더해서 빚은 식초는 산도가 떨어지기 때문에 보관하면 변질이 된다. 뜨겁게 달궈진 숯은 숯에 존재하는 균을 없애며 식초의 잡균을 죽이거나 흡수한다. 밀은 반드시 볶아야 하는데 볶는 과정에서 밀 껍질에 존재하는 불순물을 제거하고, 탄화된 밀은 숯처럼 불순물을 제거하고 훈향을 더해서 식초의 맛이 한층 좋아지기 때문이다. 구운 소금을 넣으면 짠맛이 신맛을 중화시켜 산도를 낮추기는 하지만 식초 위에 산막이 생기는 것을 방지한다고 하여 구운 소금의 장점과 단점을 동시에 기술하였다. 소금을 넣는 것은 각자의 선택이다.

맛이 간 식초 고치는 법[醫醋失味法]

예전에 식초는 남자가 주관하여 담갔다는 것을 의초실미법(醫醋失味法)을 통해 확신하게 된다. 수레 바퀴자국이 난 마른 흙가루를 산도가 떨어져 맛이 변질되거나 맛이 없는 식초 항아리에 부으면 맛이 좋아진다고 하였는데 흙의 성분이 식초의 맛을 고친다는 생각이 우선적으로 든다. 한편으로 '수레자국'에 주목하게 되는데 수레는 말이 끌고 식초를 담그기에 가장 좋은 날이 말날이므로 말의 기운이 담긴 흙이 식초 맛을 돌린다는 의미도 담겨 있다고 생각한다. 또한 맛이 간 식초는 변소 근처로 옮기면 본래의 맛을 되찾는다고 하였다. 이는 재래식 화장실에서 나오는 암모니아 가스를 초산균이 좋아하고 화장실 근처의 잿간에 초산균이 많이 있기 때문이라고 짐작하게 된다. 처음엔 이 방법들이 다소 당황스럽기도 했지만 찬찬히 따져 보면 과학적인 근거가 있다. 귀한 곡물로 담근 식초가 망가져 못 먹는 불행한 상황을 최선을 다하여 극복하려는 노력이 참으로 아름답다.

식초가 익지 않을 때[醫醋失味法]

식초가 익지 않을 때는 발효 시간이 충분하지만 익지 않은 경우와 식초를 급하게 쓰기 위해 짧은 시간에 식초를 익혀야 하는 두 가지의 경우가 있다. 전자는 여러 이유로 초산균이 제대로 임무를 수행하지 못한 경우이므로 '고치는 것'이 필요하고, 후자는 짧은 시간에 초산균이 임무를 마칠 수 있도록 최적의 발효 환경을 만들어 격려하는 것이 필요하다. 뜨거운 숯불을 식초 안에 넣으면 배양액의 온도가 올라가 몸을 움츠렸던 초산균은 다시 힘을 내고 부지런히 일하던 초산균은 좀 더 힘을 낸다. 이 방법은 급하게 식초를 만들 때 유용한 방법이며 술의 상태에 문제가 없을 경우에만 해당한다.

식초를 만들 때 금해야 할 것[造醋宜忌]

식초를 빚을 때는 생물이나 소금을 담거나 간기가 있는 음식을 저장했던 그릇을 사용하는 것뿐 아니라 정해진 사람 외에는 절대로 식초에 상관하여서는 안 된다고 하였다. 식초의 진행 과정을 잘 모르는 사람이 식초를 열고 머리카락을 떨어뜨리고 손가락으로 찍어 맛을 보려는 시도들이 모두 식초의 맛을 변질시키는 일이기 때문이다. 특히, 여자와 더러운 사람들을 금한다고 하였다. 여자를 금지했던 이유는 큰 항아리에 식초를 담갔던 당시의 상황을 상상해 보면 이해가 되는데, 힘이 약한 여자들이 식초 항아리를 통제하지 못하여 식초 항아리가 깨지고 다치는 것을 우려한 것 같다. 특히 여자들은 말을 많이 하기 때문에 그 과정에서 식초에 침이 들어가는 것을 경계한 것 같다.

식초를 다루는 여러 가지 방법

《임원경제지》〈정조지〉권6 미료지류(味料之類) 식초[醋]편

만년초(萬年醋) 빚기(만년초방)

여름에 맛이 변한 술을 쌀·식초·물 3가지 재료와 같은 양으로 섞어 독에 담는다. 그 독 안에 타다 남은 단단한 숯을 넣었다가 바로 숯을 꺼내고 급히 독아가리를 봉한다. 1개월이 지나면 식초가 완성된다.

식초를 쓴 뒤에 맛이 변한 술이 있으면 바로 독 안에 넣어주는 식으로 해야 식초가 몹시 시큼해진다. 이는 대개 민간에서 간편하게 쓰는 방법이다.《화한삼재도회》

萬年醋方

夏月用酒變味者, 米、醋、水三品等分和合, 盛甕, 投堅炭燼於內, 旋取出炭, 急封口, 經月成醋.

取用後, 如有酒之變味者, 逐旋入甕, 其醋最釅, 蓋民間簡便之法也.《和漢三才圖會》

식초 저장하는 법(수장초법)

일반적으로 식초를 저장할 때는 반드시 처음 나온 식초[頭醋]를 병에 넣는다. 병마다 달구어져 벌건 숯 1덩이를 넣고 볶은 밀 1자밤을 뿌린 다음 대껍질로 봉하고 진흙으로 단단히 막는다. 간혹 구운 소금을 넣을 때가 있는데, 그렇게 하면 도리어 맛이 싱거워진다.《거가필용》

쌀식초에 볶은 소금을 넣으면 흰 골마지가 생기지 않는다.《물류상감지》

收藏醋法

凡收醋, 須用頭出者裝入瓶, 每瓶, 燒紅炭一塊投之, 糝炒小麥一撮, 箬封泥固. 或有入燒鹽者, 反淡了味.《居家必用》

米醋內入炒鹽, 則不生白衣.《物類相感志》

맛이 간 식초 고치는 법(의초실미법)

임신부나 부인 때문에 맛이 망가진 식초는 수레 바퀴자국의 마른 흙가루를 일어 독에 넣으면 곧 맛이 돌아와 좋아진다.《제민요술》의 주(注)

일반적으로 식초의 맛이 망가졌을 때는 변소 근처에 독을 옮겨두면 곧 본래 맛으로 돌아온다. 《증보산림경제》

식초가 익지 않았을 때에는 숯불을 식초 독에 넣으면 곧 맛이 시큼해진다. 《화한삼재도회》

醫醋失味法
因妊娠、婦人所壞者, 車轍中乾土末淘著甕中, 卽還好. 《齊民要術》注

凡醋壞, 移甕置近廁處, 卽還本味. 《增補山林經濟》

醋如不熟, 以火炭投醋甕, 卽味醶. 《和漢三才圖會》

식초 만들 때 금해야 할 것(조초의기)
생수, 소금기가 있는 그릇 및 여러 사람의 손이 닿는 일을 금하는데, 모두 식초를 쉽게 상하게 하기 때문이다. 《사시찬요》

부인의 손이 닿거나 불결한 사람이 가까이 하지 않도록 한다. 깨끗하지 않은 것을 가장 금한다. 《화한삼재도회》

造醋宜忌
忌生水、鹹器及雜手, 皆易致敗. 《四時纂要》

勿使婦人觸, 穢人近之, 最忌不淨物. 《和漢三才圖會》

6. 〈정조지〉 식초에 담긴 과학

'옛날 사람들도 알 것은 다 알았다.' 선인들의 생활 속에 담긴 지혜가 현대와 견주어 뒤지지 않는 과학적인 요소들이 밝혀질 때마다 어른들이 즐겨 하는 말이다. 우리는 현대의 안락과 평안은 문명이고 예전의 불편한 삶은 비문명으로 선을 그어서 나눈다. 이 근거는 과학적이면서 합리적인 요소들을 바탕으로 결정된다. 우리 전통문화를 이야기할 때 오방색, 음양이론, 한옥의 선, 버선 등을 말하지만 인간을 힘들게 하는 불편한 진실이 감추어져 있다. 갓은 멋진 모자지만 망건이 머리를 옥죄어 혈액순환에 지장을 주고 갓의 챙은 지척만 볼 수 있게 하여 불편하다. 갓은 멋은 있지만 건강에 해로운 모자다. 이런 몇 가지 예가 옛날 것은 불편하고 합리적이지 못하다는 고정관념을 고착되게 하였다. 이런 인식은 전통문화 전반에 걸쳐서 확대되어 있다. 옛날 음식은 보기 좋고 건강한 음식이지만 손이 많이 가는 힘들고 불편한 음식일 뿐이다. 지금은 비빔밥, 한과 등 몇 가지 안 되는 전통음식을 떠올려봐도 그렇다.

〈정조지〉를 복원하면서 〈정조지〉 속의 음식이 참으로 '과학적'이라는 것에 내심 놀랐다. 만들기 힘든 음식도 현대적인 도구들을 사용하면 많은 부분을 극복할 수 있어 쉬운 음식이 되었다는 것도 알게 되었다. 〈정조지〉 권6 미료지류 식초 편은 과학적이고 과학적이었다. 〈정조지〉 식초에 담긴 과학적인 요소들을 간추려서 정리하여 본다. 왜 이렇게 해야 하는지에 대한 이유는 설명하지 못했지만 '이렇게 해야 식초가 잘된다.'라는 것을 오랜 경험을 통해서 터득하였고 이는 과학적인 원리를 기반으로 하고 있다. 〈정조지〉의 식초를 복원하는 내내 어른들의 말을 빌려 독백하곤 하였다. '옛날 사람들도 알 것은 다 알았다…'라고 〈정조지〉 식초 편에 담긴 옛날 사람들이 다 알았던 과학을 정리하여 보았다.

식초는 짠맛이 있다

보통은 식초에 담긴 짠맛에는 주목하지 않는다. 곡물과 과일에는 당분과 함께 나트륨(Na)이 함유되어 있어 맛이 조화롭기 때문에 먹었을 때 맛이 있다. 식초 역시 주원료가 되는 곡물과 과일에 나트륨이 있기 때문에 식초에 짠맛이 있는 것은 당연하다. 음식에 식초를 넣으면 맛의 균형이 잡히거나 식초를 넣으면 소금의 양을 줄일 수 있다는 것은 식초에 들어 있는 나트륨 때문이다. 염화나트륨(소금, NaCl) 5g에는 나트륨이 2g 함유되어 있다.

재료는 대략 씻는다

식초 재료의 표면에는 자연효모가 있어 발효를 왕성하게 해준다. 깨끗하게 세척하면 효모가 제거되므로 대강 씻는다.

더운 여름에 식초를 만든다

식초가 가장 잘 만들어지는 온도는 30~35도로 우리나라 한여름철의 기온에 해당한다. 〈정조지〉 식초의 대부분은 복더위 속에서 만든다. 누룩, 당화, 알코올 발효, 초산 발효 이 모든 과정에 관여하는 미생물이 가장 활발하게 활동하는 온도가 30~35도 내외라고 현대 과학은 밝혔다. 균에 따라서는 이 온도보다 높거나 낮은 환경에서도 활동을 한다.

술밥을 주어서 초산균의 힘을 기른다

식초가 완성되기까지 일정 기간을 두고 술밥을 공급하여 초산균이 지속적으로 발효를 유지할 수 있도록 하여 식초의 품질이 떨어지지 않도록 한다. 식초를 만드는 중간에 1~2회 넣어서 식초의 풍미를 올리거나, 식초의 생산과 소비를 동시에 할 때 술밥을 넣으면 식초가 계속하여 생산된다. 다만, 온도와 기타 조건들이 맞아야 한다.

항아리를 밀봉한다

산소의 주입이 차단되지만 항아리 안에 배양액을 가득 채우지 않으면 여분의 공간에는 산소가 존재한다. 효소와 효모가 산소를 소모하며 당화를 돕다가 산소가 떨어지면 혐기성 환경에서 효모가 알코올 발효를 한다. 〈정조지〉의 식초는 베 보자기와 항아리, 진흙으로 밀봉하는 방법 등으로 당화와 알코올 발효, 초산 발효를 조절한다.

항아리를 베 보자기나 풀포 등으로 덮기

저어 준다·흔들어 준다·휘젓는다

배지를 저어 주거나 흔들어 주는 과정에서 공기 중에 섞인 초산균이 들어온다. 초산 발효는 호기성 환경에서 일어나기 때문에 초산 발효 중 식초의 배지를 저어 주는 것은 발효를 촉진하고 식초의 품질을 올리는 중요한 작업이다.

> *인도 북동부에서는 쌀가루와 죽순발효액을 이용한 소스가 고대로부터 내려온다. 이 소스를 기본으로 다양한 향신료를 넣고 생선, 고기 등을 넣은 다음 조려서 먹는다. 이 음식을 만들 때 끓기 전까지는 절대로 저어서는 안 되는데 저으면 발효액에서 신맛이 나기 때문이다.

항아리를 베 보자기나 풀포 등으로 덮는다

초산균은 산소를 좋아하는 호기성 환경에서 초산 발효를 한다. 〈정조지〉의 식초는 호기성인 초산균의 원활한 유입을 위하여 베 보자기로 식초 항아리를 덮는다. 공기 중에 부유하고 있던 아주 작은 박테리아인 초산균이 베 보자기 틈 사이로 유입되어 초산 발효를 한다.

곡물을 볶거나 태워서 식초를 만든다

곡물을 태우면 곡물이 탄화되면서 숯의 성질을 지니게 된다. 발효 중에 생기는 불순물과 이물질을 흡수하고 누룩 등의 독을 제거한다. 탄화된 재료는 완성된 식초에 훈증의 향과 독특한 색을 부여하여 식초의 가치를 올린다.

벌레 먹은 과일과 떨어진 과일로 식초를 담근다

벌레 먹은 과일은 버려야 하기 때문에 식초로 만드는 이유도 있지만 벌레가 접근한다는 것은 같은 나무의 과일이지만 맛이나 향기가 더 뛰어나기 때문이다. 벌레가 과일을 먹는 과정에서 단백질 성분이 과일에 들어가 독특한 향미가 추가된다.

곡물을 볶거나 태워서 식초 만들기　　　　떨어진 과일로 식초 담그기

열이 많이 나는 나뭇잎을 덮어서 산국을 만든다

닥나무 잎, 여뀌 잎, 도꼬마리 잎, 삼나무 잎, 쑥 잎은 모두 뜨거운 성질을 가지고 있어 산국을 만들 때 덮어주면 곰팡이가 골고루 잘 편다. 보온력을 유지시켜 주는 것 이외에도 잎에 붙은 다양한 효모와 곰팡이 등이 곡물에 달라붙어 번식을 하기 때문에 역가가 높은 누룩을 만들 수 있다. 또한 나뭇잎에서 나는 초향(草香)이 누룩에 더해지면서 식초의 품질에도 영향을 주게 된다.

상한 과일을 곰팡이 피워서 식초를 담근다

상한 과일에는 이미 곰팡이가 피어 있거나 바로 곰팡이가 생긴다. 상한 과일에 생기는 곰팡이는 당화와 알코올 발효를 잘 일으키는 거미줄곰팡이와 털곰팡이다. 현대 미생물학에서는 발효가 어려운 환경에 이 강력한 곰팡이를 투입시킨다.

열이 많이 나는 나뭇잎을 덮어서 산국 만들기　　　　상한 과일을 곰팡이 피워서 식초 담그기

꿀이나 엿으로 식초를 담근다

보통 식초는 곡물이나 채소, 과일로 만든다고 생각한다. 식초 제조의 원리는 술이 있어야 하고 술이 있기 위해서는 당이 선행되어야 한다. 이 원리에 충실한 것이 꿀과 엿으로 만드는 식초다. 꿀의 당 구성은 과일의 당 구성과 유사하여 식초의 훌륭한 원료다. 꿀보다 포도당의 결합이 단단한 엿은 백국을 활용하여 식초를 빚는다. 효모는 포도당, 엿당, 과당, 설탕 등 다양한 당을 술로 만드는 능력이 있다.

막걸리나 청주를 이용한다

감이나 도라지 등 탄수화물과 당, 수분이 적은 과일이나 뿌리채소로 식초를 빚을 때 막걸리나 청주를 부어서 초산 발효를 촉진한다. 초산 발효가 지연되면 배양액이 상하고 식초가 완성돼도 산도가 약해 식초로서 가치가 없기 때문이다.

식초 항아리를 벽돌 위에 올린다

식초 항아리를 벽돌 위에 올려서 바닥과 일정한 간격을 유지시키는데 이는 바닥이 지나치게 차거나 뜨거우면 발효에 바로 영향을 미치기 때문이다. 바닥이 차면 발효가 억제되어 이상 발효와 산패의 원인이 되며 반대로 발효가 일어나고 있는데 바닥이 뜨거워도 품온이 지나치게 올라가서 산패를

막걸리나 청주 이용하기

초래하기 때문이다. 또한 식초를 담는 항아리에는 눈으로 보이지는 않지만 작은 구멍들이 있고 이 구멍을 통해서 발효액이 숨을 쉰다. 항아리의 작은 구멍을 통해서 외부의 습기들이 항아리 안으로 들어오게 되면 식초의 배양액이 상하거나 식초의 품질이 떨어진다.

식초를 보관할 때 항아리 입구에 풀을 태운 재를 올린다

항아리 뚜껑을 종이로 밀봉한 다음 풀을 태운 재를 올리면 재가 잡균의 번식을 막고 수분을 흡수하여 식초를 오래 보관하여도 변하지 않게 한다. 재가 항균 작용을 하는 필터의 역할을 할 뿐 아니라 항아리 속으로 들어가는 수분을 흡수하는 역할을 한다. 재를 식초 항아리에 올리는 방법은 식초의 보관뿐 아니라 된장, 고추장, 곡물 등을 보관할 때도 좋다.

맛이 간 식초는 변소 근처로 옮긴다

초산균은 암모니아를 좋아하여 암모니아가 있으면 더욱 활발하게 활동을 한다. 암모니아는 물에 잘 녹기 때문에 맛이 간 식초에 녹아들어 가 초산균의 활동을 도와준다. 맛이 간 식초를 살리기 위해서 식초 항아리를 변소 근처로 옮기는 것은 미신이 아니라 과학적이다. 옛사람들이 초산균이 암모니아를 좋아한다는 사실을 알고 있었다.

식초 항아리를 벽돌 위에 올리기

항아리 입구에 풀을 태운 재 올리기

〈정조지〉 속의 식초가 완성되는 과정을 통해서 현대 사회를 상징하는 과학이 곧 자연이라는 것을 새삼스레 느낀다. 아울러 옛날과 현대가 한 흐름 속에서 흘러가고 있으므로 나누거나 구분하는 것도 무의미하다는 것을 알게 된다. 식초를 빚는 다양한 방법이 존재한다는 것은 식초가 창의적인 음식이며 '창의'라는 본질에 기반하면 얼마든지 응용이 가능함을 의미한다. 목적지에 가는 길이 여러 개 있다면 우리는 어떤 길을 선택할지 망설이게 된다. 많은 시행착오 끝에 자신의 형편에 맞는 길을 선택하게 되듯 식초를 빚는 방법도 그렇다. 선생의 시대나 지금이나 식초를 빚는 방법은 똑같다. 공장에서 대량 생산하는 식초의 발효원리도 같다. 선생은 모든 과일, 열매, 뿌리, 곡물로 식초를 빚을 수 있다고 하셨는데 지금은 더 많은 재료로 사시사철 식초를 담글 수 있을 뿐이다. 현대의 식초 편은 어찌 보면 〈정조지〉 권6 미료지류 식초 편의 연장이라고 볼 수 있지만, 환경오염이나 여러 달라진 환경으로 선생의 시대보다 축소되었다. 이런 한계를 〈정조지〉 속의 식초 편을 응용하여 산사, 다래, 머루, 산수유, 개복숭아 등 많은 토종열매와 과일, 매화, 진달래, 장미 등의 꽃과 율무, 녹두, 줄풀쌀 등의 곡물로 식초를 담가 개성을 갖춘 아름다운 맛으로 넘고자 하였다.

〈정조지〉의 식초 제법을 활용한 현대 식초

제 3 장

조선셰프 서유구의 식초 이야기

율무의 피부미용과 종양 제거 효능을 믿고 한동안 밥에 넣어 먹거나 죽을 끓여 먹기도 했다. 율무라는 이름과 병아리 주둥이 같은 사랑스러운 외모 때문에 율무를 액세서리의 개념으로 구입한 적도 있다. 율무를 꿰어서 목걸이나 팔찌를 만들어 걸고 율무 식초로 만든 음식을 먹는 것도 재미있을 것 같다. 〈정조지〉 대초에서는 엿기름을 넣지 않았지만 율무가 쌀보다는 단단한 것이 마음에 걸려 당화를 촉진하기 위해 엿기름을 넣었다. 제3장의 첫 식초로 율무 식초를 선정한 이유는 오랜 율무 사랑과 율무와 같은 잡곡인 좁쌀로 빚은 '대초'가 〈정조지〉의 첫 식초로 등장하기 때문이다. 좁쌀로 빚은 대초가 폭풍우 치는 바다의 파도와 같았다면 율무 식초는 파도가 세게 치는 정도였다. 쑥향과 율무 특유의 고소한 향이 대초보다 훨씬 더 향기롭다. 약한 땅강아지 색이 도는 고상한 율무 식초는 맛이 그윽하고 막걸리처럼 부드럽다. 식초 음료의 베이스로 적당할 것 같다.

재료 율무누룩 500g, 율무 2kg, 오분도미 400g, 엿기름 200g, 물 400mL(엿기름용), 정수한 물 2.5L

율무와 오분도미는 10시간 정도 충분히 불렸다가 섞어서 고두밥을 지어 식힌다. 엿기름은 물에 불려 손으로 비빈 다음 밥과 함께 섞고 율무누룩은 잘게 부수어 대초를 만드는 방법처럼 고두밥, 누룩, 엿기름물의 순서로 놓아 켜켜로 쌓는다. 식초가 끓어오르기 시작하면 배양액이 넘치지 않도록 뚜껑이나 발효구를 열어서 조절하고, 정수한 물을 부은 다음 일주일마다 열어서 막대기로 저어주는 것을 2회 반복한다. 식초가 완성되면 걸러서 병에 보관한다.

* **율무누룩 만드는 방법** 거칠게 빻은 밀 200g, 율무 700g, 마른 약쑥과 정수한 물을 넣고 아주 되게 반죽을 하여 누룩틀에 넣어 발로 밟거나 손으로 빚는다.

율무 누룩 주무르기

녹두는 진한 초록빛의 작은 콩이다. 녹두는 예로부터 100가지의 독을 치유하여 천연 해독제로 알려졌으며 신진대사를 촉진하는 효능이 있다. 녹두에는 단백질, 철, 아연, 카로틴이 풍부해 어린이의 성장발육을 돕는다. 특히, 비타민 K와 비타민 E가 풍부해 면역력을 증강하고, 노화를 방지한다. 여름철 식중독에 걸렸을 때 녹두죽을 먹으면 큰 도움을 받는다.

전분을 뜻하는 말 '녹말(綠末)'이 녹두 분말에서 왔기에 감자, 고구마, 옥수수 등이 본격적으로 재배되기 전에 전분 대부분은 녹두에서 얻었다는 것을 알 수 있다. 녹두주를 몇 번 담갔던 경험이 있어 녹두 식초를 담그는 마음이 조금은 가볍다. 해독 작용이 뛰어난 녹두와 식초의 독을 조치하는 기능이 만났기에 녹두 식초를 해독 식초라고 해도 무방할 것 같다.

무심한 녹두에는 능글한 찹쌀보다는 담백한 멥쌀이 잘 어울릴 것 같다. 찐 녹두를 당화를 촉진하고 식초의 아로마를 올리기 위해 방망이로 짓이겼다. 완성된 식초가 향미가 약한 탓에 녹두 식초에 개성을 더해줄 바닐라 꼬투리를 넣었다. 바닐라 향기가 친숙함과 낯섦이라는 상반된 이미지를 동시에 느끼게 한다. 시간이 흐르면서 강한 바닐라 향기와 녹두의 향기가 잘 어우러졌다. 맛을 본 시식단이 색감과 향기, 맛에 개성이 있다고 입을 모은다.

재료 녹두 2kg, 멥쌀 2kg, 밀누룩가루 800g, 설탕 70g, 효모 5g, 물 5L, 바닐라 꼬투리 3개

녹두와 멥쌀은 하룻밤을 물에 담가 충분히 불렸다가 고두밥을 지어 식힌 다음 누룩가루와 녹두·고두밥을 잘 섞어서 항아리에 넣는다. 물에 설탕, 효모를 서로 잘 섞어 항아리에 붓고 면 보자기로 덮은 다음 항아리 뚜껑을 덮는다. 7일 후에 식초가 완성되면 항아리 뚜껑을 벗기고 3~4일에 한 번씩 막대로 저어주는데 20일 정도를 둔다.

식초가 완성되면 거른 후 바닐라 꼬투리를 넣고 식초가 식으면 병에 담아서 밀봉한다.

두뇌에 영양을 공급하는   흑임자 식초

고소한 흑임자를 크림에 섞어 빵에 바른 흑임자 크림빵이 인기다. 흑임자로 만
든 영양크림도 등장하였다. 떡고물이나 흑임자죽으로 먹던 시절에서 검은 흑임
자가 젊은 세대의 아이콘인 크림과 섞여서 먹고 바르는 시대가 된 것이다. 사람
들이 식초를 싫어하는 이유는 강한 맛 때문이다. 식초에 고소한 흑임자 맛이 담
기면 음식의 풍미를 올려주고 식초의 강한 맛을 중화시킬 것 같아 무작정 흑임
자 식초를 만들어 보기로 한다. 흑임자가 지방과 단백질이 많기 때문에 과연 식
초가 될 것인지 불안감이 몰려온다. 사실, 여러 노력에도 불구하고 흑임자 식초
는 그리 성공적이지 못하다. 그 무렵 지방과 단백질이 풍부한 콩으로 만든 대소
두천년식초가 대성공을 거두었던 참이었다. 흑임자를 찌면 흑임자의 지방이 녹
아 나오고 발효되기 쉬운 상태로 바뀐다. 다시는 항아리 안으로 들어가지 않겠
다는 흑임자를 달래서 겨우 항아리에 넣고 술과 약간의 쌀식초를 넣고 코르크
마개로 닫았다. 식초가 될 것 같지 않은 술에 빠진 흑임자를 지켜보았다. 점점
검은빛으로 변하고는 있지만 별다른 변화는 보여주지 않는다. 3달이 흐른 뒤 별
기대 없이 열어본 흑임자 식초는 산도는 제법 높지만 쪘기 때문에 고소한 맛은
진하지 않은 검은 식초가 되어 있었다. 걸러서 먹기엔 색감이 별로라 흑임자와
함께 통째로 갈아서 병에 넣고 냉장 보관하였다. 데친 연근을 흑임자 식초와 함
께 넣어 버무렸다. 무덤덤한 연근이 검은깨 식초를 만나서 건강함을 한가득 담
은 약선 음식으로 변신하였다. 어떤 식재료와도 잘 어울리고 쉽게 조리할 수 있
다는 것, 이것이 식초의 매력이다.

재료 흑임자 300g, 막걸리 2,300mL, 쌀식초 180mL

흑임자를 깨끗이 씻어 물을 뺀 다음 찜통에 넣어서 쪄서 막걸리와 쌀식초를 넣고 면 보자기로 덮는
다. 식초가 되면 식초액과 함께 흑임자를 곱게 갈아서 냉장고에 보관한다.

식초로 먹으면 더 좋은   보리 누룽지 식초

〈정조지〉의 보리 식초가 보리를 볶아서 고소한 맛과 색감을 더하고 삼황초가 고두밥을 말려서 식초를 빚는 것에 착안하여 보리 누룽지 식초를 만들었다. 곡물은 산성 식품이지만 타게 되면 탄화되면서 알칼리성 식품으로 바뀌게 된다. 곡물이 타면서 생긴 탄소 입자는 우리 몸의 독소와 중금속을 흡착하여 몸밖으로 배출하는 능력을 가지고 있다. 간장을 담글 때 숯을 넣거나 공기를 정화시키기 위해 집 안에 숯을 두는 것도 같은 효과를 보기 위해서다.

보리밥을 하고 생긴 누룽지로 식초를 빚어보았다. 지금은 열효율이 좋은 압력밥솥으로 밥을 짓기 때문에 누룽지가 만들어지지 않지만 예전에는 세숫대야만한 누룽지가 밥을 지을 때마다 생겼다. 부족한 시절, 누룽지는 훌륭한 간식이었다. 지금은 보리 누룽지로 건강에 좋은 식초를 만들었다. 구수한 보리 누룽지의 향이 의외로 잘 살아 있는 식초다.

재료 보리 누룽지 700g, 볶은 보리 200g, 밀누룩 200g, 물 3L

보리 누룽지를 물에 불린 다음 누룩을 넣고 손으로 잘 깨서 부순다. 항아리에 넣은 다음 면 보자기로
덮고 매일 한 번씩 3일을 저어 준 후 볶은 보리 한 줌을 넣어 준다. 다시 매일 한 번씩 3일을 저어준다.
식초가 완성되면 식초를 걸러서 볶은 보리를 한 줌 더한 다음 어두운 곳에서 보관한다.

홍국의 분홍 고운 빛에 반하다 홍국 퓨레 식초

〈정조지〉의 무국초를 빚으면서 물이 들어가지 않은 발효 고두밥의 순백의 향기와 맛에 반해서 물을 더하지 않은 되직한 식초를 빚고 싶었다. 물이 들어가지 않은 순백의 식초는 샐러드의 소스나 건강한 간식으로 다양하게 활용할 수 있을 것 같다. 하얀 눈밭에 발자국을 찍고 싶은 마음처럼 흰 식초에 고운 물을 들이려고 진달래 빛 홍국쌀 가루를 넣었다. 간단하지만 아름다운 식초에 대한 기대가 실망으로 변할까 두렵기도 하였다. 보름 뒤 면 보자기를 걷어 보니 진달래가 하얀 항아리에서 활짝 피어 있었다. 급한 마음에 손가락으로 살짝 찍어서 식초 맛을 보았다. 깔끔하고 담백하지만 물을 타지 않아서인지 깊은 맛도 느껴진다. 농축된 크림치즈와 요거트의 중간 형상으로 어떤 음식에도 잘 어울릴 것 같다. 이 분홍빛 식초를 사랑하지 않을 사람은 이 세상에 아무도 없다!

재료 쌀 300g, 홍국쌀 가루 20g

쌀을 3일 동안 물에 불려서 밥을 지어 항아리에 뜨거운 밥을 반만 채우고 나무주걱을 꽂은 다음 밀봉한다. 7일 뒤 곰팡이가 피면 홍국가루를 섞고 식초가 완성되면 병에 담아서 보관한다.

기다림 끝에 얻은 응축된 진미

오랜 기간 발효하는 식초를 좋다고 하지만 과일 식초는 짧게 발효하는 것이 과일 본연의 맛을 살리는 가장 좋은 방법인 것 같다. 물론, 발사믹식초는 끓여서 졸인 농축액으로 만들기 때문에 다르다. 쉽게 만들지만, 결과물이 만족스러운 식초가 청포도와 적포도 식초다. 청포도와 적포도를 가볍게 씻은 다음 대강 으깨서 설탕과 섞어 각각 병에 담아서 밀봉하였다. 일주일 뒤 포도에서 즙이 나오자 사과 식초를 넣고 맨 위에 이화곡 가루를 살살 뿌려 주었다. 다시 밀봉한 다음 술이 된 것을 확인하고 면 보자기를 덮어서 초산 발효시켰다. 찌꺼기를 거르고 두 번 여과한 다음 포도 몇 알을 병에 담고 식초를 넣었다. 속성으로 만든 포도 식초는 포도의 풍미에 신맛과 단맛이 잘 조화를 이룬 식초로 맛과 향이 좋지만 청포도 식초의 색이 곱지 않은 것이 아쉽다.

재료 청포도 2kg, 적포도 2kg, 설탕 400g, 이화곡 가루 150g

청포도와 적포도는 대강 씻어서 으깬 다음 설탕을 섞어서 각각 병에 밀봉하여 두었다가 7일 뒤 포도 즙이 나오면 사과 식초를 항아리에 넣고 맨 위에 이화곡 가루를 뿌린다.
항아리를 면 보자기로 덮은 다음 따뜻하고 어두운 곳에 두는데 신맛이 나면 찌꺼기를 걸러서 냉암소에 보관한다.

기분 좋은 상쾌함, 매콤함이 살아 있는   고추 식초

고추 식초는 음식에 깔끔한 매운맛을 줄 것 같아 꼭 만들어 보고 싶은 식초였다. 고추 식초야말로 한국 음식의 매운맛을 음식에 세심하게 담는 데 일조를 할 것 같다. 고추 식초를 활용한 샐러드, 불고기, 심지어 커피, 칵테일 등의 음료에 넣어도 신맛과 매운맛이 더해져 색다른 즐거움을 줄 듯하다. 말린 청양고추와 생 청양고추를 쌀과 함께 섞어서 넣고 발효를 하였지만, 발효 과정에서 신기하게도 매운맛이 사라지고 산도가 낮아 쓸 곳이라는 하나도 없는 식초가 연거푸 탄생하였다. 발효가 고추의 알싸한 매운맛을 순화시키고 캡사이신이 고추의 발효를 저지하는 것 같다. 여러 번 시도하였지만, 마음에 드는 식초를 얻지 못하고 고민하다가 고추 식초에 대한 뜨거운 열망을 잠재울 길이 없어 다시 도전하였다. 고추 식초에서 기대하는 매운맛의 집착에서 벗어나 고추를 구워서 훈제의 향과 단맛을 더하고 고춧가루로 매운맛을 더하기로 한다. 구운 고추를 돌절구로 짓이긴 다음 막걸리와 황국균 가루, 식초를 조금 부어서 초산 발효를 시켜 식초에서 신맛이 제법 날 무렵에 고운 고춧가루를 섞어서 발효를 마무리하였다. 달큰한 고추 향과 매콤함이 살아 있는 고추 식초가 만들어졌다.

재료 훈제해서 말린 고추 20개, 황곡균 가루 3큰술, 생막걸리 1병, 식초 1큰술, 고춧가루 1큰술

붉은 청양고추를 숯불에 훈제하여 말린 다음 믹서기로 대략 갈아 병에 넣고 황곡균과 생막걸리, 고춧가루, 식초를 넣고 면 보자기로 덮는다. 항아리를 따뜻한 곳에 옮겨 두고 발효되면 걸러서 쓴다.

사과식초는 맛도 좋지만, 색이 튀지 않아서 침출식 식초를 만들 때 베이스 식초로 사용하면 좋다. 빨간 요정처럼 사랑스러운 꽃사과는 사과와 산사의 장점을 두루 가지고 있다. 꽃사과에는 펙틴이 포함돼 있어 장의 경련을 완화하는 데 효과적이며 설사 증상을 해결하고, 산사의 소화 촉진 기능이 더해져 식초가 가진 소화 촉진의 기능을 보완하는 식초의 멋진 친구. 꽃사과 식초도 다른 과일 식초처럼 가능한 단시간 내에 만들어야 꽃사과의 향미가 식초에 잘 담긴다. 과일 식초 배양액에 부족한 당도를 보강할 때는 설탕을 넣고 당도가 높을 때는 낮추기 물을 넣어 당도를 조절하는데 이때 물 대신 약초 달인 물을 넣으면 우리 몸에 좋은 약식초가 된다. 꽃사과의 맛과 색감을 살릴 재료로 항암 작용이 뛰어나고 다른 나뭇가지에 붙어서 겨우겨우 살아가는 겨우살이로 정했다. 꽃사과 겨우살이 식초를 식후에 마시면 소화 불량을 예방하고 음식을 먹기 30분 전에 미온수 한 잔과 섞어서 마시면 과식을 예방할 수 있다. 항암 효과, 항노화, 항산화 등의 거창한 효능을 떠나서 일단 소화를 잘 시키고 적절한 체중을 유지하는 것이 건강의 기본이 아닐까?

* 사과의 갈변을 막고 싶으면 레몬을 넣어 주면 된다.

* **겨우살이** 주로 참나무, 자작나무, 밤나무의 가지에 기생하는 겨우살이는 꾸준히 장복하면 머리카락을 튼튼하게 하여 탈모를 막아주고, 치아가 튼튼해지며 시력이 좋아진다. 겨우살이는 이소플라본, 비소코톡신 등이 풍부하여 암세포의 성장을 막아주는 효능이 있다.

재료 꽃사과 2kg, 겨우살이 달인 물 2L, 말린 산사 200g, 효모 3g, 갈색 설탕 260g

겨우살이를 달여서 따뜻할 때 갈색 설탕을 넣어 잘 녹이고, 꽃사과는 꼭지를 뗀 다음 깨끗이 씻어 물기를 제거하고 4~5조각을 낸다. 꽃사과를 병에 넣고 겨우살이 액과 말린 산사 효모를 넣고 밀봉한 다음 더운 곳에 두었다가 한 달 뒤 개봉하여 면 보자기로 덮은 다음 더운 곳에 둔다.

맑은 향기와 군자의 덕을 갖춘 식초   대나무 통 식초

식초를 만들면서 가장 고민스러운 부분 중의 하나가 식초를 담는 용기다. 항아리는 무겁고 기동성이 떨어지며 공간을 많이 차지하는 단점이 있다. 유리 항아리도 발효 상태를 확인할 수 있는 장점이 있지만 깨질까 조심스럽다. 〈정조지〉권5 할팽지류(割烹之類) 번자(燔炙) 게 구이[자해방(炙蟹方)]를 복원하면서 대나무를 그릇으로 활용한 경험이 대나무 통 식초를 빚게 하였다. 큰 대나무 통은 지름이 15cm를 넘어 식초를 담기에 넉넉하다. 오크통에서 빚으면 좀 더 나은 식초가 되지 않을까 하는 생각을 가졌지만 오크통의 비싼 가격에 놀라서 포기하였기에 대나무 발효통이 주는 기쁨이 더욱 크다. 대나무 통은 가격도 저렴하지만 대나무 통 안에 살고 있던 효모들이 발효를 촉진해서인지 식초의 발효가 훨씬 안정적이고 향취도 고급스럽다. 서서히 식초의 양이 줄어드는 것이 항아리로 발효를 할 때보다 조금 빠른 것 같다. 대나무 통만 있다면 맑은 대나무 향기를 담은 식초를 쉽게 담글 수 있다. 더군다나 대나무는 변함없는 푸르름과 곧은 모습으로 지조와 절개를 상징하므로 오래도록 아니, 평생 변치 않아야 하는 식초라는 이야기를 담기에 충분하다.

재료 고로쇠 수액 1컵, 배즙 1컵, 종초 1컵, 청주 2컵
도구 마디가 있는 대나무 통

대나무 통은 뜨거운 물에 넣어서 소독한 다음 말려 두고, 배는 껍질을 벗겨 강판에 갈아 면 보자기에 넣고 짜서 즙을 만든다. 대나무 통에 종초, 청주, 배즙, 고로쇠 수액을 넣어 면 보자기로 입구를 덮고 25도 정도에서 3~4일 정도 발효시켜 초막이 생기면 살살 저어 준다. 식초가 되면 대나무 통을 냉장고에 보관한다.

쉽게 만들어 가치 있게 활용할 수 있는 　　　　　　무 식초

사시사철 과일을 먹을 수 없던 시절 무는 겨울철 비타민 C의 중요한 보급원이었다. 귀하게 여기는 채소는 아니지만 어떤 채소도 무를 대신할 수 없다. 〈정조지〉 권2 구면지류(糗麪之類)에 소개된 구면(句麪)은 무를 넣은 국수다. 순박하면서도 담백한 구면으로 무의 가치를 새롭게 평가하게 되었다. '무'의 가치를 담아낼 음식에 대해서 항상 생각하곤 하였다. 무처럼 무 식초도 쓰임새가 많을 것 같아 만들어 본다. 무 속에 풍부한 소화효소인 디아스타아제(Diastase)를 지키기 위해 황국과 효모, 그리고 식초를 넣어 안정적이고 빠른 발효를 유도하였다. 완성된 무 식초는 무 특유의 향미가 잔뜩 살아 있으면서 산뜻하고 가벼워 어떤 음식과도 잘 어울린다. 해물 육수를 만들 때 무 식초를 1스푼 넣으면 비린내가 사라진다. 빵 반죽에도 넣으면 발효가 빨라지고 시큼한 향이 천연발효종을 사용한 빵과 똑같은 풍미를 낸다. 무 식초를 만들 때 수분이 많고 매운 맛이 덜한 무가 좋다.

재료 무즙 2L, 조청 40g, 황국 가루 15g, 효모 3g, 식초 10mL

무는 강판에 갈아 면 보자기에 짜서 무즙을 내고, 무즙 1컵을 미지근하게 데워서 조청을 녹인다. 조청을 넣은 무즙에 효모를 넣고 잘 저은 다음 병에 넣어 면 보자기로 덮고 뚜껑을 덮어 두었다가 술이 되면 뚜껑을 열어주는데, 하루에 1번씩 저어 준다. 무 식초가 완성되면 냉장고에 넣고 보관한다.

시간 속에서 간직한 지조와 고결의 향기   매화 식초

식초와 가장 잘 어울리는 꽃으로 매화가 떠오른다. 톡 쏘는 듯한 매화의 쌀쌀한 향기와 식초의 톡 쏘는 산미가 닮았다. 종종 장미와 치자 향기를 최고로 치기도 하지만 새코롬한 바람에 담긴 맑은 매화의 청신한 향기를 따라잡을 수는 없다. 한참을 올라가야 하는 지리산 중턱의 어느 마을 입구에서 채취한 매화를 넣어 누룩을 만들었다. 밀의 다정한 향기와 매화의 새침한 향기가 너무나 잘 어울린다. 매화 누룩을 매화 나뭇가지 침대에 눕히고 매화 나뭇가지 이불을 덮어주어 매화의 향기 속에서 발효가 되도록 하였다. 누룩이 발효되면서 나는 향미가 약하여 불안한 마음으로 누룩을 살펴보았는데 흰 솜털이 마른 매화 사이로 슬며시 피어나고 있다. 아마도 매화가 누룩 특유의 냄새를 제거한 것 같다. 매화 누룩 식초에서도 한번 거른 뒤에 소금에 절여 두었던 매화 몇 송이를 넣어서 5일을 숙성시킨 다음 다시 한번 걸러서 병에 담았다. 매화 식초에 발효를 촉진하기 위해서 매화 나뭇가지를 넣었던 탓인지 쌉싸름한 향미가 매화의 향기, 쌀의 단미와 어울려 독특한 풍미를 자아내는데 일부는 이 향미를 낯설어하기도한다. 매화 나뭇가지의 향이 너무 진했던 것 같다.

재료 매화 1 바구니, 통밀 1kg, 쌀 1kg, 물 1.7L, 소금에 절인 매화 80g
도구 매화 나뭇가지

매화는 살짝 물에 씻어 물기를 빼고 통밀은 거칠게 빻아서 물을 넣고 반죽을 하다가 매화를 더해서 반죽한다. 어른 주먹만 한 크기로 반죽을 빚은 다음 지름 10cm, 두께 3.5cm로 만들어 따뜻한 방 안에 대자리를 깔아 놓고 매화 나뭇가지를 올린 다음 누룩을 올리고 다시 매화 나뭇가지를 덮고 면 보자기로 덮는다. 곰팡이가 핀 누룩은 망치로 때려서 밤톨 크기로 만든 다음 만 하루를 밖에 둔다.
하룻밤 불린 쌀로 고두밥을 지어서 식힌 다음 매화 누룩을 넣고 골고루 섞어 물을 붓고 다시 잘 섞는다. 배양액을 매화 나뭇가지와 함께 항아리에 넣고 면 보자기로 덮은 다음 항아리 뚜껑으로 덮어주었다가 술 익는 냄새가 나면 뚜껑을 열어 주는데, 하루에 한 번씩 매화 나뭇가지로 저어준다. 식초가 완성되면 소금에 절인 매화를 넣어 유리병에 담아서 어두운 곳에 보관한다.

당도를 구하는 방법

식초, 특히 과일 식초를 담글 때는 당도가 중요하다. 배양액이 일정한 당도를 가지고 있어야 좋은 술이 나오고 식초가 나오기 때문이다. 대개 17~24Brix로 식초를 만드는데 당도가 낮으면 식초가 빨리 되고 당도가 높으면 식초가 늦게 된다. 과일 자체가 당도를 가지고 있기 때문에 좋은 술이 나오는 당도 구하는 방법을 알고 있으면 당도계 없이도 당도를 계산할 수 있다.

식초를 만들 때 당도를 구하는 공식

$$당도 = \frac{용질}{(용매 + 용질)} \times 100$$

용매는 물, 용질은 설탕이며 물은 비중이 1이기 때문에 1L의 무게는 1kg이다.
예 1) 물 1L에 설탕 500g을 넣어서 녹인 물의 당도는 위의 식에 넣어서 계산하면 33.3Brix가 된다.
예 2) 물 1L에 설탕 1kg을 넣으면 당도는 50Brix가 된다.

과일 식초를 만들 때 당도를 구하는 공식

물에 설탕을 더해 당도를 구하는 방법은 비교적 간단하지만, 기본적으로 당도를 가진 과일에 당도를 추가하는 것은 조금 더 까다롭다. 평균 15Brix의 당도를 가지고 있는 포도 2,000g을 예로 들어 보자.

가지를 제거한 포도알 2kg이 24Brix가 되기 위해 아래 공식에 대입해 보면,
(포도알 무게) × (식초가 되기 위한 당도 − 원래 포도의 당도) ÷ 100 = 추가할 설탕의 양
즉, 2000g × (24-15) ÷ 100 = 180g이 된다.

포도의 수분 함량은 90%이기 때문에 나머지 10%의 물로 가수를 해서 100%를 만든다.
포도가 2,000g이므로 10%인 200g의 물을 가수해야 한다. 200g의 물에 들어갈 설탕의 양은
가수할 물의 양(200g) × 24/100= 48g 즉, 포도 2,000g이 식초가 되기 위한 설탕의 양은
180g + 48g = 228g이 된다.

당도를 내릴 때의 공식

과일 청으로 식초를 만들 때 대개 청의 당도는 50Brix 이상이 나온다. 이 당도에서는 발효가 되지 않기 때문에 물을 첨가하여 당도를 낮춘다. 물 100mL는 당도 2.5를 내리기 때문에 당도가 50Brix인 과일 청 1L에 동량의 물을 부으면 당도가 1/2로 줄어 25Brix가 된다. 가장 맛 좋은 식초를 만드는 당도 24Brix를 맞추기 위해서는 물의 양은 약 1,100mL를 추가한다. 당도 25Brix부터는 식초가 되지 않고 대부분의 과일 청은 당도가 50Brix를 넘기 때문에 당도계 없이 과일 청으로 식초를 만들 때는 안전하게 물을 더 넣어 당도 24Brix를 넘지 않도록 한다.

완벽을 노래한   장미 식초

장미 식초는 누구나 다 좋아할 수밖에 없는 식초다. 썩어도 준치라더니 장미는 식초가 되어도 아름다움을 잃지 않는다. 장미는 원래 신맛이 강한 꽃이지만 식초의 상큼한 신맛까지 더해지니 날개옷을 찾아 입고 하늘로 올라가는 선녀처럼 사뿐하고 가볍다. 그럼 나머지 식초는 나무꾼 식초가 되는 셈이다. 설탕을 이용하여 장미 청을 만드는데 장미 청은 밖에 3일 정도 둔 다음 화이트 와인과 사과 식초를 넣고 냉장 보관한다. 청이 만들어진 다음에는 당도 20Brix 정도로 맞추는데 물 대신 오미자 석류 주스, 딸기 주스를 더해서 색감과 맛을 더했다. 알코올 발효를 위해 효모를 넣고 초산 발효 단계에서는 장미꽃잎을 더해서 장미의 아름다운 향기가 살아 있는 식초를 만들도록 한다. 장미 식초는 당도계만 있으면 초보자도 쉽게 만들 수 있는, 바라보기만 해도 몸과 마음이 아름다워지는 식초다.

재료 유기농 장미꽃잎 한 바구니, 물 2L, 설탕 400g, 효모 2g, 사과 식초 1T

장미꽃잎은 깨끗이 씻어서 물기를 빼고 장미꽃잎에 설탕을 섞어서 30분 정도 둔 다음 항아리에 넣고 물을 붓는다. 설탕이 잘 녹도록 3일간 매일 저은 다음 한 달 정도 지나 장미 청이 완성되면 장미를 걸러 병에 담고 사과 식초를 넣는다. 당도를 점검한 다음 장미꽃잎을 넣고 면 보자기로 덮었다가 완성되면 장미꽃잎을 걸러서 병에 넣고 냉장 보관한다.

*장미꽃잎은 반드시 유기농을 사용해야 한다.
*장미 식초는 기존의 식초에 담가서 장미의 향과 영양을 침출하여 먹는 것도 좋다.
*침출식으로 장미 식초를 만들 때 곡물 식초를 이용하면 색이 옅어지게 되는데, 색이 아쉬울 때는 비트즙, 오미자즙, 석류즙을 넣어서 색을 살리면 좋다.

가을이 준 선물 무화과 식초

무화과 식초는 〈정조지〉 속의 복숭아 식초의 제법을 참고하였다. 복숭아 식초가 여름 식초라면 무화과 식초는 가을 식초. 복숭아 식초가 밀봉 상태에서도 조직이 무너지지 않아 즙이 되지 않는 것이 너무 답답하였는데, 복숭아의 큰 씨앗에 과육이 단단하게 연결되어 있어 그런 듯하다. 녹아내린 복숭아를 씨앗과 분리하는 것도 의외로 번거로웠다. 과육이 부드럽고 씨가 있는지 없는지 모를 무화과가 천연 발효 과일 식초의 재료로 가장 좋을 것 같다고 생각하였다. 과일 매장의 팔리지 않아 물러버린 무화과의 안타까운 모습도 무화과 식초에 대한 환상을 불러일으켰다. 복숭아 식초의 성공에 힘입어 만든 무화과 식초는 복숭아 식초처럼 자극적일 정도로 향기롭거나 달콤하지는 않지만 무덤덤한 듯 순수한 단맛이 미각을 사로잡는다. 복숭아 식초의 향내가 자극적이라는 생각까지 든다. 복숭아 식초를 만들면서 댓돌에 흘린 즙의 향기에 끌린 벌이 윙윙거리며 댓돌 주변을 떠나지 못한다. 복숭아 식초를 너무 헐뜯은 것 같다. 복숭아 식초가 천상의 식초라면 무화과 식초는 지상의 식초다.

재료 무화과 3kg, 설탕 250g, 꿀 110g, 효모 3g, 물 250cc, 사과식초 100cc

잘 익은 무화과와 설탕을 깨끗하게 소독한 유리병에 담고 밀봉하는데, 무화과가 녹아내려서 반쯤 물이 되면 깨끗한 손으로 주무른 다음 건지를 제거한다. 무화과즙을 유리 항아리에 담고 사과식초와 설탕, 꿀을 넣어 산도는 2.0%, 당도는 20~24Brix로 맞춘다. 항아리를 면 보자기로 덮고 따뜻한 장소에서 발효시킨다.

＊무화과 발사믹

무화과 식초를 이용하여 무화과 발사믹식초를 만들었다. 무화과를 으깬 다음 끓여서 만든 무화
과 농축액과 무화과즙, 무화과 식초, 말린 무화과, 설탕을 대나무 통에 넣어서 발효시켰다. 식초
의 점도를 높이기 위해서 칡 녹말을 끓여서 섞어 주었다. 처음 만드는 방식의 식초였지만 상하지
않고 산도가 낮은 식초가 되었다. 무화과 식초를 넣었던 것이 상하지 않게 한 듯하다. 기대하지
않았기에 대나무 통에 넣고 별다른 신경을 쓰지 않았던 것도 식초에게는 편안함을 주었던 것 같
다. 식초의 강한 맛을 싫어하는 사람에게 정말로 추천하고 싶은 식초지만 더 노력해서 완성도를
올려야 한다. 지금, 불안정한 식초를 소개하는 것은 수분이 많아서 오래 두면 곰팡이가 생기는
무화과를 잘 활용했으면 하는 바람에서다.

가슴까지 뻥 뚫리는 상쾌함

박하사탕 식초

박하사탕 식초는 〈정조지〉의 엿 식초를 복원하면서 만들게 된 식초다. 박하사탕은 박하 특유의 시원한 향기와 청량감으로 답답하던 속을 확 뚫어준다. 민트 잎으로 침출식 식초를 만들었는데 민트의 상쾌함은 어디로 갔는지 맛도 텁텁하고 색도 곱지 못하여 실망하고 있었다. 박하사탕 속의 박하는 천연 박하가 아니라 멘톨(Menthol) 성분이므로 식초가 되지 않을지도 모르지만 만들어 보기로 한다. 박하사탕을 찬물에 천천히 녹이고 설탕을 넣어서 당도를 맞춘 다음 청량한 맛을 살리기 위해 민트 잎 찧은 것과 효모를 넣고 식초도 약간 넣었다. 7일 만에 상쾌한 술이 되고 다시 10일 뒤 식초가 되었는데 상쾌한 향이 약한 것 같아서 멘톨을 조금 넣어 다시 3일을 숙성시키자 상쾌한 향과 신맛이 나는 독특한 맛의 식초가 탄생하였다. 오렌지주스에 박하사탕 식초를 넣어 마셨는데 상쾌한 향기와 맛이 그만이다. 박하사탕 식초는 음료용으로 좋다.

재료 박하사탕 7개, 설탕 250g, 민트 잎 10장, 물 1L, 효모 2g, 멘톨 2g

박하사탕을 미지근한 물에 녹여서 당도를 확인한 다음 설탕을 더해서 당도를 맞추고 효모를 넣어 유리병에 담는다. 민트 잎을 찧어 넣고 면 보자기로 덮은 다음 발효가 끝나면 멘톨을 넣어 박하향을 가미한다.

*멘톨은 박하뇌라고도 하는데 박하의 잎이나 줄기를 증류하여 얻은 다음 냉각 정제한 백색 결정체로 시원한 맛이 있어 의약품에 널리 쓰인다.

강의 생명력을 담아 건강에 특히 좋은 　　　　　줄쌀 식초

줄풀은 고장초라고도 하는데 부들처럼 강가에서 자생한다. 〈정조지〉권2 취류 지류(炊餾之類) 밥편에 조고반(凋菰飯)이 줄풀 열매(줄쌀)로 지은 밥이다. 줄쌀 은 색이 검고 가늘고 길쭉하여 쌀보다는 대나무 열매인 죽실을 닮았다. 일반 쌀 보다 단백질 함량이 높고 견과류 같은 특유의 향기가 있어 오랫동안 식량으로 이용되어 왔다. 줄풀은 독성제거 능력이 뛰어나고 활성산소를 억제해서 노화 를 예방한다고 한다. 현재 줄풀의 줄기나 잎은 차로 판매되고 있지만 줄풀쌀은 거의 볼 수 없는데 채취가 힘들기 때문이다. 줄풀쌀은 우리나라에서는 사라졌 지만 북아메리카에서는 인디오(Indio)의 주식으로 야생쌀(Wild rice)이라고 부르 며 다이어트에 좋은 건강식품으로 다양한 음식에 활용되고 있다. 국내에서 줄 쌀을 구하기 위해 백방으로 노력하였으나 아쉽게도 구할 수 없었고 미국산 유 기농 줄쌀을 구입하여 식초를 빚었다. 생 줄쌀을 처음 보면 모양도 색도 식감도 밥으로 지을 수 있을까 의구심이 들지만 '먹어 봐야 맛을 알지'라는 지나간 유 행어처럼 맛을 보면 줄쌀의 부드러운 식감과 향미에 누구나 반하게 된다. 단백 질 함량이 높아서인지 생각보다 차지고 끈적이지만 밀의 끈적임과 찹쌀의 차 진 것과는 다르다. 줄쌀로만 식초를 빚는 것이 불안하여 일반 백미를 20% 정도 사용하여 고두밥을 지었다. 줄쌀이 날씬한 것이 당화에 불리할 것 같아 누룩을 물에 미리 불린 다음 항아리에 넣고 다음 날 고두밥을 넣는 〈정조지〉의 '좁쌀로 빚은 식초'를 응용하였다. 물을 적게 잡고 엿기름을 조금 넣은 다음 중간에 종 초를 부어 초산균을 독려하였다. 불안감에도 불구하고 며칠간 날씨가 더워서 인지 발효가 순조롭게 진행되었다. 줄풀은 검지만 줄쌀식초는 약간 땅콩 맛이 느껴지는 갈색에 회색빛이 감도는 색감의 식초다.

재료 줄쌀 800g, 멥쌀 200g, 물 2.3L, 엿기름 2컵, 누룩 150g, 사과식초 200mL, 설탕 1/5컵

누룩을 물에 불린 다음 항아리에 넣고 하루를 둔다. 줄쌀과 멥쌀로 지은 고두밥에 엿기름과 설탕 을 잘 섞은 다음 항아리에 넣고 면 보로 덮는다. 시큼한 냄새가 나기 시작하면 사과식초를 넣고 일주 일 정도 더 발효시킨다.

은은한 연둣빛이 봄바다를 닮은   매생이 식초

매생이는 김 양식에 치명적인 해를 입히는 해초라 하여 천덕꾸러기였으나 매생이의 탁월한 효능이 알려지면서 지금은 매생이 양식장에 김이 달라붙는 것을 방지한다고 한다. 매생이는 칼슘과 철분의 함량이 높고 비타민과 식이섬유가 풍부하여 우리 몸속 노폐물의 배설을 돕고 피를 맑게 해주며 각종 위장 질환을 예방한다. 매생이는 수질이 조금만 오염되어도 죽어 버리기 때문에 청정 바다에서만 생산된다. 처음엔 파래로 식초를 담그려고 하였으나 매생이의 산에 약한 성질을 이용하여 매생이의 유효 성분이 쉽게 용출되는 매생이 식초를 담갔다. 와인의 달콤한 향기와 매생이의 파릇한 향기에서 바다와 땅의 향기가 함께 느껴진다. 시큼한 냄새가 감돌면서 산에 약한 매생이는 완전히 녹초가 되어 버렸다. 10일 만에 매생이 식초를 체에 걸러서 냉장고에 넣어 보관한다. 매생이가 미역이나 파래처럼 향이 강하지 않아서 다른 음료와 희석하여 먹었다. 매생이 식초의 향이 약한 것은 장점이자 단점이다.

재료 매생이 200g, 화이트 와인 400mL, 효모 3g, 설탕 80g

매생이는 물에 넣고 3차례 물을 갈아주며 살살 씻어서 고운 체에 밭쳐 하룻밤 물기를 뺀다. 큰 볼에 매생이를 담고 설탕과 화이트 와인, 효모를 넣고 산도와 도수를 조정하여 병에 담고 면 보자기로 덮은 다음 햇볕이 들지 않는 어두운 곳에 보관한다. 식초가 완성되면 매생이를 걸러 병에 담고 냉장 보관한다.

*단맛이 강한 화이트 와인은 설탕을 넣지 않아도 된다.

톡 쏘는 맛과 향기가 일품인 　　　　　　　　　　와사비 식초

와사비처럼 향이 강한 식물은 발효를 시키는 것보다는 침출식 식초로 강한 맛과 향을 살리는 것이 좋다. 침출식 식초란 기존의 식초에 다양한 종류의 과일과 채소를 우려내는 식초로 맛과 향, 영양을 효과적으로 뽑아낼 수 있어 좋다. 식재료에 담긴 맛과 영양 성분은 식초 이외에도 오일이나 술을 이용하기도 하지만 식초를 이용하여 침출하는 것이 음식에 다양하게 활용할 수 있다. 침출식 식초는 식재의 영양을 뽑기 위한 목적도 있지만, 기존의 식초에 새로운 맛과 향을 올리는 목적으로도 사용된다. 침출식 식초의 재료로는 독성이 없는 재료면 모두 가능하지만 양파, 부추, 마늘 등 백합과 식물과 로즈메리, 오레가노, 민트 등의 허브가 잘 어울린다. 침출하고자 하는 재료를 가공하지 않고 식초에 넣어도 되지만 빠른 침출을 위해서 조각을 내거나 두드려서 조직을 무르게 한 다음 식초에 넣으면 침출 시간을 단축할 수 있다. 와사비는 뿌리를 구입해 강판에 갈아서 사용하였더니 금세 와사비의 강한 향기가 식초를 감싸버린다. 와사비 식초는 자꾸만 음식에 넣게 되는 식초다. 와사비 식초를 비치해 두고 김밥이나 초밥을 쌀 때 넣으면 좋다. 멕시코 음식에도 아주 잘 어울린다.

재료 와사비 2뿌리, 식초 200mL, 겨자씨 1T

와사비를 강판에 갈아 식초에 넣고 겨자씨를 더해 준다. 15일 정도 지나면 완성되는데 와사비를 건질 필요는 없다.

* 마늘, 생강, 강황, 겨자 등 향이 강한 재료도 이 방법으로 만들면 좋다.
* 와사비 식초에 고추, 타임, 강황 등을 더하면 독특함이 있는 식초가 된다.

자투리의 화려한 부활

냉장고를 차지하고 있는 싱싱함을 잃어버린 채소와 조리를 하다가 나오는 채소의 자투리를 술지게미를 넣은 식초에 담아서 침출하는 재활용 식초다. 주방에서 나오는 음식물 쓰레기를 줄이면서 맛있는 식초를 얻는 가장 좋은 방법이다. 딸기의 꼭지, 가지의 꼭지, 오이의 껍질, 양파의 껍질, 양배추의 겉잎, 무의 꼬랑이 등 모든 자투리 채소와 껍질은 식초의 훌륭한 재료가 될 수 있다. 자투리가 나오는 즉시 식초병에 넣기 때문에 모든 자투리가 어우러져서 그 주방만의 특별한 식초가 만들어지고 이 식초는 음식에 특별한 맛을 부여하게 된다. 자투리 식초를 만드는 식초병은 2~3개를 두고 채소의 색에 맞추어 분류하는 것도 좋다. 예를 들면 조금만 넣어도 붉은빛이 나는 비트는 모든 식초의 색을 붉은빛이 나게 하므로 적채, 라디치오, 붉은빛 파프리카, 붉은 고추 등 같은 색을 내는 채소와 함께 같은 병에 넣고 시금치, 참나물, 고추, 피망 등 초록빛을 내는 채소는 같은 병에 담아서 색을 살려내는 것도 식초를 음식에 잘 활용할 수 있는 지혜다.

재료 산도가 높은 식초, 술지게미, 모든 자투리 채소

산도가 높은 시판용 식초에 술지게미를 섞고 음식을 만들고 남은 자투리 채소와 딸기 꼭지, 가지 꼭지, 오이 껍질을 식초 안에 넣는다. 일정 기간이 지나면 자투리 채소를 건져도 좋지만, 부뚜막 식초처럼 식초와 자투리 채소를 추가하여도 좋다.

* 식초를 담글 때마다 느끼지만 감과 대추, 우엉 등 수분이 적은 과일과 채소는 오랜 발효를 거쳐도 향미와 약성이 잘 우러나지만, 수분이 많거나 향미를 살려야 하는 채소와 과일로 식초를 만들 때는 빠르게 진행하는 것이 맛이 좋은 식초를 얻는 비결이다.

臭屁醋인가? 醉斐醋인가?

취비초(臭屁醋, 냄새나는 식초 만들기)

중국의 북쪽에는 취두부가 남쪽에는 취비초라는 냄새가 고약한 두 가지 음식이 있다. 〈정조지〉 권2 전오지류(煎熬之類) 죽 편에 소개되어 있는 원기보양죽은 고소한 맛이 일품인데 쌀을 볶아서 끓인다. 원기보양죽에 대한 좋은 기억 덕분에 쌀을 볶아서 취비초를 만들게 되었다. 쌀을 볶으면 녹말이 열에 의해서 호화되면서 단맛이 나고 곡물 알갱이가 부풀어 터지기 때문에 당화가 되기 쉬운 상태가 된다. 취비초에는 누룩이 들어가지 않아 당화가 잘 일어나지 않기 때문에 쌀은 자연스럽게 항아리 안에서 부패하면서 술이 되고 식초가 된다. 식초 단지 속에서 미생물이 발효하면서 만들어낸 알코올과 아세트산이 좋은 향기의 '에스테르'를 생성시키면 꽃향기가 나는 식초가 되지만 잡균과 초산균이 얽혀서 시금털털하고 고약한 에스테르를 만들면 취비초가 된다. 사실, 완성된 초기 취비초에서는 시큼털털하고 부패한 구린 냄새가 났지만 두 달 후 열어본 취비초는 놀랄 만큼 향기롭고 맛도 좋았다.

재료 찹쌀 1.3kg, 멥쌀 700kg, 물 4L

찹쌀과 멥쌀을 깨끗이 씻어 물기를 뺀 다음 커다란 팬에서 누런빛이 날 때까지 볶는다. 볶은 쌀을 항아리에 넣은 다음 끓이지 않은 신선한 물을 넣고 밀봉하여 햇볕이 드는 곳에 둔다. 여름에는 7일이면 식초가 완성된다.

오미에 더해진 붉은 건강함 　　　　　　　　　　　　　오미자 식초

오미자 식초의 맛과 색을 살리는 것이 오미자 식초를 만드는 목표다. 오미자 식초
는 음료로도 더없이 좋지만, 그 고운 분홍빛을 살려 원소병, 진달래면, 보리수단
등 우리의 전통 음료에 응용하기에 안성맞춤이다. 이 전통음식에는 오미자를 우
린 물과 꿀이 들어가는데 오미자 물을 우리는 것이 의외로 시간이 오래 걸려 당
황했던 경험이 있다. 오미자 식초를 빚을 때 말린 오미자를 더 넣으면 오미자에
붙은 효모로 인해 초산 발효가 훨씬 더 잘 일어난다. 오미자 식초는 다양한 맛과
깔끔함으로 사과 식초처럼 모든 음식에 잘 어울리지만, 특히, 딸기, 석류, 장미 식
초와 섞으면 식초의 색은 물론이요, 맛도 올려주는 역할을 한다. 부엌에 오미자
식초를 갖춰 놓고 탕수육 소스는 물론, 치킨에 양념하거나 소스를 만들 때 오미
자 식초를 넣으면 건강과 맛 두 가지를 챙길 수 있다. 오미자 식초는 다양한 방법
으로 만들 수 있다. 오미자 청을 만들고 생긴 오미자 건지에 막걸리나 식초를 이
용하여 식초를 만들면 색은 덜 곱지만, 맛은 부드러운 오미자 식초가 만들어진
다. 또 오미자 식초의 강한 맛을 순화시키기 위해 토마토즙, 비트즙, 수박즙 등 신
맛이 약한 과일즙을 물 대신 첨가하면 색도 곱고 순한 오미자 식초를 얻을 수 있
다. 무엇보다 빛깔이 곱고 쓰임새가 많은 오미자 식초는 선물용으로 그만이다.

재료 오미자 청 2L, 토마토즙 2L, 효모 4g, 건오미자 한 줌, 토마토 식초 350mL

오미자 청, 토마토즙, 효모, 건오미자 한 줌을 항아리에 넣고, 오미자 청이 알코올 발효를 마치면 토마
토 식초를 넣는다. 20일 정도면 식초가 완성된다.

응축된 단맛과 신맛의 향연 곶감 식초

곶감의 겉면에는 효모가 다량으로 붙어 있고 비타민이 풍부하여 식초를 만들기에 가장 좋은 재료다. 건포도를 천연 발효종으로 하여 빵을 만들어 본 적이 있어 말린 과일이 천연 발효에 좋다는 것을 경험하였다. 감과 곶감이 한 나무에서 태어났지만 떫떠름한 감식초와 달콤한 곶감 식초를 비교하면 맛과 향기가 전혀 다르다. 식초를 만드는 종초로 천연 발효법으로 만든 감식초를 사용하였다. 곶감 꼭지가 기침과 천식, 기관지염 치료에 효과가 있으므로 버리지 않고 달여서 넣었다. 따뜻한 곳에 보관하자 5일 뒤에 초막이 생기고 1달 뒤에 식초가 만들어진다. 감식초가 없다면 감말랭이에 막걸리를 부어서 식초를 만들어 종초로 사용해도 좋다. 단, 종초를 15% 정도 넣어준다. 곶감 식초에 간장, 우스터 소스 등을 추가하여 각종 떡갈비 등 고기 음식의 소스나 볶음국수의 소스로 활용하면 건강한 천연의 신맛과 단맛의 매력에 풍덩 빠지게 된다.

재료 곶감 20개, 감식초 200mL, 청주 300mL, 곶감 꼭지 달인 물 1.5L

곶감 꼭지를 달여 식혀 두고 곶감은 꼭지를 따서 손으로 잘게 뜯어 준 다음 소독한 항아리에 곶감, 감식초, 청주, 곶감 꼭지 달인 물을 넣고 항아리를 면 보자기로 덮는다.

* 곶감은 말린 비타민제라고 할 만큼 비타민이 다량 함유되어 있고 곶감의 타닌 성분은 모세혈관을 튼튼하게 해준다. 곶감의 흰 가루를 시상(柿霜), 시설(柿雪)이라고 하는데 갈증을 없애주고 가래를 삭이며 기관지의 열을 내려주고 에너지를 보강하는 데 좋다.

감자의 숨겨진 능력을 발견하여 만든   생강 식초

생강 식초는 인도의 시킴(Sikkim) 지역에서 술을 빚는 방법에서 착안해서 만들어 본 식초로, 이스트 대신 감자를 넣는 것이 신기했던 기억을 더듬어 식초를 빚었다. 감자가 이스트를 대신하는 능력이 있다는 것을 어찌 알았을까? 효모의 주성분은 단백질과 무기질로 구성되어 있는데 식이섬유가 풍부하여 단백질과 무기질, 비타민이 풍부한 감자와 성질이 비슷하다. 감자는 비타민과 무기질이 매우 안정적이어서 조리 시에도 보존율이 높다는 장점이 있어 효모를 대체할 수 있다. 특히, 감자는 알칼리성 식품이므로 산성인 식초의 단점을 보완해 줄 최고의 재료다. 알칼리성인 감자와 산성인 식초의 어울림은 식초가 들어간 감자칩에서 쉽게 느낄 수 있다. 감자가 식초의 훌륭한 재료라는 것이 낯설지만 흥미롭다. 감자가 주재료가 되어 식초를 만들어도 괜찮을 것 같다.

재료 생강 100g, 설탕 320g, 물 1L, 감자 1개

뜨거운 물에 설탕을 넣고 잘 녹인 뒤 찬물을 넣어 설탕 액을 식혀서 병에 잘게 자른 생강을 넣고 설탕물을 붓는다. 감자는 껍질을 벗기고 너무 두껍지 않게 썰어 유리병 안에 넣고 면 보자기로 덮어 뚜껑을 봉했다가 술이 되면 매일 한 번씩 저어 준다. 식초가 완성되면 병에 넣고 냉암소에 보관한다.

은은하고 우아한 맛과 향기　　　　　　　　　　양송이 식초

여인의 가슴을 설레게 하는 고운 빛 진달래 식초, 천상의 향기를 지닌 복숭아 식초도 좋지만, 꼭 담가보고 싶은 식초는 버섯, 그것도 향기는 은은하지만, 은근히 미각을 사로잡는 양송이로 만든 식초다. 양송이의 우아한 향과 누에고치처럼 뽀얀 것이 브리치즈가 연상되곤 하였다. 양송이가 버섯 중 단백질 함량이 가장 높다는 것을 알고는 치즈를 못 먹는 사람에게 양송이를 추천하였다. 완성된 양송이 식초의 맛과 향기도 역시 은은하고 우아하였다. 지금까지 너무 자극적인 식초를 만드는 데 집중한 것은 아닌지 반성을 하기도 하였다. 양송이 식초가 〈정조지〉 속의 쌀 식초를 연상시킨다. 어디다 쓰는 것이 가장 좋을까 고민하던 중 흙냄새가 심한 장어를 구울 때 넣어 보았다. 세상에나! 장어의 흙냄새가 마술을 부린 듯 완전히 사라져 버렸다. 장어의 다른 양념의 맛은 해치지 않고 흙냄새만 뽑아서 없앴다. 분홍, 노랑, 갈색, 오렌지, 검은색 등 각양각색의 식초가 뽐내고 있지만 수수한 양송이 식초의 맛에 사로잡혀 버렸다.

재료 양송이 1kg, 설탕 200g, 효모 3g, 물 180cc, 식초 20cc

양송이를 손으로 찢어서 설탕과 함께 절인 다음 유리 항아리에 넣고 물을 더한다. 효모를 넣고 면 보자기로 덮은 다음 뚜껑을 꼭 닫는다.

짭짤한 향미에 숨겨진 부드러운 신맛 　　　　디포리 식초

생선이 식초와 한식구가 되는 일은 무조건 반기고 환영할 만한 일이다. 동남아
시아에서 많이 사용하는 피시 소스와 식초가 어우러져 내는 맛이 '생선과 식초
의 합은 언제나 옳다.'라는 인식을 심어 놓은 것 같다. 디포리는 밴댕이의 방언
으로 해물 육수에 깊은 맛과 구수한 맛을 준다. 디포리의 짠맛과 냄새에 신맛
이 살짝 뒤로 밀려나 있다. 부드러운 신맛에 바다의 짠맛을 담은 디포리 식초는
볶음 국수나 밥 등 기름진 음식에도 좋지만, 김치, 겉절이나 나물에 넣으면 깊
은 맛을 더해 준다. 거친 디포리 식초에 부드러움과 감칠맛을 더해 주기 위해 쌀
겨를 넣었더니 기대하지 않았던 깊은 풍미가 생겼다. 디포리 식초는 월남쌈 소
스로 사용하거나 매운탕의 비린내를 없애면서 맛의 깊이를 더해 주었다. 디포
리에 멸치를 더해서 만들어도 괜찮을 것 같다. 겉절이를 할 때 넣어주면 매운맛
과도 잘 조화를 이룰 것 같다.

재료 디포리 400g, 현미식초 600mL, 요리용 꿀 200g, 통 백후추 10알, 쌀겨 2줌

디포리 400g을 전자레인지에 살짝 구워 유리 용기에 넣고 현미식초 600mL와 요리용 꿀 200g, 통 백후추 10알과 쌀겨 2줌을 넣고 한 달 정도 숙성시킨다.

* 식초 액은 견과류와 함께 갈아서 기름에 지진 두부에 얹어 먹고 디포리는 갈아서 마요네즈와 함께 섞어서 햄버거나 샌드위치에 발라서 먹으면 좋다.

과일로 종초 만들기

재료 쌀술 100cc, 물 100cc, 식초 100cc, 과일 70g (사과, 포도, 딸기, 키위 등)

유리병에 과일을 잘라서 넣는데 껍질이 조금 들어가도 된다.
술, 물과 식초를 그릇에 한꺼번에 넣어 혼합한 후 유리병에 붓고 면 보자기로 덮은 다음 뚜껑을 헐렁하게 닫았다가 3~5일쯤 뒤에 초산막이 생기면 휘젓지 않고 가만히 둔다. 담근 뒤 3주 정도 둔 다음 신맛이 나면 과일을 꺼내서 제거한 후 여과하여 식초를 발효한 유리병에 담아 보관한다.

종초를 활용한 식초

재료 쌀술 300cc, 물 300cc, 과일로 만든 종초 300cc
도구 입구가 넓은 용기

유리병에 쌀술, 물, 종초를 붓고 면 보자기로 유리병을 덮어 따뜻한 장소에 두는데, 4~5일 후 초산 막이 생기고 대략 한 달 뒤쯤 초막이 가라앉으면 입구가 작은 병으로 옮겨서 시원하고 어두운 곳에 보관한다.

과즙으로 과일 식초 만들기

과일 식초를 만드는 방법으로 종초나 효모, 술 없이 식초를 만드는 방법이다. 특히, 과일주스 원액을 15Brix로 맞춘 다음 식초를 부어 산도를 1.5~2.0 정도로 맞춘다. 과일의 알코올 발효를 위해 초산을 넣는 것이 특별하다. 산(酸)의 환경에서 더 열심히 일하는 효모균을 지원하기 위해서다. 당도가 낮기 때문에 시간은 오래 걸리지만 다양한 유기산의 맛이 느껴지는 식초가 만들어진다. 보통 과일을 활용한 식초를 만들 때는 과일즙을 20~24Brix로 보당을 한 다음 0.01%에 해당하는 효모를 넣는다. 그다음 알코올 발효를 하여 가수(加水)한 다음 알코올 도수를 7~8%에 맞추어 초산 발효를 한다. 과즙을 활용하여 만든 과일 식초는 느리지만 맛은 단순하고 명쾌하다!

오디 과즙으로 만든 식초

재료 과즙 1,000mL, 설탕, 식초(설탕은 과즙의 당도에 따라 일정하지 않다. 식초는 과즙의 산도에 따라 일정하지 않다.)

그릇에 과즙을 붓고 당도는 15Brix로 맞추고 식초를 부어 산도를 1.5~2.0% 정도로 맞춘 다음 유리 항아리에 붓고 보자기로 덮는다.

넉넉한 사과에 담긴 상쾌매콤한 맛과 건강   사과 시나몬 식초

많은 곡물식초 중에서 현미식초가 무난하게 두루 쓰인다면 과일 식초에서는 사과식초가 그렇다. 사과식초는 그 자체로 음식의 맛을 상큼하게 해줄 뿐만 아니라 사과식초를 베이스로 침출식 식초를 만들어도 맛을 해치지 않고 사과의 맛이 더해져 과일 고유의 맛을 잘 살려준다. 사과로 식초를 만드는 방법은 사과주를 담가 식초를 만드는 방법과 시판하는 비정제 사과주스를 이용해서 식초를 만드는 방법이 있다. 두 가지 사과식초를 모두 담갔는데 후자가 훨씬 더 사과의 상큼한 맛이 살아 있어 만족스러웠다. 사과식초에 시나몬 막대를 넣어 7일 정도 두었다. 조금은 익숙하고 무던한 사과에 상쾌매콤한 시나몬이 더해져 고상한 향을 갖춘 사과 시나몬 식초가 완성되었다.

재료 비정제 사과주스 1.5L, 설탕 150g, 레몬 반쪽, 시나몬 막대 5개, 효모 2g

비정제 사과주스에 시나몬 막대, 설탕과 레몬, 효모를 넣고 뚜껑을 면 보자기로 덮은 후 다시 종이로 덮는다. 술이 되었으면 다시 뚜껑을 열고 3일간 매일 저어 준다. 식초가 완성되면 냉장고에 넣어 보관한다.

* 비정제 사과주스에 시나몬 막대를 넣고 발효시키면 알코올 발효를 촉진할 뿐만 아니라 향기로우면서 면역성을 높여주는 사과 시나몬 식초가 된다.

* 계피와 시나몬의 차이

계피는 중국 남부와 베트남이 원산지로 카시아 계피(Cinnamomum cassia)이며 시나몬은 실론 섬과 인도 남부가 원산지로 실론 계피(Cinnamomum zeylanicum)다. 계피는 두꺼운 껍질이 한 겹이며 시나몬은 돌돌 말려 있다. 계피는 매운맛이 강하고 쿠마린 함량이 높으며 시나몬은 쿠 마린이 미량 들어 있어 부드럽다.

푸른 식초, 그리고 푸른 몸과 마음   **토종 다래 식초**

머루, 다래, 으름…. 산에서 자라는 토종 열매들이다. 언젠가 한번은 꼭 만나고 싶었던 것은 현실 도피와 자연주의 삶의 애매모호한 경계의 삶을 노래한 '청산별곡' 때문이다. 뉴질랜드가 원산지로 알고 있는 키위를 '참다래'라고 하여 청산별곡 속 다래와의 연관성으로 잠시 혼란스러운 적도 있었다. 다래를 만난 뒤 생과로 먹기도 하고 잼을 만들어 먹기도 하였지만 다래의 매력이 담기지는 않은 것 같아 아쉽곤 하였다. 작년 가을 지리산 아래의 작은 동네 어귀에서 만난 올리브색 다래로 식초를 만들었다. 막걸리를 붓기도 하고 산국가루를 뿌려서 예쁜 병에 담아 두고 장식품처럼 즐기며 바라보았다. 다래를 소유하고 다래로 식초를 담갔다는 사실이 그냥 즐거웠다. 복더위에 땀을 뻘뻘 흘리고 온 손님에게 뭔가 특별한 음료를 대접하고 싶어 두리번거리다가 다래 식초가 눈에 띈다. 급히 걸러서 탄산수와 얼음을 섞어 드렸다. 당신이 먹어 본 식초 중 최고의 맛이라고 감탄한다. 토종 다래는 항암 효과도 있지만 이뇨작용이 뛰어나 몸의 부기를 빼는 데 좋다. 토종 다래 식초는 〈정조지〉 속의 꿀 식초를 응용하였는데 전체 당도는 20Brix로 조절하였다. 다래가 산의 향기를 담아서인지 다래 식초는 푸르고 싱그럽다.

재료 다래 2kg, 끓인 꿀물 3.2L, 효모 5g

씻어서 물기를 제거한 다래를 병에 담아 둔 뒤 물을 팔팔 끓여서 꿀을 넣은 다음 식으면 효모와 함께 병에 붓는다.

초를 빚는 것 그 자체로도 이미 행복한　　　진달래꽃 식초

찬 기운을 품고 있는 봄바람에 나풀거리는 가녀린 꽃잎은 연민, 순수에서 강한 의지까지 복잡한 감흥을 불러일으킨다. 《조선셰프 서유구의 꽃음식 이야기》에 소개한 진달래 꽃잎으로 화전을 부치거나 녹두가루를 묻혀 오미자 물에 띄워 화면(花麪)으로 먹는 방법은 아름답고 낭만적이기는 하지만 고운 진달래꽃을 오래 두고 먹을 수 없다는 아쉬움이 남곤 하였다. 물론, 진달래를 말려서 차로 마시면 되지만 여간해서는 진달래 차 한 잔을 즐길 수 있는 시간이 주어지지 않았다. 진달래꽃 차를 청량음료 마시듯 마실 수는 없으니 말이다. 진달래꽃의 식재로서의 높은 가치를 제대로 담은 음식으로 식초가 제격일 것 같다. 바위틈이나 거친 산에서도 잘 자라는 진달래의 강인한 생명력과 구원의 물인 식초가 닮았기 때문이다. 우리나라가 산의 나라, 진달래의 나라라는 것을 식초에 관심이 많은 젊은 세대에게 알리고도 싶다. 진달래꽃 식초는 생 꽃잎으로 담그면 발효 과정에서 변질의 우려가 있기 때문에 말린 꽃을 사용하는 것이 좋다. 진달래꽃 식초는 침출식으로 담가도 좋지만 〈정조지〉에서 감식초, 대추 식초, 도라지 식초 등에 청주를 이용한 것을 응용하여 식초를 담갔다. 여기에 색을 돕기 위해 홍국가루를 조금 넣었다. 우리네 여인을 상징하기도 하는 진달래꽃은 향내가 거의 없다. 시간이 흐르면서 진달래꽃 식초의 붉은빛은 점점 흐려지지만 은은한 것이 나이를 먹으면서 점점 원숙해지는 여인 같다.

재료 말린 진달래꽃 100g, 청주 1.2L, 사과식초 30mL, 홍국가루 2g
말린 진달래꽃을 병에 담고 청주와 사과식초, 홍국가루를 부은 다음 면 보로 덮는다.

4명의 도둑과 식초

....

1628~1631년, 프랑스 남부 도시 툴루즈(Toulouse)에 흑사병이 발생하여 5만 명 이상이 죽었다. 이 혼란의 시기에 오염된 시신과 폐허가 된 집 속을 누비며 도둑질을 한 4명의 도둑이 잡혀서 놀라움을 주었다. 툴루즈 의회의 오래된 문서에는 다음과 같은 글이 있다. 4명의 도둑이 흑사병 시기에 병에 걸린 사람의 집에 들어가 방어 능력이 없는 환자를 죽이고 집을 털어 도둑질하였다. 이 4명의 도둑은 화형을 선고받았는데 흑사병에 걸린 사람들과 접촉하고서도 병에 걸리지 않은 비법을 털어놓으면 형 집행을 면제해 준다고 하여 4명의 도둑은 그 비법을 공개하였다. 그 비법은 도둑질하기 전 그들이 만든 비법이 담긴 물을 온몸에 뿌리고 문질러 침투시킨 후 도둑질을 하였다. 4명의 도둑은 비법 레시피를 공개하였음에도 교수형을 당했다. 1721년 《Mercure de France》라는 잡지를 통해 레시피가 공개되었다.

1720년에 마르세유(Marseille)에 흑사병이 창궐하고 마르세유에서도 같은 역사가 반복되어 도둑들은 비법을 공개하고 툴루즈에서와는 다르게 목숨을 구하게 된다. 이 레시피는 마르세유 곳곳에 벽보로 붙고 많은 마르세유 사람들이 목숨을 구하게 된다. 이 레시피는 약사들에 의해 고대로부터 전염병 예방에 뛰어난 효능을 지닌 마늘이 추가되면서 발전하게 된다. 사람들은 식초를 온몸에 바르고 문질렀으며 작은 병에 넣어서 휴대하며 전염병 예방제로 요긴하게 사용하였다.

이 4명의 도둑 식초 레시피는 유명한 식초 양조가인 앙투안 마이어(Antoine Maille)가 이 레시피를 응용하여 정육 제품을 만들 때 활용하였다. 그는 다음과 같이 기술한다.

"이 식초는 공기 전염병에 탁월한 예방제로 손바닥에 허브와 블렌딩 식초를 떨어뜨려 따뜻하게 한 후 코로 들이마시고 관자놀이를 문질러 준다. 또한, 흑사병에 걸린 사람과 접촉해야 할 경우에는 컵에 1티스푼의 식초를 물과 희석하여 미리 마신다. 이 블렌딩 식초는 배 안에서 전염병으로 오염된 공기를 자주 마셔야 하는 경우 특히 추천되는 비법이다."

툴루즈와 마르세유에서 발견된 이 비법 레시피는 그 이후 전 세계로 전파되었으나 의학과 약학의 발달로 관심 밖에 있다가 화학약품을 대체하고 다양한 분야에서 효능을 보이는 옛 치료법에 관심이 고조되면서 주목을 받고 있다.

툴루즈 포뮬러
좋은 식초 8파운드에 운향, 압생트(Absinthe), 민트, 라벤더, 타임을 한 움큼씩 넣고 주니퍼 열매를 10개 넣는다. 이 블렌딩을 유약 항아리에 넣어 따뜻한 곳에 두고 우려내서 허브들을 거른 후 캠퍼 1온스를 녹이고 병에 담아 밀폐시켜 보관한다.

우리의 문화를 담아서 식초 만들기

....

긴 세월의 강을 건너온 〈정조지〉 속의 식초 복원은 불안했던 마음과는 달리 순조롭게 진행되었다. 결과물은 쌓여 갔지만 한편으로는 고민도 쌓였다. 〈정조지〉 권6 미료지류 (味料之類) 식초 편의 식초를 만드는 방법은 놀라울 정도로 과학적이지만 식초를 동쪽으로 뻗은 복숭아 나뭇가지나 버드나무 가지로 젓고, 푸른 천으로 아가리를 봉하라는 등 비과학적인 요소들이 선생의 과학적인 조리법을 깎아내리는 것 같아 안타까웠다. 복숭아 나뭇가지와 버드나무 가지, 푸른 천 등이 계륵처럼 느껴지기 시작하였다. 푸른 천이 아니고 노란 천이라면? 동쪽이 아니라 남쪽으로 뻗었던 복숭아 나뭇가지라도 식초의 결과물은 똑같을 것이다. 나뭇가지가 아니고 기다란 나무 주걱을 사용하는 것이 더 합리적이라고 생각하면서 동쪽으로 뻗은 복숭아 나뭇가지를 구하고 버드나무 가지를 구해서 식초를 저었다.

식초 복원이 끝나갈 무렵, 음식연구소 한구석에 서 있는 복숭아 나뭇가지가 눈에 들어왔다. 이제 식초 만드는 임무를 마치고 높은 데 있는 것을 내릴 때 쓰거나 호시탐탐 먹을 것을 노리는 도둑고양이를 내쫓는 막대기로 쓰일 것이다. 나쁜 기운을 몰아내는 영적인 막대기에서 고양이를 협박하는 도구로 날개도 없이 추락한 복숭아 나뭇가지가 나를 바라본다. '그래 정성과 우리의 문화가 담긴 음식이 진짜 우리 음식이지…' 생기가 넘치는 동쪽을 상징하는 푸른색 천, 태양의 기운을 듬뿍 받아 양기가 충만한 동쪽으로 뻗은 복숭아 나뭇가지에는 나쁜 기운을 몰아내는 힘이 강하다고 믿었다. 이는 자연과 인간의 본질이 같다는 음양오행 사상에서 출발하였다. 자연, 인간의 몸과 삶이 조화를 이룬 음양오행 사상은 음식 분야에 가장 많이 담겨 있는데, 특히 건강에 대한 관심이 높은 오늘날 음양오행 사상은 다시 활발하게 떠오르고 있다. 각각의 색에서 나오는 에너지 파장이 다르다는 것은 어느 정도 신빙성이 있는 것으로 밝혀졌다. 식초 제조 과정에 담긴 음양과 오행의 조화를 고려한 전통문화를 미신이라고 치부했던 어리석은 나를 복숭아 나뭇가지가 깨우쳐 준 것이다. 〈정조지〉의 복원이 단절되어가는 우리 음식의 맥을 이어가는 작업이라면 그 속에 담긴 풍습도 같이 담아내고 계승되어야 한다. 전통이란 과거의 것을 배우고 익혀서 현대를 담아내고 미래를 향해 가는 것이라는 생각이 〈정조지〉에 담긴 철학이다. 우리의 문화가 담기지 않은 음식은 우리 음식이 아니다.

복원을 마치며

서리 맞은 국화 잎은 오갈이 들고 게으른 기러기 날갯짓 고단한 어느 늦은 가을…. 흰옷 입은 아낙들은 키보다 긴 절굿공이로 절거덕절거덕 콩을 찧는다. 절굿공이로 늘씬 두들겨 맞은 콩은 철떡철떡 손매를 맞아가며 벽돌이 되기도 하고 동글납작한 공이 되기도 한다. 흰, 노란, 검은 옷을 입은 메주는 여름의 뜨거움을 담은 열정적인 고추의 품에 안겨 버린다. 매화 봉오리가 부풀 즈음에는 눈의 이야기를 담은 알록달록한 벽돌만 한 메주는 심청이가 되어 간장독에 풍덩 뛰어든다. 간장에서 메주 냄새가 삭을 무렵 간장에게 모든 것을 내준 메주는 작은 집에서 '된장'이라는 이름으로 새로운 인생을 시작한다. 된장에 흰 꽃이 필 무렵 누런 밀은 산 너머에서 불어오는 남풍의 부드러움을 즐기고 있다. 여인들의 맷돌에 밀 가는 소리는 지나가던 나그네의 눈길을 훔치고 토방에서는 밀 빛을 닮은 황구가 늘어지게 하품을 한다. 새 버선으로 갈아 신은 어머니가 온몸을 실어 누룩을 밟는다. 파리도 더위에 지쳐 날기를 포기한 어느 여름 해 질 무렵, 새콤달콤한 식초 익는 내음에 담긴 향내에 고개를 두리번거려 보니 혼자 핀 치자가 수줍게 웃고 있다. 그래~ 뽀얀 밀초가 치자를 닮았구나!

간장이나 된장, 술 같은 발효 식품은 영양학적인 가치가 뛰어나지만, 조미료로서의 기능을 앞지르지는 않는다. 발효 식품인 식초도 마찬가지다. 식초가 가진 효능이 뛰어나지만, 식초가 음식에서 하는 역할보다 중요하지는 않다. 식초를 건강식품이라고 강조하는 것도 식초의 효능에 대한 과장이나 맹신도 '식초'의 앞날에 결코 도움이 되지 않는다.

우리 전통식초의 몰락은 1909년 일제에 의해서 시행되었던 '주세령(酒稅令)'으로 가양주(家釀酒)가 사라지면서 시작되었다. 우리 전통식초라고 하면 대부분 '따뜻한 부뚜막 위에 올라간 초두루미에서 만들어내던 식초'를 떠올린다. 심지어는 '부뚜막 식초'를 본 적도 없는 나도 부뚜막에서 식초를 만드는 장면이 눈에 절로 그려질 정도다.

하지만 우리의 전통식초가 마시다 남은 막걸리로 부뚜막에서 적당히 그럭저럭 만들던 발효 식품이었을까? 사라진 전통식초를 복원하는 장인들이 식초의 뿌리를 찾기 위한 각고의 노력 끝에 전통식초를 복원하였다는 내용을 읽을 때마다 어떤 식초가 우리 식초의 원형이었는지 궁금하였고 커다란 독에서 조용히 익어가는 전통식초를 상상하였다. 간장, 된장, 고추장, 소금 등 다른 조미료에 쏟는 지극한 정성과 엄청난 노동력을 생각하면 부뚜막의 초두루미는 너무 초라하였다. 사람이 두어 명 들어가고도 넉넉할 정도의 간장 항아리와 술독을 보면 더욱 그렇다. 부뚜막표 식초는 그저 조선 시대에 식초를 만드는 방법의 하나였는데 일제강점기 이후 가양주가 사라지면서 우리 전통식초의 명맥을 근근이 이어 온 것이다. 〈정조지〉에서 부뚜막 식초의 원형이라고 할 수 있는 '민간의 식초'를 발견했을 때의 감동은 잊을 수가 없다. 아울러 장인들이 전통식초의 근원을 어디서 찾았는지 궁금하였다. 장인들은 고조리서를 참고해서 만들었지만 이미 자신만의 방법으로 재해석한 전통식초를 소개하고 있기에 원래 선인들이 먹던 식초의 원형은 쉽게 알 수가 없었다. 장인들도 처음에는 전통식초를 복원하였고 그 과정을 겪으면서 선인들의 단점을 극복하며 현대인에게 사랑받을 만한 자신만의 식초를 만들었을 것이라고 짐작해 본다. 하지만 전통식초를 만드는 자세한 과정이 빠져 있는 점이 무척 아쉬웠다. 식초에 관한 관심이 점점 높아지고 직접 식초를 복원하면서 이런 생각들은 더욱 커지게 되었다.

고조리서의 내용으로 식초를 만들 때의 솔직한 문제점들, 예를 들어 고조리서에는 밀누룩을 사용하는데 '시금털털하거나 구릿한 맛이 나서 쌀누룩을 사용하였더니 깔끔한 신맛이 나는 식초가 되었다.'라든가 '옹기 대신 유리 항아리를 써서 식초를 빚고 나무통에 넣어서 숙성시켰더니 부드러운 풍미의 식초가 되었다.' 등과 같은 식초를 만들며 직접 경험하고 느꼈던 생생한 과정들이 궁금하였다. 우리는 '우리 것이 좋은 것'이라는 자부심과 과거의 것을 업신여겼던 죄책감 때문인지 고조리법으로 만든 음식은 "맛있다! 진정한 우리의 맛이다! 훌륭하다! 대단하다!"라며 열광한다. 이 무조건적 열광은 한식의 발달에 결코 바람직하지 않다. 고조리서의 음식은 당시의 환경과 처지에서 만들던 음식이므로 때론 우리의 입맛과 맞지 않기도 하고 현대의 조건 속에서는 만드는 것이 거의 불가능한 조리법들도 많아서 〈정조지〉를 복원하다 보면 한숨이 나올 때가 있다. 물론, 한숨이 나오는 음식도 조리 과정 중에 예상치 못한 수확 즉, 다른 음식에 응용이 가능하거나 예상치 못한 놀라운 맛과 시각적인 효과 등이 큰 기대 없이 시들했던 나를 깜짝 놀라게 한다.

서유구 선생은 〈정조지〉에서 "우리 것이 다 좋은 것은 아니다."라고 고백한다. 따라서 서유구 선생은 끊임없이 더 나은 음식을 추구하였다. 과거의 음식을 바탕으로 현재의 모습을 충실히 담아 미래로 나가는 것 이것이 〈정조지〉에 담긴 서유구 선생의 음식 철학이요, 〈정조지〉 전체의 정신이다.

〈정조지〉의 식초 편을 대략 훑어보면서 술을 만드는 방법과의 차별성이 크지 않아서 당황했었다. 곡물, 누룩, 물 이 세 가지를 기본으로 빚는 곡물 식초 제조 공정은 술과 같았다. 물론, 술이 먼저이고 식초가 나중이니 시간은 좀 더 소요될 것이다. 과일 식초는 과일을 먼저 곰팡이가 생기도록 밀폐시킨 다음 청주나 막걸리를 붓는, 제조법이 완성된 술을 이용했다는 점에서 다를 뿐이었다. 누룩에 꽃을 넣어 빚는 연꽃 식초는 〈정조지〉 권7 온배지류(醞醅之類) 향양류(香釀類) 편의 만전향주(滿殿香酒)와 비슷하였다. 고추장용 메주가 따로 있듯이 식초용 누룩이 따로 있는 것으로 생각할 정도로 식초에 대해서 무지하였으니 너무도 당연하였다.

〈정조지〉를 복원하면서 '총론' 다음에 나오는 첫 번째 음식과 두세 번째 음식을 주목해서 보곤 한다. 맨 앞장에 다루는 것은 뒤에 나오는 모든 것을 '대표' 하는 동시에 그 시대를 반영하는 '표준'이라고 생각하기 때문이다. 서유구 선생이 쓴 〈정조지〉는 체계적이고 과학적인 분류 방법으로 그 순서를 정하였기에 더욱 그랬다. 첫 번째 등장한 대초와 두 번째 등장한 차좁쌀신초는 지금은 거의 먹지 않는 곡물인 차좁쌀이 주재료다. 우리나라는 국토의 대부분이 산으로 되어 있어 잡곡 생산이 많았다고 배웠다. 지금도 내 머릿속에는 보리, 조, 수수, 기장이 한꺼번에 입력되어 있다. 첫 번째와 두 번째로 등장한 차좁쌀로 빚은 식초가 대체로 선생의 시대에 일반적으로 흔히 담갔던 식초라는 생각이 들면서 차좁쌀신초야말로 우리를 대표하는 식초였을 것이다. 물론, 쌀로 빚은 식초를 만들어서 먹기도 하였지만, 쌀이 귀하기 때문에 식초를 만들어 먹기에는 부족하였을 것이니, 맛이 좀 거칠어도 신맛을 내는 것이 목적인 식초는 당시에는 흔한 잡곡으로 만들었을 것이다.

처음 한 해는 〈정조지〉 속의 식초를 책의 순서에 맞춰 만들어 보기로 하였다. '알코올 발효 상태에서 계속 머물고 초산 발효로 가지 않는 것은 아닐까?'라고 걱정이 되기도 하였다. 삼복더위 속에서 대초가 화산이 폭발한 것처럼 넘쳐 흘러내려서 온 발효실이 난리가 난 적도 있다. 이런 때는 왕성한 발효가 좋기도 하고 걱정이 되기도 하였지만, 경험이 일천한 터라 그냥 항아리 입구를 닦고 초산균의 처분을 기다릴 수밖에 없었다. 하나씩 하나씩 정성껏 만든 식초들에서 신맛이 날 때의 기쁨을 느끼지만, 산도가 낮거나 이도 저도 아닌 어정쩡한 맛이 나는 식초가 날 때는 힘이 빠지곤 하였다. 다음 해에는 좀 더 합리적으로 선생의 식초를 복원하기 위하여 나 나름의 체계를 잡아서 주재료별로 식초를 분류하여 복원하였더니 훨씬 더 체계적으로 식초를 관리할 수 있게 되었고 〈정조지〉의 식초들이 내 머릿속에 자리 잡게 되었다.

식초를 만들면서 여름은 나에게 또 다른 의미로 기억되고 다가온다. 이제 "아이고, 더워라!"가 아닌 "아이고, 식초 만들기 좋은 시절이네!"라고 말할 수 있게 되었다. 이 글을 쓰는 지금도 자연이 키워낸 곡물로 과일로 초산균이 만들어낸 작품을 맛보고 즐길 수 있는 여름이 기다려진다. 식초를 빚는 시간은 자연과 소통하는 아름다운 시간이다. 식초를 빚으면서 자연과 더불어 살아가는 법, 그리고 생명의 소중함도 저절로 알게 되었다. 올 초여름엔 앵두 식초를, 가을에는 무화과 발사믹식초를, 내년 봄에는 딱총나무꽃으로 식초를 만들어 볼 것이다.

온전히 자연의 순환에 의지하여 식초를 빚던 과거와 과학기술이 발달한 현대의 식초를 빚는 방법은 달라야 한다. 물론 전통식초의 좋은 점은 살리고 부족한 점은 채워 넣어야 현대인을 만족시켜 줄 식초가 만들어진다. 현대인들은 달콤하고 산뜻한 과일 식초나 장기간의 숙성을 거친 부드러운 풍미의 식초를 선호한다. 사라졌던 전통음식을 복원하여 맛을 강요하는 것은 도리어 우리의 전통음식과 멀어지게 하는 지름길이다. 전통을 우리의 편리함에만 맞추어 변형시키는 것이 아닌 전통을 살리면서도 현대인의 취향과 요구를 담은 전통음식이 앞으로 우리 음식문화를 살리는 길이라는 것은 식초에서도 예외는 아니다. 이런 의미에서 〈정조지〉의 과일 식초에 주목하게 된다. 〈정조지〉에는 과일로 만드는 다양한 식초들이 나온다. 특히, 복숭아 식초는 달콤한 향기와 향미가 천상의 세계에 발을 들여놓은 듯하여 '무릉도원 식초'라고 불려야 할 정도였다. 대추 식초는 발효 시간이 길어질수록 붉은빛이 더해지면서 맛과 건강에 아름다움까지 겸비하여 '진선미 식초'라는 별명을 붙여 주었다. 우리 문화에서 붉은빛은 벽사의 의미를 담고 있으므로 붉고 고운 빛 대추 식초는 건강을 해치는 나쁜 귀신을 물리치는 식초로 가장 적합할 것이다. 대추의 효능은 이미 과학적으로 검증되어 외국에서는 신경 안정과 불면증에 좋은 음료로 판매되므로 벽사의 의미를 담은 우리의 대추 식초가 우리 식초를 대표하기에 좋은 식초라고 생각된다.

우리가 경쟁력을 가질 만한 식초로 포도와 비슷한 복분자 식초를 꼽는데 이는 이탈리아의 발사믹식초에 대한 선망에서 비롯되었다고 생각된다. 이탈리아는 기온이 높고 습도가 낮기 때문에 포도의 당도가 높고 자연환경과 사람의 지혜가 만든 숙성 환경을 가지고 있어 풍미가 뛰어난 발사믹식초가 만들어지기에 적합하다. 우리나라는 습도가 높고 복분자의 당도가 낮아서 우리의 풍토에서 발사믹식초를 따라잡을 식초를 만든다는 것은 무리다. 물론, 우리보다 나은 식초 문화를 가진 다른 나라의 식초를 통해 새로운 식초를 창출하는 시도는 있어야 하지만 자칫하면 흉내 내기가 되지 않을까 하는 우려가 든다. 이탈리아의 발사믹식초에는 진정한 이탈리아가 담겨 있기에 세계인을 매료시키는 것이다. 서유구 선생의 〈정조지〉를 복원하면서 선생의 분야별 음식의 종류와 재료, 만드는 방법 등에 있어서 그 다양성에 탄복한다. 이 다양성이 바로 우리가 우리의 음식을 만드는 동력이며 자극이라는 것은 복원 과정에서 깊이 느끼곤 한다. 〈정조지〉권6 미료지류 식초 편에는 다양한 재료를 활용한 다양한 식초 공정이 소개된다. 처음 〈정조지〉 식초 편을 접하고 억겁의 세월을 지닌 〈정조지〉 속의 식초를 열악해진 환경 속에서 빚는 것이 과연 가능한 것인지에 대한 두려움이 앞섰다. 발효 식품은 만들어지는 그 지역의 자연을 민감하게 반영한다. 물론, 발효실만 있다면 겨울에도 식초를 만들 수 있지만 한여름 뙤약볕에 만들어야 하는 밀기울식초는 제대로 맛을 낼 수 없기에 때없이 오는 비가 원망스럽기도 하였다.

〈정조지〉 속의 식초를 복원하면서 전통식초뿐만 아니라 현재 공장에서 대량으로 만드는 양조식초도 전통식초 못지않은 가치가 있다는 것을 알게 되었다. 공기 중의 초산균의 원활한 유입을 위하여 면 보자기를 덮고, 산소를 좋아하는 초산균의 활동을 돕기 위하여 발효 중간에 막대로 식초를 휘저어 주는 등의 방식은 초산균을 주정에 직접 집어넣은 다음, 공기를 불어 넣는 심부 발효법으로 짧은 시간 내에 식초를 만드는 과학적인 방법이 동원되었을 뿐이다.

이처럼 전통식초가 근간이 되어 현대 식초가 만들어졌음을 생각하면 〈정조지〉 식초의 복원이 전통식초뿐만 아니라 양조식초의 품질을 올리는 데도 도움을 주는 것이 〈정조지〉 복원의 진정한 뜻이라는 생각이 든다. 뻐꾸기 소리와 솔바람의 향기, 자식을 키우는 정도의 정성이 담긴 전통식초와 더불어 식초 과학으로 만든 현대의 식초도 가치가 있으며 대량 생산되는 식초의 품질이 올라가는 것도 우리의 음식문화 수준을 끌어올리는 일이라는 것을 〈정조지〉 복원을 통해서 알았다. 예를 들면 〈정조지〉 속의 복숭아 식초를 품질의 균일화를 위해서는 자동화된 시설에서 제조하는 것도 전통식초의 현대화를 통한 대중화라는 면에서 꼭 필요하다.

식초를 빚는 가장 큰 목적은 음식에 넣어서 먹는 것에 있다는 생각에 식초 복원과 더불어 틈틈이 식초 음식을 만들었다. 특히, 고조리서 속의 식초 음식에 대한 반응이 제일 좋아서 우리 식초의 미래가 밝다는 생각이 들었다. 그 맛은 지극히 아름답고 우아하고 섬세하였다. 오래 두고 먹는 장아찌와 냉면의 보조 양념인 식초의 숨겨진 모습은 너무도 아름다웠다. 식초… 그 신맛의 화려한 부활을 기대하며 《조선셰프 서유구의 식초 이야기》를 마무리한다.

참고 문헌 및 검색사이트

원문 자료

徐有榘, 《林園經濟志》〈鼎俎志〉

憑虛閣 李氏, 《閨閤叢書》, 한국정신문화연구원, 2001

논저

《임원경제지(林園經濟志)》〈정조지(鼎俎志)〉 1~4권, 서유구 지음, 임원경제연구소 번역, 풍석문화
　　재단, 2020

빙허각 이씨 원저, 정양완 역주, 《규합총서(閨閤叢書)》, 보진재, 2008

《조선요리법》, 조자호 지음, 정양완 엮음, 책미래, 2014

《조선요리제법》, 방신영 지음, 윤숙자 엮음, 백산출판사. 2020

《식초양조학》, 정철, 알타미라, 2019

검색사이트

《중국요리 백과사전》, 신디킴 블로그

Google (구글) http://www.google.com

DAUM(다음) http://www.daum.net/

NAVER(네이버) http://www.nave.com

유튜브 www.youtube.com

네이버 지식백과 정조지 terms.naver.com

고전용어 시소러스 (한국고전번역원)

고려대 해외한국학자료센터 http://kostma.korea.ac.kr/

조선셰프 서유구의

식초 이야기

지은 이　　🌐 풍석문화재단우석대학교음식연구소

　　　　　대표집필 곽미경, 박병애

　　　　　임원경제지 서유구 편찬 / 임원경제연구소(정정기) 번역

　　　　　사진 진선미, 곽미경, 박정익

펴낸 이　　신정수

펴낸 곳　　🌐 **풍석문화재단**

　　　　　진행 박시현, 박소해

　　　　　디자인 아트퍼블리케이션 디자인 고흐

　　　　　제작 상지사피앤비

　　　　　전화 (02) 6959-9921　**E-MAIL** pungseok@naver.com

펴낸 날　　초판 1쇄 2021년 10월 1일

협찬　　　🍲 주식회사 오뚜기

ISBN　　　979-11-89801-47-2

조선셰프 서유구의 식초 이야기(임원경제지 전통음식 복원 및 현대화 시리즈 7)

ⓒ 풍석문화재단우석대학교음식연구소

이 책의 출판전송권은 **풍석문화재단우석대학교음식연구소**와의 계약에 따라 **재단법인 풍석문화재단**에 있습니다.

저작권법에 의해 보호를 받는 저작물이므로 무단 전재와 복제를 금합니다.

이 책은 문화체육관광부의 "풍석학술진흥연구사업"의 보조금으로

음식복원, 저술, 사진촬영, 원문번역, 간행 등이 이루어졌습니다.